MEINERTZ / KAUSEN / KLEIN:
HEILPÄDAGOGIK

HEILPÄDAGOGIK

Eine Einführung in pädagogisches Sehen und Verstehen

von

Friedrich Meinertz / Rudolf Kausen / Ferdinand Klein

9., unveränderte Auflage

1994

VERLAG JULIUS KLINKHARDT · BAD HEILBRUNN

Die Deutsche Bibliothek – CIP-Einheitsaufnahme

Meinertz, Friedrich:
Heilpädagogik : eine Einführung in pädagogisches Sehen und
Verstehen / von Friedrich Meinertz ; Rudolf Kausen ;
Ferdinand Klein. - 9., unveränd. Aufl. - Bad Heilbrunn :
Klinkhardt, 1994
    ISBN 3–7815–0712-2
NE: Kausen, Rudolf:; Klein, Ferdinand:

1994.9.Khg. © by Julius Klinkhardt
Satz: Peter & Partner, Höchberg bei Würzburg
Druck und Bindung: WB-Druck GmbH & Co. Buchproduktlions-KG, Rieden
Printed in Germany 1994
ISBN 3–7815–0712-2

Gedruckt auf chlorfrei gebleichtem Papier

Aus dem Vorwort zur ersten Auflage

Dieses Buch ist hervorgegangen aus Vorlesungen, die der Verfasser in verschiedenen Seminaren für Heimerzieher(innen) gehalten hat. Heimerzieher sind sehr häufig Heilerzieher. Aber das Buch wendet sich auch an Erziehungsberater, Bewährungshelfer, Ärzte, Seelsorger, Jugendrichter, Eltern und überhaupt an alle Interessierte, die sich über »schwierige« Kinder und Jugendliche ein Urteil bilden wollen. Wichtig ist das Buch wohl auch für die Lehrer, allerdings mit der Einschränkung, daß der Verfasser *auf die Darstellung irgendwelcher Unterrichtsmethoden* mangels Kompetenz völlig *verzichtet* hat. Wer gewöhnt ist, die Heilpädagogik vornehmlich unter den Gesichtspunkten des Hilfsschulunterrichts zu sehen, wird also mit falschen Erwartungen an dieses Buch herangehen. Die Hilfsschul-Heilpädagogik ist ein Spezialgebiet der allgemeinen Heilpädagogik. Sie darf hier schon deshalb vernachlässigt werden, weil es für dieses Gebiet ausgezeichnete Lehrbücher gibt. Dagegen glaubt der Verfasser, mit diesem Buch, das alle sonstigen Gebiete der Heilpädagogik berührt und sich mit seitherigen Lehrbüchern nur geringfügig überschneidet, wirklich eine Lücke zu schließen....

Wo es geraten schien, wurde am Schluß des Kapitels (oder auch innerhalb des Textes) zusätzliche Literatur vermerkt (Nummern siehe Literatur-Verzeichnis).

Aufrichtiger Dank für viele freundliche Beratungen vor und nach Durchsicht des Manuskripts gebührt Frau E. Zorell und Frau Dr. M. Günzel-Haubold.

München, im Herbst 1961   F. Meinertz

Aus dem Vorwort zur zweiten Auflage

Mit dem Tod von *Friedrich Meinertz* – am 23. Januar 1964 – hat die Heilpädagogik einen ihrer verdientesten Förderer verloren. In unermüdlicher Arbeit hat er der von ihm geleiteten Heckscher-Klinik das Heilpädagogische Ausbildungs- und Forschungsinstitut angegliedert, an welchem Heilpädagogen nach den Richtlinien des AFET ausgebildet werden. Zur Erinnerung an den als Arzt, Pädagoge und nicht zuletzt als Mensch allseits hochgeschätzten Begründer hat dieses Institut inzwischen den Namen »Friedrich-Meinertz-Institut« erhalten....

Man kann über die Grundkonzeption eines derartigen Werks gewiß verschiedener Meinung sein, zumal an der Heilpädagogik mehrere Wissenszweige maßgeblich beteilig sind. Mancher möchte vielleicht sein jeweiliges Spezialgebiet stärker berücksichtigt sehen; man kann es schwer jedem recht machen. In vorliegendem Werk ist das Medizinische ziemlich stark betont. Dem Neubearbeiter erscheint das berechtigt, nicht etwa weil in der Heilpädagogik der Schwerpunkt in der Psychiatrie läge, sondern aus einem praktischen Grund: Wer heilpädagogisch tätig ist, muß wissen, mit welchen Arten von Normabweichungen er umgeht. Da die Leser zum großen Teil keine Ärzte sind, können die medizinischen Grundlagen nicht vorausgesetzt werden, sondern müssen erklärt werden, was in knapperer Form schwerlich möglich wäre. Meinertz ist sich dabei stets bewußt geblieben, daß Heilpädagogik immer Pädagogik ist....

Der Bearbeiter sah sich vor die Frage gestellt, ob er mit der Neubearbeitung das Buch nur rein formal auf den neuesten Stand bringen sollte. Dies wäre sicher nicht im Sinne des Verfassers gewesen, der im Vorwort ausgeführt hat, daß in etwa zehn Jahren mancher Akzent anders zu setzen sein würde. Seither sind sechs Jahre vergangen, es liegt kein Anlaß vor, das Buch in seiner Substanz zu verändern, aber da und dort ließen sich doch manche Gedanken weiterentwickeln.

Möge die Neubearbeitung dazu beitragen, das Andenken an Friedrich Meinertz zu wahren!

Eichstätt, im Herbst 1967   R. Kausen

Vorwort zur siebenten Auflage

Rudolf Kausen besorgte die Bearbeitung der zweiten bis sechsten Auflage. Er starb unerwartet im Frühjahr 1983.

Nach der Promotion in Medizin und Psychologie arbeitete er als Arzt und Psychotherapeut in einer kinder- und jugendpsychiatrischen Klinik. 1965 wurde er Dozent an der Pädagogischen Hochschule Eichstätt und hatte seit 1971 einen Lehrstuhl für Psychologie an der dortigen Universität inne. Zugleich war er Mitbegründer des Alfred-Adler-Instituts, lehrte auch dort und war außerdem Schriftleiter der »Zeitschrift für Individualpsychologie«.

Kausen war in Ausbildung, Lehre und Forschung erfolgreich tätig. Damit konnte er die von *Meinertz* konzipierte *»Heilpädagogik«* souverän bearbeiten, wobei er individualpsychologischen und damit pädagogisch bedeutsamen Fragen besondere Beachtung schenkte.

Der Verlag hat mir die Neubearbeitung der siebenten Auflage übertragen. Sie erfolgt im Geist von *Meinertz* und *Kausen*. Beide standen im Dienst für das schwierige Kind. Sie thematisierten medizinisch-psychiatrische, psychologische und pädagogische Erfahrungen und Einsichten. Damit entstand ein bewährtes Standardwerk für Studium und Praxis der Heilpädagogik. Diese Auflage berücksichtigt nun neuere medizinisch-psychiatrische, psychologische und soziologische Erkenntnisse. Darüber hinaus kommt das pädagogische Moment, wie es in der außerschulischen Heilpädagogik praktiziert und reflektiert wird, noch stärker zum Tragen. Ohne die ursprüngliche Konzeption aufzugeben, wird eine Synthese der primär medizinisch-psychiatrischen (Meinertz) und der primär psychologisch-tiefenpsychologischen *(Kausen)* Grundpositionen hinsichtlich der heilpädagogischen Praxis angestrebt. Streichungen und Straffungen der Diktion einerseits und das Einbringen aktueller Fragen andererseits wollen ein gut fundiertes heilpädagogisches Studium und Handeln in der Praxis ermöglichen.

Mit diesen Intentionen wird insbesondere dem Anliegen von *Meinertz* entsprochen. Ihm, aber auch *Kausen,* ging es um jedes einzelne Sorgenkind. Möge deshalb die Neubearbeitung dazu beitragen, das Andenken beider zu bewahren.

Das nun hier angestrebte heilpädagogische Paradigma wird in der Praxis benötigt – und wohl auch erwartet. Heilpädagogik kann dann nicht mehr zwischen Medizin und Pädagogik stehen, geht vielmehr über diese Grunddisziplinen hinaus, ergänzt und vertieft sie. Heilpädagogik als dialogisch orientierte *Ermutigungspädagogik* beachtet die somatopsychischen Gegebenheiten und vertraut auch auf die regulierende Selbstgestaltungskraft des schwierigen Kindes und Jugendlichen. So kann ein Verständnis und Bewußtsein für die vielfältigen Fragen im heilpädagogischen Feld entstehen. Eine gelingende Praxis wird möglich.

Bei der Neubearbeitung ging ich häufig auf die von *Meinertz* dargestellten Erfahrungen in der ersten Auflage zurück. Bewußt wird auch die damals gewählte und heute vielleicht ungewöhnlich erscheinende Gliederung beibehalten. Damit bleibt die sonderschulpädagogische Behinderten-Klassifikation überwunden.

Im »Allgemeinen Teil« wurde das erste Kapitel gründlich überarbeitet. Die sehr schwierige Frage »Was ist Heilpädagogik?« wird pragmatisch zu beantworten versucht. Das interdisziplinäre Handlungsfeld wird ebenso herausgestellt wie die heilpädagogische Früherfassung und Frühförderung. Auf die in den Vorauflagen oft gebrauchte Bezeichnung »Heilerziehung« wird verzichtet, da sie zu Mißverständnissen führen kann.

Der »Spezielle Teil« wurde völlig neu gestaltet. So wurden einige Kapitel gestrichen, andere – wie »Störungen des Sprechens und der Sprache« oder »Drogenabhängigkeit« – erheblich erweitert. Die Störungs- bzw. Krankheitsbilder wurden unter übergreifenden Gesichtspunkten zusammengefaßt und einzelne Kapitel wurden neu formuliert. Es wurde auch versucht, einige Störungs- bzw. Krankheitsbilder exemplarisch zu besprechen, so beispielsweise das »Down-Syndrom«.

Das Literaturverzeichnis wurde einerseits durch Hinweise auf ausgewählte Zeitschriften, Handbücher, Literatur für die heilpädagogische Spielpraxis und Anschriftenverzeichnisse erweitert und andererseits auf grundlegende sowie aktuelle Werke der in Frage kommenden Disziplinen reduziert.

Die »*Heilpädagogik*« ist so konzipiert, daß sie neben dem in der ersten Auflage genannten Adressatenkreis vor allem auch für die nicht sonderpädagogisch vorgebildeten Mitarbeiter in der vorschulischen und schulischen integrativen Praxis, für die »Pädagogik im Krankenhaus« und insgesamt für die Einführung in heilpädagogisches Sehen und Verstehen besonders hilfreich sein kann.

Mainz, im Februar 1987   F. Klein

Vorwort zur achten Auflage

Die zahlreichen Rezensionen der siebenten Auflage bestätigen das disziplinenübergreifende Praxiskonzept der »*Heilpädagogik*«. Diese sucht Antworten auf die Erziehungsnot und will Strukturierungs- und Ermutigungshilfe für die Mitarbeiter in heilpädagogischen Arbeitsfeldern sein.
Gerade auch der gegenwärtige Pradigmenwechsel hin zu einem ökologisch-systemischen Denken in Wissenschaft und Praxis zeigt auf die Notwendigkeit einer heilpädagogischen Grundposition hin, wie sie schon in den aspektreichen Fragestellungen der siebenten Auflage vorstrukturiert ist. Vor dem Hintergrund dieser Position werden in der nun folgenden Auflage neuere Erkenntnisse der Humanwissenschaften berücksichtigt. Außerdem wird die Diktion gestrafft, das Literaturverzeichnis wird übersichtlicher gegliedert und ergänzt. Damit tritt das heilpädagogische Anliegen noch deutlicher hervor. Die »*Heilpädagogik*« wird als bewährtes Lehr- und Studienbuch und als kleines Nachschlagewerk weiterhin Verständnis und Bewußtsein für die vielfältigen und oft schwierigen Fragen im heilpädagogischen Feld fördern.

Aus rein pragmatischen Erwägungen werde ich bei den Berufsbezeichnungen die männliche Form gebrauchen und meine stets die weiblichen (Fach-)Kräfte wie Ärztinnen, Heilpädagoginnen, Psychologinnen, Therapeutinnen u. a. mit.

Reutlingen, im Mai 1992   F. Klein

Inhalt

1. Bereich und Aufgabe der Heilpädagogik

1.1 Vorbemerkungen

Die Vorbereitungen für die Neubearbeitung der siebenten Auflage führten mich zu der Überzeugung, daß die Konzeption des von *Meinertz* 1962 herausgegebenen Lehrbuches »Heilpädagogik« der heutigen Tendenz hin zum Offenen und zum Überwinden des begrifflich exakt Definierten entspricht. Das Buch beachtet also formale Wissenschaftskriterien für ein schwieriges interdisziplinäres Arbeitsfeld. Vieles ist im Fluß und in der Veränderung. Das neu Erkannte ist in das Bestehende einzubinden. Die achte Auflage berücksichtigt insbesondere anthropologische, biologische, medizinische und psychologische Erkenntnisse und Einsichten im Sinne der »Ökologie des Geistes« (*Bateson*: 66). So kann dieses heilpädagogische Lehrbuch eine weitere Fundierung und Modifizierung erfahren und die heilpädagogische Aufgabe kann in ihrer ganzen Breite und Tiefe hervortreten.

Es geht mir daher im folgenden Kapitel um ein Bewußtmachen des Grundanliegens dieses Buches. Das geschieht wohl am besten dadurch, daß das heilpädagogische Handlungsfeld aufgabenbezogen beschrieben und offengelegt wird.

Mir fiel bei der Sichtung der Literatur aus Medizin, Psychologie und Pädagogik/Heilpädagogik auf, daß einzelne Autoren offenbar stark aus Projektionen heraus denken und mit Begriffen eine Wirklichkeit schaffen, die mit der heilpädagogischen Erziehungswirklichkeit kaum mehr etwas zu tun hat. Dies beklagte besonders auch *Meinertz* in der Erstauflage. Es geht daher um das Bemühen, die von *Meinertz* (Arzt, Kinder- und Jugendpsychiater) konzipierte und von *Kausen* (Arzt, Psychologe/Individualpsychologe) weiter bearbeitete *Heilpädagogik* insbesondere im interpretierenden Verständnis des heilpädagogischen Werkes von *Paul Moor* (Pädagoge/Heilpädagoge) weiter zu entwickeln, ohne jedoch die medizinisch-psychiatrischen und psychologischen Grundlagen zu vernachlässigen. *Moor* fragte primär nach
– der Wirklichkeit des Helfens (und nicht nach dem Begriff des Helfens);
– dem wirklichen Menschen mit seinen Schwierigkeiten (und nicht nach den Schwierigkeiten des Menschen);
– dem wirklichen Menschen mit neurotischen Symptomen in seiner Ganzheit (und nicht nach dem neurotischen Menschen).

1.2 Was ist Heilpädagogik?

Der Begriff *Heilpädagogik* hat insbesondere in pädagogischer und medizinischer, aber auch in sozialpädagogischer und theologischer Hinsicht eine bewegte Geschichte. Diese Geschichte muß noch – auch unter Berücksichtigung der historisch bedingten Motive – geschrieben werden; dabei wird man sich auch bewußt machen müssen, daß in jedem Terminus nicht nur ein zu deutender Gedanke steckt, sondern auch ein geistiges Wollen. Für unsere Darstellung ist dreierlei kurz anzumerken: (1) Der Begriff *Heilpädagogik* ist 1861 durch die praktizierenden Pädagogen *Georgens* und *Deinhardt* eingeführt worden. Beide gründeten 1857 in Baden bei Wien für geistig zurückgebliebene und auch verwahrloste Kinder die »Heilpflege- und Erziehungsanstalt Levana«. Sie wollten in ihrer heilpädagogischen Praxis ein »medizinisches und pädagogisches Doppelwirken« erreichen: Arzt und Pädagoge bilden eine Arbeitsgemeinschaft. Die medizinischen und pädagogischen Behandlungen begleiten und ergänzen einander. Die Heilpädagogik hat ihre Mittel und Methoden aus dem Begriff der allgemeinen Erziehung zu gewinnen. Es geht hier um ein verfeinertes und gründliches Bewußtsein für das hilfsbedürftige Kind, um »Modificationen« pädagogischen Helfens. Für *Georgens* und *Deinhardt* ist *Heilpädagogik* auch in der allgemeinen Erziehung enthalten, die es zeitweise mit körperlichen und kognitiven Störungen, mit krankhaften Neigungen, mit Verwahrlosung und Verwilderung zu tun hat (*Möckel:* 185). Der *Heilpädagogik* stellt sich hier die Frage nach der Gesundheit im umfassenden Sinn; sie ist vor allem auch auf die sozialen und gesellschaftlichen Ursachen und Bedingungen in einem komplexen Feld (*Speck:* 237) ausgerichtet. (2) *Hans Asperger,* einer der ersten Kinder- und Jugendpsychiater, hob in seiner 1952 erschienenen »*Heilpädagogik*«, hervor: »Wir aber lieben diesen Ausdruck ›*Heilpädagogik*‹. Es liegt darin das Bekenntnis, daß nur das Pädagogische, im weitesten Sinn freilich, imstande ist, einen Menschen wirklich zum Besseren zu verändern, aus den verschiedenen Entwicklungsmöglichkeiten des Kindes durch überlegene Menschenführung die beste auszuwählen« (56, S. 5). (3) *Heilpädagogik* wird heute ganz allgemein als Theorie und Praxis der Erziehung unter erschwerten personalen und sozialen Bedingungen verstanden. (Oft wird Heilpädagogik synonym zu *Sonderpädagogik, Behindertenpädagogik, Rehabilitationspädagogik oder Orthopädagogik* verwendet.)
Ich versuche im folgenden ein Verständnis von *Heilpädagogik* zu skizzieren, das insbesondere die medizinisch-psychiatrischen Fragen für den hier gemeinten Aufgabenbereich und Personenkreis stärker berücksichtigt. Damit wird *Aspergers* Heilpädagogik modifiziert und das Pädagogische kann noch deutlicher hervortreten. *Heilpädagogik* ist Pädagogik (*Moor:* 188) im Sinne einer Spezialisierung der

Pädagogik. *Heilpädagogik* ist also weder eine Verlängerung noch eine Ergänzung der Pädagogik; sie ist vielmehr ein zentraler Teil der Pädagogik selbst (*ter Horst:* 142).

Insbesondere auch unter Beachtung der Bedeutung und Geschichte des Begriffs »Heilpädagogik« (*Kobi:* 159, S. 101 ff.) kann zusammenfassend gesagt werden: *Heilpädagogik* ist die Theorie und Praxis der Erziehung derjenigen Kinder und Jugendlichen, bei denen angesichts der erschwerenden Bedingungen die landläufige übliche Erziehung nicht oder nicht mehr ausreicht. Hier sind zusätzliche und spezielle pädagogische Maßnahmen erforderlich, welche die individuellen somatischen, psychischen und sozialen Bedingungen der Erziehung berücksichtigen und dem »schwierigen« Kind eine soziale und berufliche (Wieder-)Eingliederung ermöglichen wollen. Dabei geht es um ein behutsames erzieherisches Beeinflussen des Kindes in seiner somatopsychischen Ganzheit mit all seinen Schwierigkeiten auf der Basis guter zwischenmenschlicher Beziehungen. Das Anbahnen, Entwickeln und Vertiefen des erzieherischen Verhältnisses und seine Realisierung in der dialogisch-helfenden Beziehungsgestaltung wird bedeutsam. Die Frage nach dem Sinn (Sinnbezug, Sinnerfüllung) stellt sich immer wieder. – Hier handelt es sich um eine Erziehung, die ein Mehr in quantitativer und qualitativer Hinsicht bedeutet: Es müssen stets mehr Gesichtspunkte bedacht, miteinander in Beziehung gebracht werden und dabei muß vertiefter, genauer und sorgfältiger überlegt, geprüft, geplant und gehandelt werden, um den Störungen und (drohenden) Zusammenbrüchen im erzieherischen Feld wirksam begegnen zu können. – Das alles meint heilpädagogisches Denken und Handeln. Darüber hinaus zeichnet den Heilpädagogen eine innere Haltung aus, die sein Tun und Denken trägt, gerade dann, wenn sich nicht gleich Lösungen finden und Erfolge einstellen. In der Heilpädagogik stellt sich die pädagogische Frage verschärft und radikal. (Aus gegebenem Anlaß weise ich darauf hin, daß diese Passagen wörtlich aus der 7. Auflage (1987) übernommen sind.)

Um was für Kinder und Jugendliche handelt es sich im einzelnen? Hier sind zunächst die Behinderten im Sinne der sonderschulartbezogenen Klassifikation zu nennen, also Kinder mit Beeinträchtigungen im Bereich des Intellekts/der Kognition (Lernbehinderte, Geistigbehinderte), der Bewegung (Körperbehinderte), des Sehens (Sehbehinderte, Blinde), des Hörens (Hörbehinderte, Taube) und der Sprache (Sprachbehinderte). Daneben gibt es Mehrfachbehinderte, bei denen beispielsweise neben der Lernbehinderung noch eine Bewegungsbehinderung oder eine Hörbehinderung vorliegen kann. Neuerdings wird die berechtigte Auffassung vertreten, daß es kaum ein behindertes Kind mit einer Einfachbehinderung gibt, daß also jedes behinderte Kind im Grunde mehrfachbehindert ist. Zum Personenkreis der Behinderten zählen auch die längerfristig kranken Kinder. – Sodann geht es um

Kinder mit Beeinträchtigungen des Verhaltens und Erlebens. Die Verhaltens- und Erlebensgestörten, auch Verhaltensbehinderte oder Erziehungsschwierige genannt, machen die größte Gruppe aus, auf die sich unsere heilpädagogischen Überlegungen konzentrieren. In bestimmten Fällen kann die Beeinträchtigung von Verhalten und Erleben Symptom einer Krankheit sein. Andernfalls liegt eine seelische Fehlentwicklung vor. Überdies können sich organbedingte Symptome und Fehlentwicklung verschränken.

Es besteht in der Praxis gerade bei dem letztgenannten Personenkreis die Gefahr, daß die *Heilpädagogik* die Grenzen eines Bereichs überschreitet, welcher herkömmlich zur Psychotherapie gehört. Deshalb wäre es gut, wenn wir deutliche Grenzen zwischen Heilpädagogik und Psychotherapie aufzeigen könnten. In der Theorie ist eine korrekte Abgrenzung bisher nicht geglückt. Für die Praxis müssen wir uns mit deutlichen Akzentsetzungen begnügen.

Das Gesamtgebiet der *Heilpädagogik* ist zu groß, um von einer einzelnen Person beherrscht werden zu können. Spezialisierung ist unvermeidlich und ist möglich vor allem für die einzelnen Arten von Behinderung sowie für die sogenannten Verhaltensstörungen. Da aber jede Behinderung mittelbar das Verhalten und Erleben beeinträchtigen kann, muß auch jeder Sonder(schul)pädagoge über Entstehungsweisen und heilpädagogische Behandlung seelischer Fehlentwicklungen Bescheid wissen.

Lit. zu 1.1 u. 1.2: 3, 5, 8, 10, 12, 20, 21, 27, 30, 32; 56, 57 60, 66, 89 118, 129, 130, 142, 158, 181, 185, 188, 237, 252.

1.3 Das interdisziplinäre Handlungsfeld

Die Begriffe Gesundheit, Krankheit und Heilung haben sich gewandelt. Eine voll befriedigende Definition des Gesundheitsbegriffs gibt es noch nicht. Annäherungsweise kommen wir aber aus mit der von der *Weltgesundheitsorganisation* (englisch: World-Health-Organization; abgekürzt WHO) gegebenen Begriffsbestimmung. Danach bedeutet Gesundheit nicht nur Freisein von Krankheit, sondern allseitiges körperliches, seelisches und soziales Wohlbefinden. An dieser Definition ist vieles auszusetzen. Was z. B. soll »Wohlbefinden« bedeuten? Rein subjektives Wohlbefinden schließt Krankheit nicht aus. Was aber an dieser Begriffsbestimmung von bleibendem Wert sein dürfte, ist die Überwindung einer scharfen Trennung zwischen Leib und Psyche und zwischen Einzelmenschen und Gemeinschaft bzw. Gesellschaft. Ein einseitig biologischer Gesundheitsbegriff gilt heute nicht mehr. Seelische Gesundheit kann nicht mehr in bloßer Analogie zu körperlicher Gesundheit gesehen werden. Dies ist keine willkürliche Setzung, sondern eine Konsequenz aus der Tatsache, daß leibliches und psychisches Wohlbefinden zusammenhängen. Der Mensch wird vor allem in der neueren Medizin (und Psychiatrie), Psychologie (und Psychopathologie) und Neuropsychologie (*Beaumont:* 68) zunehmend stärker als leibseelische Ganzheit verstanden. Man erkennt die enge Verwobenheit des physischen Bereichs mit dem psychischen. Das ist heilpädagogisch bedeutsam. So können sich beispielsweise traumatische Erfahrungen beim Selbständigwerden in der Gemeinschaft sogar in Organerkrankungen äußern. Diese psychosomatischen Störungen zeigen uns, wie eng medizinische, psychologische und (heil-)pädagogische Fragen beieinander liegen. Der leibseelisch-soziale Gesundheitsbegriff nimmt also Medizin, Psychologie und Heilpädagogik in die gemeinsame Verantwortung. Diese drei Wissenschaften sind beim konkreten Planen und Handeln für das hilfebedürftige Kind aufeinander angewiesen. Bei dieser Kooperativität sollte es keinen Bevormundungs- oder Prioritätsanspruch und kein terminologisches Imponiergehabe geben, das doch nur unangemessene Konflikte erzeugt und Sprachbarrieren schafft.

Im heilpädagogischen Praxisfeld zeigt sich also immer wieder, daß insbesondere medizinische, psychologische und pädagogische Fragen teilweise so ineinandergreifen, daß sie gleichsam bis zur inhaltlichen Identität zusammenschmelzen. Jeder bringt von seiner Wissenschaft her den ihm möglichen Beitrag zur Lösung des Problems. Hier geht keine Fachkompetenz verloren; sie mündet vielmehr ein in ein gemeinsames Fragen und Suchen für das leib-seelisch-soziale Wohl des Kindes. In diesem fachlichen Austausch entsteht eine *kooperative Fachkompetenz* auf neuem Niveau, welche die somatischen, psychologischen und sozialen Bedingungen der Krankheit oder Beeinträchtigung beachtet. Hier sind dann Grenzziehungen und Positionsbestimmungen überwunden. Häufig treten jedoch menschliche Probleme (z. B. aufgrund emotionaler Abwehr) auf.

Bei diesem kooperativen Bemühen im *interdisziplinären Handlungsfeld* nimmt der eine am Denken und Handeln des anderen teil. Diese fachlichen Erfahrungen bereichern den einzelnen und seine Wissenschaft. Es handelt sich um ein Teilhaben am Handeln und Denken des jeweils anderen und seiner Wissenschaft; daher sprechen wir auch von *teilhabenden Wissenschaften.* So besteht u. a. auch kein Hinderungsgrund mehr anzuerkennen, daß Psychotherapie und Heilpädagogik einem Heilungsvorgang dienen können. Nach einigem Zögern haben sich sogar die Krankenkassen der Einsicht gebeugt, daß psychische Störungen Krankheiten sind bzw. sein können. *Kant* hatte wohl recht, wenn er sagte: »Die Seele ist in allen Teilen meines Körpers.«

1.4 Heilpädagogische Situationen und Einrichtungen

Grundsätzlich kann es sich in jeder Erziehung herausstellen, daß wir einer heilpädagogischen Situation gegenüberstehen. Eltern und Erzieher, die nicht mit heilpädagogischen Prinzipien und Methoden vertraut sind, müssen sich dann von Fachleuten beraten lassen. Aber auch der Heilpädagoge selbst wird sich ärztlicher oder psychologischer Hilfe versichern, wenn möglich in Form einer Arbeitsgemeinschaft, die aus Arzt, Psychologe und eventuell Sozialpädagoge oder Sozialarbeiter besteht.

Wir können also mit jeder Erziehung unversehens in die heilpädagogische Situation hineingeraten. Daneben gibt es zahlreiche Einrichtungen, die vornehmlich heilpädagogisch arbeiten. Dies gilt nicht nur für alle Arten von Sonderschulen (einschließlich Sonderberufsschulen), sondern auch für Krankenhäuser und Sanatorien, soweit in ihnen Kinder längere Zeit untergebracht sind. Heilpädagogisch arbeiten auch die Sonderkindergärten, Schulkindergärten, Tagesheime und integrativen Kindergärten sowie integrativen Schulen. Gerade in den integrativ arbeitenden Einrichtungen, in denen ja verschiedenartig behinderte und nichtbehinderte Kinder gemeinsam betreut, erzogen und unterrichtet werden, ist eine heilpädagogische (und damit auch sozialpädagogische) Grundorientierung unentbehrlich. Leider sind inzwischen Bezeichnungen wie integrative Erziehung oder integrativer Unterricht oft zu reinen Schlagwörtern degradiert. Mit ihrer Verwendung ist eben noch nicht dem dringenden Bedarf nach heilpädagogisch organisierter Erziehung und Unterrichtung entsprochen, die ja dem behinderten Kind dienen wollen: durch ein individuell ausgerichtetes zusätzliches, vertiefendes und spezielles Moment, was dann auch den nichtbehinderten Kindern (vorbeugend) zugute kommt.

Fast durchweg heilpädagogisch ist die Situation unserer Erziehungsberatungsstellen, weil die Eltern im allgemeinen erst dann zur *Erziehungsberatung* kommen, wenn ihre Kinder schon recht auffällig sind und Schwierigkeiten zeigen, die über das »natürliche und landläufige« Maß hinausgehen. Daß in den Erziehungsberatungsstellen eine Arbeitsgemeinschaft (Team) zusammenwirken soll, die mindestens aus Arzt, Psychologe und Sozialarbeiter besteht, ist in den Richtlinien verschiedener Länder festgelegt.

Eine der wichtigsten Einrichtungen ist das *heilpädagogische Heim.* »Heilpädagogische Heime sind Einrichtungen, in denen Kindern und Jugendlichen aus vertieftem und auf spezielle Fachkenntnis gegründetem Wissen erzieherische Hilfe zur Verwirklichung eines den individuellen Möglichkeiten und den sozialen Anforderungen angepaßten sinnerfüllten Lebens gegeben werden kann.« Hinsichtlich Einzelheiten sei auf die Richtlinien für heilpädagogische Heime verwiesen, die die Arbeitsgemeinschaft für Erziehungshilfe e.V. – AFET – herausgegeben hat; vgl. auch 18.1, S. 206.

Aber auch in sonstigen Heimen befindet sich der Erzieher öfter als er glaubt, in einer heilpädagogischen Situation. Die Anlässe, die zur Heimaufnahme eines Kindes führen, sind häufig die gleichen, die eine heilpädagogische Behandlung anzeigen. *Mehringers* »Heilpädagogik« (181) zeigt dies anschaulich auf.

Ein Heim, in dem ein Erzieher für mehr als 8–10 Kinder zu sorgen hat, kann dem Grundsatz, daß *jeder heranreifende Mensch einen reiferen Menschen* braucht, an dem er heranreifen kann, nicht gerecht werden. Kinder und Jugendliche brauchen *eine* »Bezugsperson«, mit der sie sich ein Stück identifizieren, mit der sie Freude und Leid teilen können. Wo diese Person fehlt, darf man sich über schwere Fehlentwicklungen nicht wundern und nicht hinterher den Stab über ein Heimkind brechen.

Gleiches gilt unter etwas anderen Gesichtspunkten auch für die *Jugend-Strafanstalt.* Wer beobachten konnte, welche Verbesserungen im Strafvollzug die letzten Jahrzehnte gebracht haben, wird der Aufgeschlossenheit unserer Justizbehörden seine Achtung nicht versagen können. Je mehr aber im Jugendstrafrecht der Erziehungsgedanke Eingang findet, desto deutlicher muß darauf hingewiesen werden, daß die Jugend-Strafanstalt dem *erzieherischen* Zweck nicht voll gerecht werden kann. Immer wieder erzählen Rückfalldelinquenten, sie hatten erst im Gefängnis das Verbrecherhandwerk gelernt. Meist ist das zwar Zwecklüge und Übertreibung. Aber der psychologische Hintergrund dieser Äußerung ist doch folgender: Allzu oft ist für den jugendlichen Gefängnisinsassen die Bezugsperson weder der Wärter, noch der Direktor, noch der Seelsorger, noch der häufig schon angestellte Psychologe oder Beschäftigungstherapeut, sondern meistenteils eben doch der Mitgefangene, ja, was noch schlimmer ist, die ganze »Kollektivperson« der Häftlinge, eine faszinierende Autorität also, die den jungen Leuten auch durchaus eine Moral und bestimmte Lebensideale bietet: die strenge Moral der Verbrecherwelt und die Ideale der Ausgestoßenen, der Desperados. Viele junge Leute, die sich niemals mit einer richtungsweisenden Vaterfigur identifizieren konnten – bei denen sich niemals der Übergang von einer äußeren Autoritätsperson zur inneren Gewissensinstanz zu vollziehen vermochte – lernen in Strafanstalten endlich die imponierende Autorität kennen und fühlen sich fortan keiner anderen Gewissensinstanz mehr verpflichtet als dem ungeschriebenen harten Gesetz der Verbrecherwelt. Es müßten also Mittel und Wege gefunden werden, die eine gerechte Strafe ermöglichen, ohne daß dabei aber der Erziehungssinn der Strafe ins Gegenteil verkehrt würde.

Es geht nicht nur um Zahl und Ausbildung der Erzieher, sondern auch um ihre ständige Fort- und Weiterbildung und Beratung. Dazu bedarf es regelmäßiger Gruppengespräche der Erzieher untereinander (bei denen die Probleme einzelner Kinder vor dem Hintergrund ihrer Biographie zur Sprache kommen, ebenso schwierige erzieherische Situationen und alles, was sonst erfahrens- und wissenswert ist). Der Leiter des Heimes sollte an diesen Gesprächen teilnehmen.

Daneben braucht jeder Erzieher Einzelberatung und Einzelhilfe. Diese *Supervision* wird je nach Umständen verschieden aussehen.

In der Heckscher-Klinik (jetzt Friedrich-Meinertz-Institut) in München wurde eingeführt, daß jeder Erzieher mindestens alle zwei Wochen mit dem ihm zugeteilten Arzt oder Psychologen seine sämtlichen Kinder einzeln durchspricht. Er bringt dazu seine Notizen mit, der beratende Gesprächspartner notiert seinerseits Stichworte, die er dann für die Verlaufsberichte verwendet.

Ganz hat sich diese *interdisziplinäre Praxis* nicht bewährt, insbesondere deshalb, weil selbst der zweiwöchige Turnus (neben den wöchentlichen Erziehergruppen) oft nicht eingehalten werden kann. Wir werden also neue Varianten ausklügeln müssen, und dies, obgleich schon das jetzige System einen Ersatz für dreierlei verschiedene Pflichten darstellt:

1. *Die laufenden Berichte,* die schon aus Gründen der Selbsterziehung schriftlich abgefaßt werden sollten.
2. *Die laufenden informativen Besprechungen* mit Vorgesetzten.
3. *Die ständige persönliche Beratung.*

Zu diesem dritten Punkt noch eine Bemerkung. Kindliche Fehlhaltungen fordern unbewußte Fehlhaltungen des Erziehers heraus, denen sich fast niemand aus eigener Kraft entziehen kann. Der Heilpädagoge braucht daher einen tiefenpsychologisch geschulten Berater, der ihm hilft, die kindlichen *und* die eigenen Fehlhaltungen zu begreifen. Dies ist der Sinn des amerikanischen *Supervisor-Systems,* bei dem auch der Supervisor wieder seinen Supervisor hat. Ein solches System erfordert ein gegenseitiges grundlegendes Vertrauen.

Schließlich noch ein Wort zur *heilpädagogischen Arbeit während der Kinder-Psychotherapie.* Nicht jedes »schwierige« Kind benötigt Psychotherapie, aber jedes psychotherapiebedürftige Kind benötigt daneben heilpädagogische Betreuung. Gelingt es dem Psychotherapeuten, die Eltern oder Erzieher so zu beeinflussen, daß zu Hause eine heilpädagogische Arbeit möglich ist, so läßt sich die Psychotherapie ambulant durchführen. Manchmal sind aber solche Voraussetzungen nicht zu erfüllen. Es muß dann eine stationäre Psychotherapie angestrebt werden.

Häufig kommt vor, daß die Kinder während der Therapie anfangs aggressiv und gemeinschaftswidrig werden, dabei aber im Interesse der Therapie nicht zuviel Einengung oder gar Einschüchterung verspüren sollen. Ein solcher Verlauf hat die Psychotherapie bei vielen Erziehern in Mißkredit gebracht. »Das Kind wird ja schlechter statt besser«, ist die stereotype Redewendung, die wir aus dem Munde geplagter, aber unerfahrener Erzieher zu hören bekommen. Hier werden oft ungeheure Anforderungen an den Erzieher gestellt, der es oft gleichzeitig mit mehreren solcher Kinder zu tun hat und doch jedem gerecht werden will.

Lit.: 9, 22, 29; 53, 57, 62, 63, 68, 97, 161, 180, 181, 186, 263, 277.

1.5 Heilpädagogische Früherfassung und Frühförderung

1.5.1 Allgemeine Vorbemerkungen

Der alte medizinische Grundsatz »Vorbeugen ist besser als Heilen« gilt uneingeschränkt für die Heilpädagogik. Um wirksam vorbeugen zu können, muß auch der nicht heilpädagogisch vorgebildete Erzieher Grundkenntnisse über Ursachen, Bedingungen und Erscheinungsformen einer (drohenden) Entwicklungsverzögerung besitzen. Man kann bewußt nur einer Gefahr vorbeugen, über die man etwas weiß. Ist ein Schaden aber bereits eingetreten, so gilt in der Medizin wie in der Pädagogik, daß er im allgemeinen um so besser zu beeinflussen ist, je früher er erkannt wurde. Die heilpädagogische *Früherfassung* behinderter oder von Behinderung bedrohter Säuglinge und Kleinkinder ist daher von größter Bedeutung.

Die heilpädagogische Früherfassung ist eine der verantwortungsvollsten Aufgaben mündiger Bürger. Nach dem Bundessozialhilfegesetz sind Lehrer, Sozialarbeiter, Erzieher u. a. sogar verpflichtet, eine in Ausübung des Berufs bemerkte Behinderung oder drohende Behinderung den Eltern oder sonstigen Personensorgeberechtigten mitzuteilen und darauf hinzuwirken, daß das Kind einem Arzt vorgestellt wird. Wenn der Personensorgeberechtigte das ablehnt, ist eine Benachrichtigung des Gesundheitsamtes vorgeschrieben.

Wir sollten immer auch im Auge behalten, was Früherfassung *nicht* sein darf. Insbesondere auch die Ärzte, Psychologen und (Früh-)Pädagogen kämpfen mit Recht gegen jede schematische und unpersönliche »Erfassung« und »Bearbeitung« des Menschen, sowie gegen eine geplante, über das Bundessozialhilfegesetz hinausgehende Meldepflicht und namendiche Registrierung der Behinderten. Der Hausarzt, der mit der Familie in einem Verhältnis des Vertrauens steht, ist durch keine noch so perfekte Einrichtung zu ersetzen. Sache des Staates ist es hauptsächlich, den Menschen, denen eine Früherfassung obliegen könnte, die nötigen Ausbildungsmöglichkeiten zu vermitteln, die erforderlichen Beratungs- und Frühförderstellen zu unterstützen, und im übrigen durch Aufklärung darauf hinzuwirken, daß Ärzte, Seelsorger, Eltern, Erzieher u. a. sich der helfenden Institutionen *freiwillig* bedienen. Personen, die in solchen Institutionen tätig sind, sollten den größten Wert auf Einhaltung der Schweigepflicht und Berücksichtigung der Intimsphäre legen – auch Ämtern und Behörden gegenüber. Hier ist alles Sache des rechten Maßes.

1.5.2 Gesundheitsvorsorge, Prävention

Im Rahmen der heilpädagogischen Früherfassung ist auf den von der WHO geprägten Begriff der *Prävention (synonym: Prophylaxe)* hinzuweisen. Er bedeutet allgemein (Gesundheits-)Vorsorge, Vorbeugung oder Verhütung. Ziel der Prävention ist es, das Ausmaß an Krankheiten, Behinderungen oder Störungen zu vermindern oder ihnen vorzubeugen. Die Wirkung der Prävention hängt vom Zeitpunkt des Eingreifens ab. Daher werden *Primär-, Sekundär-* und *Tertiärprävention* unterschieden.

Bei der *Primärprävention* geht es vor allem um institutionelle und soziale Verbesserungen sowie langfristige prophylaktische Maßnahmen. Aufgabenfelder der primären Prävention sind u. a.: Gesundheitserziehung, Gesundheitsförderung in der Familie und Schule, Eheberatung, Schwangeren-, Mütter- und Säuglingsberatung, genetische Beratung. Primärprävention ist somit auch eine Frage der Politik. Bei optimaler Durchführung würde sich das Ausmaß der beiden anderen Präventionsformen erheblich reduzieren.

Die *Sekundärprävention* richtet sich an den einzelnen Menschen, setzt bei leichten Anzeichen einer Krankheit, Behinderung, Störung oder seelischen Fehlentwicklung ein. Durch medizinische, therapeutische, psychologische und heilpädagogische Maßnahmen der Frühhilfe, die möglichst interdisziplinär erfolgen sollten, kann weiteren Gefährdungen entgegengewirkt, sogar eine »normale« Entwicklung ermöglicht werden.

Die *Tertiärprävention* setzt dann ein, wenn es bereits zu manifesten (handgreiflichen, deutlichen) Störungen gekommen ist und die Erfolgsaussichten auf Verbesserung des physisch-psychischen Gesamtzustandes nur noch gering sind. Dabei soll ein Fortschreiten und Ausweiten der Krankheit, Behinderung, Störung oder seelischen Fehlentwicklung verhindert werden.

1.5.3 Aspekte der heilpädagogischen Frühförderung

Mit der Empfehlung des Deutschen Bildungsrats »Zur pädagogischen Förderung behinderter und von Behinderung bedrohter Kinder und Jugendlicher« (Bonn 1973) ist eine Früherziehungsbewegung in Gang gekommen. Die Empfehlung sieht als Organisationsbasis zwei verschiedene Institutionen vor: Kleine Zentren für pädagogische Frühförderung und große medizinische Zentren für Frühdiagnostik und Frühtherapie. Das System der pädagogischen Frühförderung unterscheidet zwischen dem Frühbereich (von der Geburt bis zum vollendeten 3. Lebensjahr) und dem Elementarbereich (vom 4. Lebensjahr bis zum Schuleintritt). Im Frühbereich handelt es sich weitgehend um Hausfrüherziehung.

Die Frühförderung wurde in England seit 1948 bei hörgeschädigten Kleinkindern als Home-Training erfolgreich durchgeführt. Dort erkannte man: Je früher die häusliche Spracherziehung erfolgt, desto größer sind die Erfolge. Hausspracherziehung wird als frühestmögliche sprachliche Erziehung tauber und stark hörbehinderter Kinder durch Eltern, insbesondere durch die Mutter, verstanden. Sie benötigt regelmäßige fachliche Anleitung und Beratung.

Wir verstehen unter heilpädagogischer Frühförderung alle Maßnahmen, die geeignet sind, einem Kind mit einer drohenden, sich anbahnenden oder bereits vorhandenen Behinderung die besten Hilfen zu seiner physischen, psychischen und sozialen Entwicklung zu geben; es handelt sich hier um frühestmögliche medizinische, psychologische, soziale und vor allem heilpädagogische Hilfen für Familie und

Kind. Sie zielen ab auf (Wieder-)Gewinnung, Steigerung und Festigung der elterlichen Erziehungskompetenz.

Durch heilpädagogische *Frühförderung* sind die Entwicklungschancen zu nutzen. Entwicklungsneurologische Befunde bestätigen die enorme Hirnsubstanzzunahme in der frühen Kindheit. So erreicht das Gehirn bis zum Ende des Säuglingsalters etwa 50 % und bis zum Ende des 3. Lebensjahres etwa 80 % des Zuwachses seines gesamten nachgeburtlichen Lebens. In diesem Zeitraum der sensiblen Periode können Schäden oder Störungen am Zentralorgan gemindert und teilweise sogar ausgeglichen werden. Während der Ausdifferenzierung der Nervenzellen werden Synapsen ausgebildet, die zu einem dichten Netz im Zentralorgan führen. Und diese Synapsenausbildung ist vom Umfang und der Art der Einwirkungen abhängig. So können in der Zeit des Hirnwachstums gesunde Hirnregionen die Funktion von erkrankten übernehmen. Das sich entwickelnde Gehirn ist offenbar kompensationsfähiger als bisher vermutet wurde. Deshalb ist durch Vermeidung von Einwirkungsdeprivationen die entwicklungsneurologische Chance zu nutzen. – Nach entwicklungsbiologischen Erkenntnissen hat der Säugling ein naturgegebenes, biologisch begründetes Bedürfnis nach sicherer Zugehörigkeit. Wird in der im 1. Lebensjahr besonders ausgeprägten sensiblen Phase diesem Grundbedürfnis nicht entsprochen, so können psychosensorielle Deprivationen auftreten. Die Hirnentwicklung als zelluläres, hormonelles, biochemisches und biophysikalisches Prozeßgeschehen ist in dieser Zeit besonders störbar. – Entwicklungsneurologische und entwicklungsbiologische Erkenntnisse bestätigen und vertiefen psychoanalytische Einsichten: Je mehr die Mutter ihren Säugling herzlich anlächelt, anspricht, streichelt und kleine Spiele mit ihm macht, desto mehr Signale werden ausgetauscht. Diese basalen (Körper-)Kontakte sind lebensnotwendige Anregungen, um frühkindliche Bereitschaft, sich für die Umwelt zu interessieren, zu wecken. Anregungen im Säuglingsalter sind um so wirksamer, wenn sie in einer ruhigen und entspannten Atmosphäre und von wenigen konstanten Bezugspersonen erfolgen. Dabei ist die Qualität der frühen Beziehung zwischen Mutter und Kind für die soziale und geistige Entwicklung besonders bedeutsam.

Früherziehung ist weitgehend Spielerziehung und beachtet dabei die behinderungsspezifischen Prinzipien und Methoden. Das Spiel als Grundform der freien ganzheitlichen Selbst-Bewegung des Kindes ermöglicht Selbst-Entwicklung. Hier kann es die äußeren Gegebenheiten in seine psychischen Strukturen integrieren, denn es ist als »Akteur seiner Entwicklung« (*Kautter:* 153) selbst-tätig.

Inzwischen gibt es in einigen Bundesländern, insbesondere in Bayern ein dezentralisiert arbeitendes und nahezu flächendeckendes Netz von Frühfördereinrichtungen, die häufig neutralen Namen (Kinderhilfe, Kinderdienst) tragen. Diese weitgehend selbständigen und damit sonderschulunabhängigen Einrichtungen verstehen sich als offene Anlaufstellen für alle Kinder, deren Entwicklung auffällig oder behindert ist. Jede Einrichtung hat mindestens einen pädagogischen Mitarbeiter (Erzieher, Heilpädagoge, Sozialpädagoge oder Sonderschullehrer). In nahezu allen Einrichtungen arbeiten Ärzte, Beschäftigungstherapeuten, Krankengymnasten, Logopäden, Motopäden oder Psychologen mit. Sie wirken im Team zusammen. In der Schweiz gibt es inzwischen eine heilpädagogische Ausbildung zum Frühpädagogen; die Ausbildung baut auf einen Grundberuf (z. B. Psychologe, Heilpädagoge) auf.

Lit.: 52, 63, 79, 92, 94, 95, 134, 136, 153, 200, 239, 240, 260, 264, 269, 270.

1.6 Das heilpädagogische Vorgehen

Dem ärztlichen Vorgehen entspricht formal das heilpädagogische Vorgehen. Fünf Schritte lassen sich aufzeigen.

(1) Die Erhebung der *Vorgeschichte* ist in der Medizin wie auch in der Heilpädagogik und Psychotherapie grundlegend für die folgenden Schritte. Ein ungefähres Schema der *Anamnese* nach dem der Heilpädagoge seine Fragen stellen kann, findet sich im Anhang I (S. 200 ff.).

Oft hören wir allerdings den Einwand, eine allzu genaue Kenntnis der Vorgeschichte beeinflusse den Erzieher; er sei hinterher nicht in der Lage, sich unbefangen selbst ein Urteil über das Kind zu bilden. Das ist zweifellos richtig. Der Heilpädagoge also, der die Mutter oder sonstige Angehörige eines Kindes etwa 14 Tage später wiedersehen kann und der genügend zeitlichen Spielraum hat, um erst hinterher den möglichen Erziehungsweg genauer zu überlegen, wird am besten das Kind zunächst einmal unbeeinflußt auf sich wirken lassen. Auf die Dauer aber wäre es ein Fehler, wenn er sich nicht umfangreiche Kenntnisse über den bisherigen Lebensweg des Kindes verschaffen würde; und dies möglichst von verschiedenen Personen. Im übrigen wird er genügend über den Dingen stehen, um selbst bei einer sehr belastenden Vergangenheit des Kindes in seiner heilpädagogischen Haltung nicht wankend zu werden.

(2) Was die *Befunderhebung* betrifft, so wird der Heilpädagoge sich nicht auf seine eigenen Fähigkeiten verlassen, sondern auch Einsicht in ärztliche und psychologische Berichte nehmen. Schließlich muß er selbst Befunde schriftlich niederlegen. Diese werden auch von anderen Leuten gelesen, und sie sind um so aufschlußreicher, je lebendiger sie geschrieben sind. Konkrete Schilderungen nützen mehr als abstrakte Begriffe. Sicherlich wird er sich an ein Befundschema halten. Beispiel: *Äußeres Erscheinungsbild* (Kleidung, Sauberkeit); *Kontakt-* und *Beziehungsfähigkeit* (Abhängigkeit, kooperatives Verhalten); *soziale Interaktion* (Beziehungen in der Familie, Gruppe/Klasse); *Stimmungen, Affekte* und *Ängste, Antrieb* und *Aktivität* (Auffälligkeiten wie Tics, Stereotypien); *Aufmerksamkeit* (Steuerung, Orientierung) und *Konzentration; Interessen, Vorlieben, Begabungen* und *Neigungen;*

Sprache (Artikulation, monoton). Aber ein solches Schema sollte für ihn nur eine Gedächtnisstütze sein und ihn nicht daran hindern, möglichst frei zu beschreiben (siehe auch Anhang II, S. 203).

(3) Die *Diagnose* (in der Medizin: »Krankheitsbezeichnung«) ergibt sich aus Vorgeschichte und Befund. Sie ist notwendig, aber auch gefährlich. Zu leicht verführt sie dazu, auf Schablonen festzulegen. Gerade in Psychiatrie, Psychotherapie und Heilpädagogik ist der Mensch wichtiger als seine Diagnose. Viele psychiatrische Diagnosen wirken obendrein beleidigend. Das gilt nicht nur für Ausdrücke wie Hysterie und Psychopathie – ganz zu schweigen von der Personform »Hysteriker«, »Psychopath« o. dgl. Der Psychiater macht auch allgemein die Erfahrung, daß Patienten sich in dem Augenblick unverstanden fühlen, in dem man ihnen das Etikett einer Diagnose anheftet. Diagnosen sind Namen und Namen sind Symbole. Besonders wenn die Diagnose etwas Wertendes enthält, fühlt sich das Kind abgestempelt. Andererseits ist es unerläßlich, daß auch der Heilpädagoge versucht, am Ende seiner Überlegungen das Kind einer Ordnung einzufügen, ohne sich hierbei starr festzulegen.

(4) Die *Prognosestellung* ist wichtig wegen der Folgerungen. Nur wer vor Beginn der heilpädagogischen Förderung seine Prognose niedergelegt hat, kann seine eigene Arbeit hinterher richtig beurteilen. Die Prognose »aussichtslos« oder »nicht erziehbar« sollte der Heilpädagoge nie stellen. Es gibt Kinder, die bei ihm am falschen Platz sind, bei denen er persönlich mit den ihm zur Verfügung stehenden Mitteln sich vergebens bemühen würde, ja es gibt auch Kinder, bei denen wir mit größter Wahrscheinlichkeit keinen eindeutigen Erfolg sehen werden. Genau weiß man das aber nie vorher. Außerdem kann es in solchen Fällen nur noch an den richtigen Methoden fehlen. Schließlich ist hier an die ärztliche Regel zu erinnern, wonach auch unheilbaren Kranken Linderung und Beistand zu gewähren ist. Ähnlich hat sich der Heilpädagoge auf seine wenig hoffnungsvollen Kinder mit der entsprechenden Haltung einzustellen.

(5) Was schließlich die *Behandlung* betrifft, so unterscheidet man in der Medizin zwischen *»kausaler«* und *»symptomatischer«* Behandlung. Die kausale Behandlung geht an die Causa, die Ursache, an die Wurzel des Leidens; die symptomatische Behandlung beseitigt Symptome. Wenn z. B. ein Patient Kopfweh hat, so genügt in vielen Fällen die symptomatische Behandlung mit Schmerztabletten. Es kann aber auch passieren, daß hinter diesem Kopfweh ein Hirntumor steckt. Hat man den Patienten nun immer nur mit Tabletten behandelt, so hat man den wahren Grund seines Leidens verschleiert. Der Arzt versucht deshalb, nach Möglichkeit eine kausale Behandlung durchzuführen und das Übel mit der Wurzel auszurotten. Ganz streng lassen sich übrigens in der Medizin Ursache und Symptom nicht voneinan-

der trennen; vielfach wirkt eine Besserung der Symptome doch auch zurück und führt zu einer Beseitigung der Krankheitsursache.

Ähnliches gilt für die Heilpädagogik. Hauptsächlich dem »Normalerzieher« wird es am Anfang immer wieder unterlaufen, daß er nur Symptome behandeln möchte. Ein gesundes Kind muß eben an die Realität gewöhnt werden, auch wenn es weh tut. Zwar wird man auch in einer normalen Erziehung versuchen, allzu viele Verbote, Strafen und sonstige Unliebsamkeiten zu vermeiden, aber man wird nicht unnatürlich viel Federlesens machen. In der Heilpädagogik dagegen sind kindliche Unarten oft nur Ausdruck einer tiefer liegenden seelischen Fehlentwicklung. An ihr kann es liegen, daß das Kind lügt, stiehlt, davonläuft, sein Bett naß macht oder aufsässig wird. Sucht man diese Erscheinungen mit den üblichen Mitteln abzustellen, so wird man häufig keinerlei Erfolge erzielen. Der Erzieher greift dann vielleicht zu immer drastischeren Mitteln und beschimpft das Kind womöglich für Dinge, für die es kaum verantwortlich zu machen ist. Das Kind gerät immer tiefer in seine Fehlentwicklung hinein.

In einem anderen Teil der Fälle mag das Symptom unter »symptomatischen« Maßnahmen des Erziehers wirklich verschwinden. Dann kann wieder zweierlei eintreten: Das einemal hat der Erzieher vielleicht Glück und das Verschwinden des Symptoms führt auch zu einem Verschwinden der Ursache; etwa dann, wenn das Kind sich plötzlich von der Umgebung angenommen fühlt, Vertrauen und Selbstvertrauen in ihm wachsen und die im Hintergrund wirksam gewesene psychische Verkrampfung sich lockert. Aber es kann auch das Gegenteil eintreten, entsprechend dem obigen Beispiel des Hirntumors: Das Symptom verschwindet zwar, aber die dahinterliegende Fehlhaltung wird verschleiert oder sogar verschlimmert, rumort im Untergrund weiter und tritt später womöglich in Form eines anderen Symptoms hervor (»Symptomwandel«).

Der Heilpädagoge mache es sich also wie der Arzt zum Grundsatz, nicht nur Symptome zu behandeln, sondern jedes Übel an der Wurzel zu fassen. Dabei wird er um eine *interdisziplinäre Zusammenarbeit* bemüht sein. Freilich sollten das Dichterwort – »Jeder Versuch eines einzelnen, für sich zu lösen, was alle angeht, muß scheitern« *(Dürrenmatt)* – auch alle anderen, die sich um das schwierige Kind bemühen, beherzigen.

Lit.: 3, 19, 27; 238, 254.

1.7 Teilhabende Wissenschaften und Nachbargebiete

Zunächst sei ein Hinweis gestattet, worauf der Heilpädagoge achten sollte, wenn er sich von fachverwandten Spezialisten beraten läßt, sei es nun Kinderarzt, Nervenarzt, Psychotherapeut, Psychologe oder andere. Innerhalb der einzelnen Fachrichtungen schälen sich immer wieder neue Spezialgebiete heraus; so bleibt es nicht aus, daß der einzelne Spezialist sich nochmals stärker auf das eine oder andere Gebiet seines Fachs verlegt. Der Heilpädagoge wird also nicht blindlings von jedem Spezialisten auch umfassende heilpädagogische Kenntnisse erwarten, sondern er wird sich mit Umsicht und Takt denjenigen Helfer suchen, der sich innerhalb seines Gebietes auch speziell mit heilpädagogischen Fragen beschäftigt hat. Wichtig ist, daß der Heilpädagoge Kritik und Übersicht behält und Ratschläge eben als solche nimmt. Je besser er ausgebildet ist, desto weniger wird er sich sklavisch an fremde Richtlinien halten müssen. Eine weitere einleitende Bemerkung soll vor Verwirrung schützen. Da sich die Heilpädagogik mit dem Menschen befaßt, ist sie mit weiteren menschenkundlichen Wissenschaften verbunden. Das Fachwort für Menschenkunde lautet *Anthropologie*. Um 1500 kam das Wort auf als Bezeichnung für biologische Menschenkunde. Später sind weitere Anthropologien hinzugekommen. So gibt es z. B. die *philosophische Anthropologie*.

Insbesondere Medizin und Psychologie, aber auch Soziologie und Sozialpädagogik sind tragende Pfeiler der Heilpädagogik; sie sind ihre teilhabenden Wissenschaften. Inwieweit die Rechtswissenschaft einen Teilhabeanspruch anmelden könnte, wäre noch zu klären. Auf jeden Fall aber gehören Teile der Rechtsanwendung zu den Nachbargebieten der Heilpädagogik. Dies gilt auch für die Seelsorge mit den sie begründenden und begleitenden Wissenschaften. Aus den Vorbemerkungen und der praxisorientierten Beschreibung des Begriffs »Heilpädagogik« (vgl. S. 13 ff.) geht hervor, daß allgemeine pädagogische Kenntnisse bei jedem, der sich mit der Heilpädagogik beschäftigen will, vorauszusetzen sind. Niemand wird als Heilpädagoge fruchtbar wirken können, wenn er sich nicht zuvor theoretisch und praktisch ausreichend mit der Erziehung gesunder Kinder beschäftigt hat. Aus diesem Grunde wird die Pädagogik nicht als teilhabende Wissenschaft der Heilpädagogik angeführt. Die Pädagogik ist umgreifender und grundlegender; sie kann selbst zur Heilpädagogik werden, wenn es darum geht, für ein »schwierig« gewordenes Kind vertiefter und umfassender *interdisziplinär* nachzudenken und zu handeln.

1.7.1 Medizin

1.7.1.1 Kinderheilkunde, Psychiatrie, Psychotherapie
Die für den Heilpädagogen wichtigsten medizinischen Fächer sind die *Kinderheilkunde* (Pädiatrie) und die *Psychiatrie* (einschl. Psychotherapie). Eingehende Kenntnisse auf dem Gebiet der Kinderheilkunde wird man vom Heilpädagogen kaum verlangen können. Er wird aber daran denken müssen, daß öfter als er glaubt, der

Kinderarzt zuständig ist. Manche chronische Unruhe und manche schulische Leistungsschwäche wurde schon mit einer Wurmkur geheilt. Tuberkulose und Syphilis können sich in mannigfacher Weise äußern, und sie tun es nicht selten zunächst einmal in Form seelischer Schwierigkeiten. Es sollte grundsätzlich niemals ein Erziehungsplan aufgestellt werden, ehe das Kind nicht genau kinderärztlich untersucht ist. Auch verstehen viele Kinderärzte etwas von Heilpädagogik und können den Eltern und Erziehern oft über reine Arznei-Rezepte hinaus gute Ratschläge geben.

Neben der Kinderheilkunde ist für den Heilpädagogen die *Nervenheilkunde* (Neurologie und Psychiatrie) und besonders auch ihr Teilgebiet, die *Psychotherapie,* wichtig. Auch Psychologen betätigen sich psychotherapeutisch, wobei sie mit Ärzten zusammenarbeiten. In den letzten Jahrzehnten ist aus der Psychiatrie das eigene Fachgebiet der Kinder- und Jugendpsychiatrie bzw. der Kinderneuropsychiatrie herausgewachsen.

»Neurologische« Krankheiten sind Krankheiten des Gehirns, des Rückenmarks und der sonstigen Nerven des Körpers.

Psychiatrie bedeutet wörtlich »Seelenheilkunde«. Psychotherapie ist seelische Heilbehandlung; und zwar nicht etwa nur Heilbehandlung *der* Seele, sondern vornehmlich Heilbehandlung mit *Hilfe* der Seele.

Daß Psychiatrie und Psychotherapie oft nicht in gleichen Händen liegen, rührt von der geschichtlichen Entwicklung her. Unter dem Eindruck der großen Erfolge der Medizin um die Jahrhundertwende war die Psychiatrie streng naturwissenschaftlich ausgerichtet. Sie betrachtete sich als zuständig für Krankheiten, die sich seelisch *äußern,* hielt aber deren Ursache für körperlich und die Behandlung im wesentlichen für eine Sache der Medikamente. Auch für die sog. Geisteskrankheiten suchte man nach der krankmachenden Ursache im Gehirn und hoffte, diese mit Messer oder Spritze beseitigen zu können. Tatsächlich werden heute mit medikamentöser Therapie beachtliche Erfolge erzielt. Zwar beschäftigt man sich auch schon mit Psychotherapie, beispielsweise mit der Wirkung von Hypnose, und unbewußt trieben die Psychiater wie alle Ärzte sogar sehr viel Psychotherapie, indem sie als Persönlichkeit dem Kranken Stütze und Hilfe gewährten. Den eigentlichen Anstoß zur Ausbreitung der Psychotherapie gab aber erst um die Jahrhundertwende der Wiener Nervenarzt Sigmund *Freud* mit seiner Entdeckung der Bedeutung des Unbewußten. Hauptsächliche Domäne der Psychotherapie sind nicht die Geisteskrankheiten *(Psychosen),* sondern die *Neurosen.*

Freud und seine Anhänger gingen ihren Weg außerhalb der offiziellen Psychiatrie und nicht selten auch im Gegensatz zu ihr. Erst in den letzten Jahrzehnten nähern sich Psychiatrie und Psychotherapie wieder einander an. *Freuds* spezielle Methode der Psychotherapie heißt *Psychoanalyse.*

Für den Heilpädagogen sind Psychiatrie wie auch Psychotherapie gleichermaßen wichtig. Es würde den Rahmen des Buches sprengen, wollten wir hier die Lehren der Psychiatrie und der verschiedenen psychotherapeutischen Richtungen im Zusammenhang niederlegen.

Lit. zu
Kinderheilkunde: 19; 232, 271.
Psychiatrie: 4, 6, 12, 14, 15, 28, 30; 107, 110, 111, 174, 210, 230.
Kinder- u. Jugend(neuro)psychiatrie: 16, 17, 18, 26, 27, 32; 119, 140.
Kinderpsychotherapie: 2, 9; 57, 58, 68, 73, 98, 99, 238, 248, 278, 279.

1.7.1.2 Die ärztliche Zuständigkeit und ihre Grenzen

Wir müssen uns freimachen von der Vorstellung, daß die Krankheit wie ein Maschinenschaden nur eine rein körperliche Störung sei. Leib und Seele sind so sehr Ausdruck eines einheitlichen In-der-Welt-Seins, daß wir sie nicht trennen können, sondern meist nur von vorwiegend körperlich bedingten und vorwiegend seelisch bedingten Krankheiten sprechen dürfen. Es ist also nicht möglich, »Heilbehandlung« nur als Behandlung des Körpers zu betrachten und die Behandlung seelischer Schwierigkeiten aus dem Arbeitsgebiet des Arztes herauszuschneiden.

Befinden wir uns schon bei der Psychotherapie in einer Grenzzone, in der man über die einzelnen Markierungen verschiedener Ansicht sein kann, so ist diese Zone in der Heilpädagogik noch viel weiter und unübersichtlicher. Beim Kind ist der Versuch einer überspitzten Trennung von »körperlich« und »seelisch« noch widersinniger als beim Erwachsenen. Ist der Arzt daher nun auch für die gesamten heilpädagogischen Maßnahmen zuständig?

Zuständig ist er gewiß, aber doch nur im Sinne der Mitverantwortung. Man wird sich hier nicht auf Grundsätze versteifen können, sondern örtlich dem jeweiligen Entwicklungsstand Rechnung tragen. Kompetenzstreitigkeiten sind überflüssig und in jedem Fall schädlich. In der Erziehungsberatung – solange sie vorwiegend heilpädagogische Aufgaben hat – wird der verantwortliche Leiter entweder ein Arzt, ein Psychologe oder ein Pädagoge sein. Wichtig ist, daß möglichst alle drei vertreten sind. Die verantwortliche Leitung von heilpädagogischen Heimen ist häufig in den Händen von (Heil-)Pädagogen oder Psychologen. Auch hier ist der Arzt als Mitwirkender zuständig.

1.7.2 Psychologie

Erkenntnisse und Methoden der Psychologie sind für den Heilpädagogen unentbehrlich, da sich hierauf das Verständnis kindlicher Schwierigkeiten weitgehend stützt. Darüber hinaus ist er zusätzlich auf die unmittelbare Hilfe des Psychologen angewiesen. Psychologie ist Seelenkunde. Sie unterscheidet sich von der Psychiatrie, der Seelenheilkunde, dadurch, daß sie sich mit dem normalen Seelenleben befaßt; freilich gibt es hier fließende Übergänge. Zu therapeutischer Tätigkeit können Psychologen über eine Zusatzausbildung gelangen. Der Psychologe ist im Arbeitsteam unentbehrlich und kann Supervision durchführen.

Die Psychologie ist vielen Erziehern, Ärzten oder Seelsorgern etwas unheimlich. Teilweise fürchtet man, daß die Psychologen mit Röntgenblick in die tiefsten Geheimnisse des einzelnen Menschen hineinleuchten. Dies sind Vorurteile, denen derjenige nicht mehr erliegen wird, der sich die nötigsten psychologischen Kenntnisse angeeignet hat und ständig mit Psychologen zusammenarbeitet.

Lit.: 1, 7, 13, 20, 24, 25, 31; 96, 128, 182, 196, 198, 228, 242, 243.

1.7.3 Soziologie

Die Soziologie ist eine relativ junge Wissenschaft. Durch ihren besonderen Fachjargon machen es viele Soziologen – wie auch Psychologen – schwer, ihren Ausführungen zu folgen. Die Soziologen untersuchen den Einfluß bestimmter gesellschaftlicher Strukturen auf die Entwicklung der Gesellschaft selbst und somit mittelbar auch auf die Entwicklung des einzelnen Menschen, von Gruppen und ihren vielfältigen Beziehungen. Die gesellschaftliche Einstellung gegenüber behinderten Menschen und ihren Institutionen sowie die gesellschaftlichen Stigmatisierungsprozesse sind weitere Forschungsfelder. Die Soziologie zeigt uns, wo im Gesellschaftsleben der Hebel anzusetzen ist, damit Mißstände vermieden oder ausgemerzt werden können. Viele der im Folgenden aufzuzählenden Ursachen kindlicher Fehlentwicklungen sind soziologischer Natur, und viele der vorzuschlagenden Gegenmaßnahmen sind »sozialhygienisch«.

Lit.: 13; 80, 86, 123, 253.

1.7.4 Sozialpädagogik (und Sozialarbeit)

Ganz allgemein gesagt besteht die Aufgabe der Sozialpädagogik darin, sozial desintegrierten Menschen zur Wiedereingliederung zu verhelfen. Heilpädagogik und Sozialpädagogik ergänzen sich nicht nur, sondern sind in Teilbereichen nicht voneinander zu trennen. Den Ursprüngen der Heilpädagogik liegt ein soziales Motiv zugrunde.

In der heilpädagogischen Arbeitsgemeinschaft, z. B. Erziehungsberatung, sind Sozialpädagogen unentbehrlich. Auch *Bewährungshelfer* kommen aus diesem Beruf. Heilpädagogische Heime und psychiatrische Kliniken arbeiten erfolgreicher, wenn sie sich der Hilfe einer »Außenfürsorge« versichern. Sozialpädagogen führen Elternberatung durch, sie kennen die Schulbesuchs- und Berufsmöglichkeiten behinderter Kinder und nicht zuletzt auch die verwaltungstechnisch und juristisch gangbaren Wege, die nach der Heim- und Klinikentlassung zu beschreiten sind.

Lit.: 11; 76, 180, 181, 255.

1.7.5 Rechtswissenschaften

Heilpädagogen werden mit Rechtsfragen häufig in Berührung kommen. Trotzdem gehört eine Darstellung der einschlägigen Rechtsbegriffe nicht hierher. Auf den Geist der Rechtswissenschaften ist jedoch hinzuweisen. Man kann Heilpädagogen ebenso wie Psychologen und Ärzten nicht dringend genug raten, hin und wieder an Gerichtsverhandlungen teilzunehmen. Besonders bei Strafsachen zeigt es sich, wie verschieden die Ausgangspunkte des Denkens bei den Richtern auf der einen, bei Psychologen, Ärzten und Sozialpädagogen auf der anderen Seite sind. Desto wichtiger aber ist es, daß diese »zwei Welten« sich intensiv kennenlernen, denn nur so lassen sich Vorurteile und Mißverständnisse beseitigen. Dem Richter geht es vornehmlich um das Recht, dem Heilpädagogen um den Menschen. Darin sollte kein Gegensatz liegen. Aber es gibt Situationen, in denen Liebe und Recht einander zu widersprechen scheinen. Manche Erziehungskundige neigen dann allzu schnell dazu, den Richter, der das Recht nicht beugen darf, für lieblos zu halten.

1.7.6 Seelsorge

Heilpädagogik und Seelsorge haben in ihrer Zielsetzung unterschiedliche, abgrenzbare Bereiche. In der Praxis gibt es vielfältige Berührungspunkte und Möglichkeiten gegenseitiger Unterstützung.

In der Heilpädagogik geht es ganz besonders auch um die Sinnfrage. Einerseits ist das Ziel des Seelsorgers bei »schwierigen« Kindern kein anderes als sonst, aber unter erschwerten Bedingungen; andererseits ist die Erfüllung mit einem Lebenssinn gerade für Kinder mit Beeinträchtigungen ein Faktor, welcher einer höheren psychischen Gesundheit zugute kommt. So ist es sicher kein Zufall, daß wesentliche Einflüsse auf die Heilpädagogik auch von Theologen ausgegangen sind. Eine Heilpädagogik, die auch auf religiöse Erziehung Wert legt, wird mit einem verständigen

Seelsorger zusammenarbeiten und von ihm Unterstützung erwarten. Dieser wird seinerseits in Absprache mit dem Heilpädagogen in manchen Fällen Ansprüche, die nicht erfüllt werden können, ermäßigen oder zurückstellen, was natürlich nicht mit einem grundsätzlichen Verzicht auf unabdingbare Werte verwechselt werden darf.

Lit.: 106, 108, 129, 130, 173, 174, 186, 187, 188.

2. Ursachen und Entstehungsweisen kindlicher Schwierigkeiten

2.1 Suche nach einem Oberbegriff

Wenn hier ganz unverbindlich von »kindlichen Schwierigkeiten« gesprochen wird, so möge dies als Ausdruck dessen gewertet werden, daß es eine befriedigende übergeordnete Benennung für alle Zustände, die heilpädagogische Maßnahmen erfordern, nicht gibt.

Hanselmann (135) schlug den Begriff der *Entwicklungshemmung* vor und wußte ihn auch zu begründen. Wir können tatsächlich bei den verschiedensten Zuständen, von denen hier die Rede sein wird, in irgendeinem Sinne von Entwicklungshemmung sprechen. Aber der Hemmungsbegriff wird dabei ungewöhnlich weit gefaßt. Wenn der Sprachgebrauch von einem gehemmten Menschen spricht, meint er etwas Spezielleres, und jedenfalls etwas anderes als *Hanselmann. Schultz-Hencke* (24) erweitert seinerseits den Begriff der Hemmung auf sämtliche »Neurosen«, ebenfalls mit guten Gründen, jedoch aber auch wieder im Widerspruch zum Sprachgebrauch, der damit bestenfalls ganz bestimmte einzelne Neuroseformen meint. Zu allem hat »Hemmung« in der Psychiatrie nochmals eine völlig andersartige Bedeutung – meist als »vitale Hemmung« bezeichnet –, nämlich eine Grundbefindlichkeit des Kranken, der an einer »*endogenen Depression*« leidet.

Ähnlich verhält es sich mit dem Begriff *Störung*. Der eine stellt sich darunter etwas Vorübergehendes vor, im Gegensatz zu einer bleibenden Einwirkung, die nicht nur stört, sondern auch schädigt. Andere denken bei dem Begriff *Störung* (irrtümlich) ungefähr an eine Geisteskrankheit. Zwar läßt sich auf diesen Begriff nicht gänzlich verzichten, doch sollten wir bei seinem Gebrauch überlegen, ob er mißverstanden werden könnte.

Auch der Begriff »*Fehlentwicklung*« müßte, wenn wir ihn für alle heilpädagogisch zu fördernden Kinder anwenden wollten, in ungewohnter Weise erweitert werden, u. a. auch auf ausgesprochene Mangelentwicklungen. Er hat sich inzwischen außerdem so speziell für die seelischen Fehlentwicklungen eingebürgert, daß es nicht ratsam wäre, nun wieder eine weitere Fassung anzuwenden. Ähnliches gilt für »*Fehlhaltung*«.

Gut eingebürgert hat sich die Bezeichnung »*Verhaltensstörung*«. Dieses Wort ist insofern gut gewählt, als die so oft unterschiedene Frage nach den Entstehungsbedingungen der Auffälligkeit offengelassen wird. Der Nachteil dieses Terminus besteht darin, daß der Akzent ganz auf dem äußeren Verhalten liegt, so daß er schwer anwendbar ist auf die äußerlich symptomarmen seelischen Schwierigkeiten. Die Bezeichnung »*Erziehungsschwierigkeiten*« ist zu vieldeutig, um hier Verwendung finden zu können; erst recht gilt dies für »*abweichendes Verhalten*«. Der häufig gebrauchte Ausdruck »*Schwererziehbarkeit*« (bzw. das Schlagwort »schwererzieh-bares Kind«) legt die unzutreffende Meinung nahe, als ob es sich immer um eine Eigenschaft handle, die ausschließlich im betreffenden Kind begründet ist.

Wir verzichten also auf einen übergeordneten Begriff und sprechen unverbindlich *von kindlichen Schwierigkeiten.* Wir verzichten weiterhin auf eine Einteilung, bei der Ursachen und Erscheinungsbilder dieser Schwierigkeiten gleichzeitig berück-sichtigt werden könnten. Manches Erscheinungsbild hat vielerlei Ursachen und manche Ursache kann die verschiedensten Erscheinungsbilder nach sich ziehen. Wir haben uns daher die Darstellung der Erscheinungsbilder für den speziellen Teil des Buches aufgespart und bringen im allgemeinen Teil vorerst eine Ordnung nach Ursachen. Bezeichnungen sollen schon wegen der bereits erwähnten Gefahr der Etikettierung und Zuschreibung (»*labeling*«) möglichst neutral sein. Allerdings sind auch die besten Namensgebungen nicht imstande, soziale Vorurteile auszutilgen. Die »Hilfsschule« wurde abgeschafft, aber die Vorurteile gingen auf die »Sonder-schule für Lernbehinderte« über. Aus der Praxis wird häufig berichtet, daß lernbe-hinderte Schüler – v. a. der höheren Jahrgänge – nicht als behindert gelten wollen. Sie fühlen sich diskriminiert und isoliert.

2.2 Ursachen und Entstehungsweisen

Auch diese Begriffe bedürfen einer kurzen Erläuterung. Die Schädelverletzung kann eine Ursache der Lähmung sein, die Kälte ist eine Ursache der Erfrierung.

Erklären, Verstehen, Begreifen

Jaspers hat in Anlehnung an *Dilthey* herausgearbeitet, daß es »kausal erklärbare« und »verstehbare« Zusammenhänge gibt.
Kausal erklärbar sind alle objektiven Zusammenhänge, verstehbar alle von innen gewonnenen Anschauungen des Seelischen.
Für die Fälle, in denen es fraglich ist, ob es sich um Erklären oder Verstehen han-delt, schlägt *Jaspers* den Ausdruck »Begreifen« vor (15, S. 24).

Leib und Seele

Seit langem befassen sich Philosophie und Psychologie mit dem Leib-Seele-Problem. Man spricht gerne von einer »*Leib-Seele-Einheit*«, wobei man sich freilich kaum darüber klar ist, wie eine solche Einheit zu verstehen sein soll. Daß sich aber Leib und Seele nicht künstlich voneinander trennen lassen, Seelisches im Körperbereich und Körperliches im Psychischen sich ausdrücken und auswirken kann, steht außer Zweifel.

Weiterhin unterscheidet man sogar noch zwischen Körperlichkeit und Leiblichkeit. Vom Körper wird gesprochen, wenn nur von Zusammensetzung und Funktionen der Teile die Rede ist, während der Leib das ist, was der Mensch »leibt und lebt«.

Entstehungsweise

In der Medizin unterscheidet man zwischen der *Ätiologie* (= ursächliche Herkunft) und der (Patho-)*Genese* (= Entstehungsweise) einer Krankheit. Eine scharfe Trennung beider ist allerdings nicht möglich. Aber es leuchtet doch ein, daß man z. B. bei einer Entzündung unterscheidet zwischen deren Ursache (z. B. Bakterien) und deren Entstehungsweise (z. B. Vorgänge im Gewebskreislauf, die bei verschiedenerlei Ursachen immer gleichartig ablaufen). Zeigen wir also die Entstehungsweise eines Krankheitsbildes, so heißt dies: so *ist* es zustande gekommen. Damit ist weder gesagt, daß es *nur* so zustande kommen *konnte*, noch, daß es unter allen Umständen zustande kommen *mußte*.

Dies ist wichtig für die Beurteilung der seelischen Fehlentwicklungen und der Geisteskrankheiten. Oft scheint ein schweres Erlebnis an ihrem Ursprung zu stehen, und der ahnungslose Beschauer glaubt, damit nicht nur ihre Entstehungs*weise*, sondern auch ihre Entstehungs*bedingung* erfaßt zu haben: wäre das Erlebnis nicht, wäre die Folge nicht (Austauschmethode!). Dieser Schein trügt bei Geisteskrankheiten meistens, und oft auch bei den seelischen Fehlentwicklungen.

Diese etwas schwierigen Gedankengänge waren nötig, denn der Heilpädagoge begegnet dem Leib-Seele-Problem und dem Thema der Ursachen und Entstehungsweisen auf Schritt und Tritt. Immer wieder wird er Fragen gegenüberstehen, die ihn vor Alternativen stellen, wie etwa: Anlage oder Umwelt? Körperlich oder seelisch bedingt? Krankheit oder Schuld? Es genügt nicht zu wissen, daß solche »Oder«-Fragen oft verfehlt sind und zu ersetzen wären durch die Fragen: Wieviel des einen, wieviel des anderen? Wir müssen vielmehr auch berücksichtigen, daß selbst solche »Wieviel«-Fragen manchmal sinnlos sind.

So sicher sich *Ursachen* auch bestimmen und gegeneinander abwägen lassen, so verfehlt wäre es, bei sinnvollen Vollzügen das Geschehen »vor und hinter den Kulissen« prozentual zu vergleichen oder gar das eine in Anbetracht des anderen als unwirklich zu betrachten. Und gerade diesem Fehler begegnen wir allenthalben. Wissenschaften müssen »hinter die Kulissen« schauen, aber sie dürfen sich nicht anmaßen, damit *die* Wirklichkeit gefunden und das Geschehen auf der Bühne als Schein entlarvt zu haben. Die Psychoanalyse mag die Hintergründe einer tragischen Verstrickung aufdecken, sollte aber eine tragische Schuld nicht bestreiten. Der Psychiater mag auf dem Hintergrund seiner Statistik die Entstehung dieser oder jener Schizophrenie als weitgehende Folge der Erbanlage betrachten, aber er darf auf Grund dessen nicht etwa leugnen, daß die Daseinsverfehlung dieses einen Patienten ihren Weg z. B. über einen Liebeskummer genommen hat.

2.3 Anlage-Umwelt-Problem, Spielraum an Selbstgestaltung

Die Gesetze *körperlicher* Vererbung sind zwar sehr kompliziert, die Schwierigkeiten ihrer wissenschaftlichen Klärung aber nicht grundsätzlich unüberwindlich. Schwieriger noch verhält es sich mit der Frage der Vererbung *seelischer* Phänomene. Hier wird man sich mit Teilergebnissen zufriedengeben müssen.
Von Vererbung seelischer *Eigenschaften* läßt sich niemals sprechen. Erbanlagen sind »Werdemöglichkeiten« *(Pfahler),* d. h. sie liefern nur die Voraussetzungen, die Möglichkeit zur Bildung von Eigenschaften. Zur Realisierung der Möglichkeiten bedarf es der Umwelt. Da kein Mensch ohne irgendeine Umwelt aufwachsen kann, ist ein Urteil darüber, wie weit eine seelische Eigenschaft von der Erbanlage abhängt, sehr schwierig. Man spricht deshalb mit Recht von einem *Anlage-Umwelt-Problem.* Darüber hinaus darf nicht übersehen werden, daß der Mensch eine Selbstgestaltungskraft besitzt. Wie der Mensch sich seiner Umwelt stellt, welche Entfaltungsmöglichkeiten er seinen Anlagen gibt, ist nicht gleichgültig für die Entstehung seelischer Eigenschaften. *Adler* spricht von einer *»Gebrauchspsychologie«,* d. h. es kommt immer auch darauf an, welchen *Gebrauch* der einzelne von seinen Anlagen und seinen Umwelteinflüssen macht. Über die Größe des freien Spielraums an Selbstgestaltung sind freilich auch nur annähernd keine exakten Angaben möglich. Mit dem großen Schweizer Pädagogen *Pestalozzi* können wir hier zusammenfassend festhalten: Der Mensch ist ein Werk der Natur, ein Werk seines Geschlechts und ein Werk seiner selbst. Es besteht noch manche Unklarheit darüber, welche Elemente für seelische Werdemöglichkeiten vererbt werden. Sicher ist, daß Anlagen für bestimmte Begabungen erblich sind. Ebenso beruhen bestimmte Eigentümlichkeiten des Temperaments auf erblicher Grundlage. Instinkte und Bedürfnisse haben wir zweifellos von den Eltern und Voreltern geerbt.

Früher glaubte man, Instinkte würden beim Menschen keine wesentliche Rolle spielen. Wir hielten uns für die »instinktenthobenen Wesen«. Vergleiche zwischen Tier-Verhaltens-Forschung und Psychologie des Menschen haben diese Auffassung erschüttert. Aus vormenschlicher Vergangenheit haben sich Instinktreste bis auf den Menschen der Gegenwart vererbt. Für die Welt-Bewältigung des erwachsenen Menschen haben jedoch die Instinkte an Bedeutung verloren, so daß dieses Erbe aus vormenschlicher Zeit oft störend eingreift und auch an der Genese von Verhaltensauffälligkeiten und kindlichen Schwierigkeiten beteiligt sein kann. Die Forschung hat hier noch ein weites Feld zur Bearbeitung vor sich.

Viele tierische Instinktbewegungen sind für ihren normalen Ablauf auf einen »Auslöser« angewiesen. Ein bestimmter Lockruf z. B. kann geschlechtliche Regungen wecken, beim Jungvogel führt das Bild des herannahenden Muttertieres unter gegebenen Voraussetzungen zum Aufsperren des Schnabels (zwecks Nahrungsaufnahme). Derartige Auslöser lassen sich durch Attrappen ersetzen und auf ihre bestmögliche Wirkung hin erforschen. Meist kommt diese Wirkung einem recht einfachen Grundschema zu. Beim erwähnten Schnabelsperren z. B. gilt für das Muttertier das Schema: größer werden (weil näherkommend), weiter oben, in Dreiecksform die helle Umgebung verdunkelnd. Wichtig ist, daß solche Auslöser ererbt sind, das Tier auf sie reagiert, *ohne sie zuvor gekannt zu haben.*

Vieles spricht dafür, daß es auch beim Menschen, besonders beim Neugeborenen und Säugling, solche ererbten Auslöser-Schemata gibt.

Noch weiter kompliziert wird das Problem durch die sog. »*Prägung*«. Hier wird nicht das Auslöseschema selbst ererbt, sondern gewissermaßen das Schema eines Schemas. Eine frisch aus dem Ei geschlüpfte Graugans z. B. wird dasjenige lebende Wesen, das sie zuerst erblickt, als »Mutter« annehmen, gleichgültig, ob es sich dabei um eine Graugans, eine Henne oder einen Menschen handelt. Damit ist das Bild dessen geprägt, der künftig als Auslöser die Reaktionen bestimmen wird, die normalerweise vom Muttertier bestimmt werden. Die Prägung vollzieht sich oft schlagartig und ist nicht mehr rückgängig zu machen. Ein auf den Menschen geprägtes Gänschen wird nie mehr auf die ausgewachsene Gans wie auf ein Muttertier reagieren. Wesentlich ist also: Nahezu schlagartiges und unwiderrufliches Einprägen des Schemas eines Auslösers. Beim Menschen gibt es Prägungen in diesem strengen Sinne nicht, aber im psychologischen Sprachgebrauch wird dieser Begriff gelegentlich für Sachverhalte angewandt, die eine gewisse Ähnlichkeit mit dem geschilderten Vorgang aufweisen.

Die Anwendung dieser Erkenntnisse auf die menschliche Verhaltenslehre verspricht wertvolle Erkenntnisse, man muß sich jedoch vor voreiligen Schlußfolgerungen hüten. Wir sehen nämlich die Einzeltriebe des Menschen nicht mehr unverbildet vor uns. In der menschlichen Entwicklung gehen vielmehr die Einzeltriebkräfte – unter ständiger Erweiterung des Spielraumes der Freiheit – miteinander Verbindung ein, die ihrerseits zu eigenen Bedürfnissen, Interessen, Vorlieben, Strebungen, Gesinnungen usw. verschmelzen. Oft wundert man sich zwar darüber, daß ein Mensch irgendeine Vorliebe bis in scheinbar unbedeutende Kleinigkeiten hinein von seinem Vater erbt, selbst wenn er diesen nie gekannt hat. Was sich dabei aber vererbt, weiß man nicht.

Dies gilt noch mit der Einschränkung, daß wir hier von Mitwelteinflüssen absehen. Unter »*Mitwelt*« verstehen wir die mitmenschliche Umwelt. Oft ist die ganze psychische Atmosphäre in vieler Hinsicht ähnlich, so daß manches, was ererbt scheint, in Wirklichkeit doch auf die Einflüsse der Umgebung zurückgehen mag.

Gewöhnlich stellt man der *Anlage* die *Umwelt* gegenüber. *»Umwelt«* aber ist ein weiter Begriff. Zu ihr zählen nicht nur die Erlebnis-Einflüsse, die von der Mitwelt ausgehen, sondern auch Klimafaktoren, Einflüsse der Ernährung u. v. a. In der Regel liegt eine Vielfalt dieser ökologischen Faktoren an der Wurzel auffälliger Erscheinungsbilder. Jedes Symptom hat also ein ganzes Bündel verschiedenartigster Ursachen, und jede von ihnen ist wiederum kreuz und quer gebündelt. Genau so kreuz und quer bündeln sich die Einflüsse von Anlage, Umwelt und Mitwelt zu verschiedenartigen selbständigen Wirkkräften, zur Selbstgestaltungskraft.

Trotz solcher Bündelungen sind wir aber gezwungen, zur klareren Darstellung der Probleme einige Vereinfachungen in Kauf zu nehmen. Sie werden darin bestehen, daß wir im wesentlichen der »Anlage« die »Mitwelt« gegenüberstellen. Dabei sei der Begriff der Anlage als Benennung für das betrachtet, was den Mitwelteinflüssen Möglichkeiten bietet und Grenzen setzt.

Nun also zum Anlage-Mitweltproblem. Nehmen wir einmal an, ein Mensch wäre anlagemäßig besonders erregbar oder besonders antriebsschwach oder besonders wenig gebremst bzw. gesteuert. Zwar wird auch bei einem solchen Menschen manches von den Einflüssen der Erziehung abhängen, und vielleicht wird er sogar gerade infolge seiner Besonderheiten seinen eigenen sinnvollen Lebensweg finden. Wo solche Besonderheiten aber übermäßig stark ausgeprägt sind, werden sie sich auch bei bester Erziehung störend bemerkbar machen. Derartiges hatte man im Sinn, als man früher abnorme Persönlichkeiten *»Psychopathen«* nannte.

Je stärker dagegen Erziehungs- oder auch erziehungswidrige Einflüsse zur Geltung gelangen, desto wichtiger wird die Lebensgeschichte, an der sich zeigen läßt, wie das jetzige Bild zustande gekommen ist. Im einen wie im anderen Falle wird man Anlage bzw. Mitwelt nie allein verantwortlich machen, sondern immer nur von »vorwiegend anlagebedingt« bzw. »vorwiegend mitweltbedingt« sprechen dürfen.

Bis hierher wäre nun alles ziemlich leicht überschaubar. Man könnte im Einzelfall verschiedener Meinung sein über die Gewichtsverteilung von Anlage und Mitwelt, aber die Problemstellung wäre klar. Seit wir jedoch einiges über Entstehungs- und Erscheinungsweise der *Neurosen* wissen, hat sich die Problematik kompliziert.

Neurosen sind seelische Fehlentwicklungen, bei denen fehlerhafte Erlebnisverarbeitungen im Spiel sind. Damit erhebt sich das Anlage-Mitweltproblem von neuem, jedoch in einer etwas anderen Form.

Zunächst einmal steht bei der Neurose der Verlaufs- bzw. Entwicklungsgesichtspunkt im Vordergrund. Daher sind manche Neurosenforscher geneigt, das Gewicht der Anlage zu unterschätzen. Jedoch können wir auch beim Vorliegen von schädigenden Erlebnissen und von typischen Neurose-*Entwicklungen* mit dem jeweils verschiedenen Gewicht der Anlagefaktoren rechnen. Ob bestimmte Einflüsse wirklich zu einer Neurotisierung führen oder spurlos am Kinde vorübergehen, wird vermutlich doch *auch* Sache der Anlage sein. Eine zur Neurose disponierende Anlage muß keine »schlechte« Anlage sein, sondern sie »paßt« vielleicht nicht zu einer speziellen Mitweltsituation. Natürlich gibt es aber auch schädigende Einflüsse von solcher Intensität, daß sie bei jedem Kind eine Fehlentwicklung in Gang setzen würden.

Weiter kompliziert wird das Problem dadurch, daß alle Mischungen möglich sind. Anlagebedingte oder durch prägungsähnliche Vorgänge früh fixierte Abartigkeit und Neurose schließen einander keineswegs aus. Mehr noch: die Neurose gehört nicht zu jener Art von Übeln, bei denen sich fragen ließe: hat er sie oder hat er sie nicht? Die charakteristische neurotische Widersprüchlichkeit ist vielmehr nur eine Übertreibungs- und Zerrform der Widersprüchlichkeit des menschlichen Daseins überhaupt. Ein wenig »Neurose« hat *demnach* jeder Mensch.

Es fehlt also noch viel, bis wir über das Anlage-Mitwelt-Thema klarer Bescheid wissen. Aber es ist schon viel wert, daß wir einerseits Festlegungen zu vermeiden gelernt haben. Niemals halte man einen Zustand nur deshalb für anlagebedingt, weil er sich scheinbar nicht beeinflussen läßt; oder einen anderen für leicht beeinflußbar, weil er in ähnlicher Weise vielleicht bei Eltern oder Voreltern vorkam. Man verzichtet sonst zu Gunsten grober Faustregeln auf die geistige Anstrengung und ihre guten heilpädagogischen Früchte.

Anlagefaktoren sind besonders auf seelischem Gebiet in den seltensten Fällen allein bestimmend. Für den Heilpädagogen gilt: immer und überall stecken die Anlagen Möglichkeitsbereiche ab. Was außerhalb solcher Bereiche liegt, ist unmöglich. Innerhalb des Anlagebereichs aber gibt es allerlei Möglichkeiten, bekannte und unbekannte. Solange diese Möglichkeiten nicht erschöpft sind, hat kein Erzieher das Recht, unter Berufung auf die Anlage seine Hände in den Schoß zu legen. Daher sollte der Heilpädagoge eine zuversichtliche Grundhaltung haben.

Als instruktives Beispiel für den Spielraum der Möglichkeiten, die die Anlage läßt, ist das von *Reiwald* beschriebene Zwillingspaar (»eineiig«, also erbgleich): der eine Bruder wurde ein berüchtigter Gangster, der andere ein ebenso berühmter Kriminalbeamter.

Der Heilpädagoge vermeide also eine Flucht in die Anlagetheorie. Gewiß ist es verständlich, wenn ein Erzieher manchmal angesichts eines völligen Mißerfolges verzagt. Sagt er sich dann aber, »das Kind war nun einmal so veranlagt«, so ist dies sachlich unbewiesen und erzieherisch von Übel. An der Anlage kann der Erzieher nichts ändern, wohl aber an der Mit- und Umwelt! Dafür hat er seine ganze geistige Kraft und seine Phantasie aufzuwenden. Erzieherische Erfolge – und sind sie vielleicht auch manchmal noch so gering – wird es immer geben. Es gibt kein erziehungsunfähiges Kind!

2.4 Begriffe im Umkreis der Anlage

Mutation

Eine plötzlich auftretende Veränderung an den Anlageträgern im Zellkern (Chromosomen) nennt man *»Mutation«*. Diese Veränderungen haben häufig nachteilige Auswirkungen, sie verursachen Entwicklungsstörungen und Krankheiten.

Nicht jede Abartigkeit, die bei einem Kind neu auftritt, d. h. in der Blutsverwandtschaft nicht nachzuweisen ist, beruht auf Mutation. Abgesehen von den noch zu erwähnenden intrauterinen Schädigungen, kann sie auch auf »rezessiven« Erbanlagen beruhen, die seit Generationen nicht sichtbar geworden sind und jetzt plötzlich durchschlagen. Rezessive Anlagen werden von »dominanten« Anlagen überdeckt. Paaren sich aber zwei Träger der gleichen rezessiven Anlage (z. B. Verwandtenehen!), so kann sich bei den Nachkommen das manifeste Merkmal zeigen. Abgesehen von Strahlenschäden (z. B. Röntgenschäden) und Schäden durch chemische Substanzen, sind die Ursachen, die zur Schädigung der Ei- bzw. Samenzellen i. S. der Mutation führen, noch wenig bekannt. Wie Mutationen entstehen, ist noch weitgehend unbekannt.

Angeboren/erworben

Der Begriff *»angeboren«* ist ungenau. Meist versteht man darunter *»ererbt«*, im Gegensatz zu *»erworben«* durch Umwelteinflüsse. Wörtlich genommen kann jedoch angeboren nur bedeuten: bei der Geburt schon vorhanden. Abnormitäten, die bei der Geburt schon erkennbar sind, müssen aber keineswegs ererbt sein; sie können auch durch eine Schädigung im Mutterleib, also durch einen schon vorgeburtlichen Schaden, erworben sein. Andererseits muß Ererbtes durchaus nicht angeboren sein; Erbkrankheiten können viel später im Leben zutage treten. Man könnte einwenden, daß die Erbanlagen angeboren sind. Aber selbst diese Formulierung wäre ungenau, denn das Erbschicksal entscheidet sich nicht im Zeitpunkt der Geburt, sondern bereits bei der Verschmelzung von Ei- und Samenzelle.

Das gedankenlose eingefahrene Begriffspaar *»angeboren/erworben«* sollte ersetzt werden durch *»ererbt/erworben«*.

Endogen/exogen (synonym: *somatogen*) – *kryptogen*

Endogen heißt wörtlich: von innen entstanden; *exogen:* von außen entstanden. Diese Begriffe haben jedoch schon viel Unheil gestiftet. Man versteht unter endogenem Schwachsinn meist den genetischen, also ererbten Schwachsinn, ebenso unter endogenen Psychosen die angeblich erbbedingten Psychosen. Im Grunde ist aber »von innen entstanden« eine recht unverbindliche Aussage, in welcher vermieden wird, sich auf Erblichkeit festzulegen. Als exogene oder *somatogene* Psychosen gelten diejenigen, die auf einer Einwirkung von außen beruhen (z. B. Vergiftungen, Infektionen) oder durch krankhafte Störungen des Organismus hervorgerufen werden. Da im Grunde innere Ursachen nur vermutet werden können, wird inzwischen auch die Bezeichnung *kryptogen* (durch unbekannte Ursachen hervorgerufen) anstelle von *endogen* verwendet.

Psychogen

Die Bezeichnung »*psychogen*« bezieht sich auf psychische Störungen, die in der Eigengesetzlichkeit des Seelischen begründet sind und darauf zurückgeführt werden können. Da psychogene Störungen oft mit gegenwärtigen oder früheren Erlebnissen zusammenhängen, wird »psychogen« als erlebnisbedingt oder lebensgeschichtlich bedingt eingedeutscht. Inzwischen ersetzt die Bezeichnung »psychogen« häufig den älteren Begriff »*hysterisch*«.

Konstitution und Disposition

Als *Konstitution* bezeichnet man die körperlich-seelische Gesamtverfassung eines Individuums. Sie hängt größtenteils von den Erbanlagen ab, jedoch wird sie auch durch sonstige Einflüsse mitbestimmt. Man betrachtet sie zwar nicht als völlig starr und unwandelbar, im großen und ganzen aber doch als recht beständig.

Im Gegensatz zu »Konstitution« versteht man unter *Disposition* den augenblicklichen Zustand, unabhängig von seiner Veränderlichkeit, und zwar meist im Hinblick auf bestimmte Krankheiten. Der Begriff Disposition meint also etwas wie »Bereitschaft« oder gar »Anfälligkeit«. Disposition gibt es im erblichen, im körperlich-konstitutionellen und im psychischen Bereich. Die Disposition bedarf für ihre *Manifestation* (Erkennbar- und Wirksamwerden) auslösender und prägender Umweltbedingungen.

Konstitutionstypen

Kretschmer (162) unterschied zwischen dem *leptosomen* (schlankwüchsigen), dem *pyknischen* (rundlichen) und dem *athletischen* (muskelstarken) Typus. Diesen Typen ordnete er verschiedene Temperamente *(schizothyme, zyklothyme, visköse)* – und in der Extremform Geisteskrankheiten *(Schizophrenie, manisch-depressive Psychose, Epilepsie)* – zu. Es gibt verschiedene andere Typologie-Versuche, deren Berechtigung überhaupt zunehmend mehr angezweifelt wird.

Gendiagnostik und Genomanalyse

Die *Gendiagnostik* versucht bereits genetische Eignungstests zu entwickeln, was unversehens zur Reduzierung menschlichen Lebens auf biotechnische Determinanten führen kann.

Mittels der *Genomanalyse* lassen sich menschliches Erbgut bestimmen, Erbkrankheiten und Chromosomenabweichungen (Chromosomenaberrationen) feststellen. Hier lauert die Gefahr der eugenischen Auswahl, ja der Feststellung, ob das Leben lebenswert oder lebensunwert ist, sofern insbesondere utilitaristisches (Utilitarismus = Nützlichkeitslehre) und hedonistisches (Hedonismus = Streben nur nach Glück und Sinnenlust) Denken sich noch weiter ausbreitet. Gehen wir einer fragwürdigen Entsorgung von Leiden entgegen? (*Hegselmann, Merkel:* 138) Die heutige *Euthanasie-Debatte* ist gegenüber der nationalsozialistischen und faschistischen Ideologie ›wertfreier‹, logischer, neutraler und kälter.

Pränataldiagnostik und *Vorsorgeuntersuchungen bei Neugeborenen*
Unter *pränataler Diagnostik* versteht man alle diagnostischen Möglichkeiten vor der Geburt, vor allem – möglichst regelmäßige – Untersuchungen mit Hilfe des Ultraschalls (Ultraschalldiagnose im Rahmen der Schwangerschaftsvorsorgeuntersuchungen). Darüber hinaus gibt es zwei gezielte pränataldiagnostische Methoden zur Überwachung des *Embryo* (d. h. bis zum weitgehenden Abschluß der Organbildung in den ersten drei Schwangerschaftsmonaten) bzw. (des *Fetus* oder *Fötus* (d. h. vom 4. Schwangerenmonat bis zur Geburt): Fruchtwasserentnahme in der 16./17. Schwangerschaftswoche *(Amniozentese)* bzw. die Vorverlegung dieser Diagnostik in die 10./11. Schwangerschaftswoche *(Chorionbiopsie)* mit höherem Abortrisiko. Auf dieser Weise können vor allem genetische Erkrankungen *(Gendefekte)* und Fehlentwicklungen (Großhirnschädel, gestörte Funktion einzelner Organe) diagnostiziert werden. Dabei kann es zu erheblichen Schwangerschaftskonflikten kommen, wenn eine Behinderung diagnostiziert wird. Die schwangere Frau (und ihr Mann/Partner) benötigen neben der medizinischen Beratung auch eine einfühlsame begleitende psychologisch-heilpädagogische und seelsorgerliche Beratungshilfe, um zu einer eigenen Entscheidung zu kommen (*Mürner:* 192).
Da eine Risikoschwangerschaft mit dem Alter zunimmt, machen über 50 % aller über 35jährigen Frauen von der Pränataldiagnostik gebrauch.
»Nach einem gesellschaftlichen Konsens, der sich in dem veränderten § 218a Abs. II Nr. 1 StGB von 1976 ausgedrückt hat, kann eine Schwangerschaft straffrei bis zum Ende der rechnerisch 24. Schwangerschaftswoche nach der letzten Regel abgebrochen werden, wenn sich während der Schwangerschaft gezeigt hat, daß dieses Kind mit hoher Wahrscheinlichkeit an einer schwerwiegenden Erkrankung leiden wird, welche die Mutter in eine nicht zumutbare Notlage bringt« (*Schroeder-Kurth:* 229, S. 36 und *Reif:* 211).
Innerhalb der *Vorsorgeuntersuchungen* von der Geburt des Kindes an bis zu seinem 4. Lebensjahr mittels sog. *Screening-Verfahren* gibt es in der Neugeborenen-Basis-

untersuchung U2 (vom 5. bis 10. Lebenstag) insbesondere zwei diagnostische Maßnahmen (›Tests‹): Die *Schilddrüsenuntersuchung* (1 neugeborenes Kind unter ca. 4000 Kindern leidet unter einer *Schilddrüsenunterfunktion*, der sog. *Hypothyreose*; vgl. S. 146) und die *Eiweißstoffwechseluntersuchung* (1 neugeborenes Kind unter ca. 7000 Kindern leidet unter einer angeborenen Eiweißstoffwechselerkrankung, der sog. *Phenylketonurie* (PKU); vgl. S. 48 und S. 131). Beide Erkrankungen sind klinisch nicht sofort zu erkennen, führen aber zu unaufhaltsamen Veränderungen mit schweren Beeinträchtigungen der Persönlichkeitsentwicklung, insbes. der kognitiven Fähigkeiten. Aus einem Tropfen Fersenblut läßt sich die Diagnose stellen. Bei sofort eingeleiteter Therapie (vgl. S. 131 und S. 146 f.) wächst das Kind in der Regel völlig gesund heran (*Wendt:* 266).

2.5 Körperliche Ursachen kindlicher Schwierigkeiten

Ehe wir hier körperliche Ursachen kindlicher Schwierigkeiten aufzählen, wollen wir uns noch einmal vergegenwärtigen, daß solche Schwierigkeiten häufig nicht auf einer einzelnen Ursache beruhen, und daß oft anlagemäßige, körperliche und psychosoziale Bedingungen zusammenspielen.

Bei den direkt wirksamen körperlichen Ursachen kindlicher Schwierigkeiten handelt es sich fast durchweg um schädigende Einflüsse, die mittelbar oder unmittelbar das Gehirn betreffen. Dabei ist zu berücksichtigen: Die menschliche Nervensubstanz – und dazu zählt auch das Gehirn – ist empfindlicher als die meisten anderen Körpersubstanzen. Mechanischer Druck, Sauerstoffmangel, Mangel an Nährstoffen usw. können oft schnell zu erheblichen Beeinträchtigungen der Funktionen führen. Dementsprechend ist auch die Fähigkeit der Nervensubstanz, sich zu erholen, verhältnismäßig begrenzt. Es ist Sache des Nervenarztes zu unterscheiden, wo noch eine wirkliche Besserung der Nervenfunktion selbst zu erwarten ist und wo die Besserung auf Übung, Umgewöhnung und Einarbeitung sonstiger, verschont gebliebener Nervensubstanz beruht. Auf diese letztere Möglichkeit ist gerade in der Heilpädagogik hinzuweisen. Erfolge einer heilpädagogischen Übungsbehandlung, die auf dem aufbaut, was noch vorhanden ist, sind oft beachtlich.

Nicht alle körperlichen Ursachen, die zu kindlichen Schwierigkeiten führen können, sind bekannt; etwa zwei Fünftel der Ursachen können noch nicht eindeutig diagnostiziert werden!
Die Ätiologie und Genese einer zentralnervösen Schädigung wird nach dem Zeitpunkt ihrer Entstehung eingeteilt. Man spricht von *pränatalen* (vorgeburtlichen), *perinatalen* (bei der Geburt entstandenen) und *postnatalen* (nachgeburtlichen) Schädigungen.

2.5.1 Intra-uterine Schädigungen

Bereits das Ungeborene ist in der Gebärmutter *(Uterus)* einer Umwelt ausgesetzt. Hier eintretende Schädigungen, z. B. durch Mangelernährung, Medikamente, Strahlen, Gifte, Infektionskrankheiten, haben nichts mit Erbkrankheiten zu tun.

Inzwischen weiß man über die Auswirkungen des mütterlichen *Alkoholismus* auf das Kind genauer Bescheid. Der Alkoholkonsum hat außerordentlich zugenommen, wobei eine Entwicklung vom »Elendsalkoholismus« zum »Wohlstandsalkoholismus« festzustellen ist. Die Angaben darüber, welche Alkoholmengen zu einer eindeutig nachweisbaren Giftwirkung auf das Kind führen können, können präzise gemacht werden: Der tägliche Konsum von etwa 50 Gramm reinen Alkohols kann zu verschiedenen Störungen (vermindertes Schädelwachstum, Gelenk-, Hand- und Fußanomalien, Minderwuchs und/oder verzögerte geistige Entwicklung u. a. m.) führen. Es drohen massive Mißbildungen, vor allem auch *Gehirnmißbildungen*; man spricht hier von *Alkoholembryopathie (Majewski*: 176).

Auch *Nikotinkonsum* der Mutter schädigt das Kind. »Das Kind raucht mit!« Bei schwangeren Frauen genügen schon zwei Zigaretten für eine nachweisbare Verminderung der Bewegungen des Ungeborenen. Mit dem Ausmaß des mütterlichen Nikotinmißbrauchs steigt das Risiko, eine Fehl- und Frühgeburt sowie eine Totgeburt zu erleiden; ausgetragene Kinder von Raucherinnen haben ein erniedrigtes Geburtsgewicht von 200 Gramm gegenüber nichtrauchenden Müttern, sind in ihrer körperlichen und geistigen Entwicklung benachteiligt und von erhöhter Säuglingssterblichkeit bedroht. Seit 1974 wird beobachtet, daß bei Neugeborenen stark rauchender Väter vermehrt Lippen-Kiefer-Gaumenspalten, Mißbildungen des Gehirns, Rückenmarkmißbildungen und Störungen am Geschlechtsorgan auftreten.

Es gibt Faktoren, die speziell den noch sehr jungen Keim (vornehmlich etwa in den ersten drei Monaten) schädigen. Diese jungen Keimlinge werden *»Embryo«* genannt (nach der Embryonalzeit heißt das Ungeborene *»Fetus«*). *Embryopathie* ist eine Erkrankung des Embryos. Verschiedene Medikamente können, wenn sie in frühen Schwangerschaftsmonaten eingenommen werden, zu Embryopathien führen. Durch Einnahme beispielsweise von *Thaliodomit (Contergan)* entstehen vor allem Mißbildungen an den Extremitäten. Bei der *Medikamentenembryopathie* stören chemische Substanzen die Entwicklung; die geistige Entwicklung wird meist nicht beeinträchtigt. Sogar antiepileptische Medikamente können Entwicklungsanomalien verursachen.

Auch ganz harmlose Infektionskrankheiten der Mutter kommen als Ursache einer Embryopathie in Betracht. In erster Linie sind hier die *Röteln* zu nennen, die in den ersten drei Schwangerschaftsmonaten beim Kind Augenschäden, Taubheit, Herzmißbildungen, Mikrocephalie und Gehirnschäden bewirken können. Die *Röteln-Embryopathie* ist in ihren Auswirkungen um so schwerer, je früher die Virusinfektion erfolgt. In der 2. Hälfte der Schwangerschaft entstehen diese Mißbildungen nicht mehr; dafür kann es zu anderen Organerkrankungen (Leberentzündungen, Knochen- und Blutbildstörungen) kommen. Um solches zu verhindern, ist es wichtig, daß Mädchen bis zum möglichen Eintritt einer Schwangerschaft gegen Röteln immun sind. Sie sollen zwischen dem 12. und 14. Lebensjahr schutzgeimpft werden; eine noch wirksamere Immunität stellt sich freilich nach einer durchgemachten Rötelnerkrankung ein.

Gefahr ist grundsätzlich auch gegeben, wenn als Folge von Unfällen, Uteruskrämpfen oder ungünstiger Einbettung des Eies in der Gebärmutter Störungen der Ernährung und Sauerstoffversorgung des *Embryos* eintreten. Blutungen während der Schwangerschaft, die auf einen drohenden Abgang hinweisen, können ein Zeichen dafür sein, daß der Embryo gefährdet ist.

Weitere Schädigungen treten hauptsächlich in der zweiten Schwangerschaftshälfte auf. So kann bei einer *Syphilis* der Mutter der Krankheitserreger, der über das Blut in alle Organe gelangen kann, auch die Plazenta befallen; diese wird dann für den Erreger durchlässig, so daß das ungeborene Kind infiziert wird, was u. a. zu einer schweren Hirnschädigung führen kann.

Als weitere Infektionskrankheit ist die *Toxoplasmose zu* erwähnen. Es handelt sich um eine bei Haustieren, besonders Katzen, verbreitete Erkrankung, die auch auf den Menschen übertragen werden kann und bei Erwachsenen häufig ist, aber meist unbemerkt verläuft. Schwangere können den Erreger haben und ihr ungeborenes Kind damit infizieren. Bei diesem kann es dadurch vor allem zu schweren Hirnschädigungen kommen. Eine sichere Verhütungsmaßnahme gegen Toxoplasmose gibt es zwar nicht, aber die Gefahr wird wesentlich gemildert, wenn Schwangere kein rohes oder ungenügend gekochtes Fleisch essen und engen Kontakt mit Haustieren meiden. Erkrankte Katzen scheiden den Erreger mit dem Kot aus. Wenn Hauskatzen nicht mit rohem Fleisch gefüttert werden, ist die Gefahr, daß sie zu Infektionsquellen der Toxoplasmose werden, verringert.

Röntgen- oder Radiumbestrahlung in der Schwangerschaft kann auch zu Schäden des *Zentralnervensystems* (ZNS) und damit zu Störungen der körperlich-geistigen, der primär körperlichen oder der primär geistigen Entwicklung führen *(Strahlen-embryopathie).*

Bei all den hier aufgeführten Beispielen pränataler oder intra-uteriner Schädigung handelt es sich um exogen verursachte Mißbildungs-Retardierungs-Syndrome.

Die häufig vorgebrachte Behauptung, eine schlechte psychische Verfassung einer Frau könne ihr Kind im Mutterleib unmittelbar schädigen, ist schwer zu beweisen. Doch die pränatale Forschung konnte auf Zusammenhänge zwischen Mutter und ihrem sich entwickelnden Kind im Mutterleib hinweisen, die die Annahme einer »vorgeburtlichen Erziehung« *(Jean Paul,* 1763–1825) rechtfertigen. Die pränatale Psychologie konnte erste bestätigende Befunde vorlegen.

2.5.2 Frühgeburtsschädigung

Allein die Tatsache der *Früh-* oder *Mangelgeburt* (Geburtsgewicht unter 2500 g) bedeutet schon eine Gefährdung, ein erhöhtes *perinatales Risiko.* Dem kindlichen Organismus werden hier Anforderungen einer Geburt, die schon zum regelrechten Zeitpunkt gewaltig sind, in einem Stadium der Unreife zugemutet. Das gleiche gilt für die Anforderungen der ersten Lebenswochen. Am Gehirn gehen diese Dinge oft nicht spurlos vorüber. Häufig finden wir daher bei frühgeborenen Kindern Anzeichen leichter Hirnschädigungen. Oft drückt sich dies nur in einem »Entwicklungsrückstand« aus, der noch aufgeholt werden kann. Leider zeigen manche frühgeborenen Kinder auch Merkmale eines Dauerschadens. Säuglinge und Kleinkinder mit einem Entwicklungsrückstand sind von einer Dauerbehinderung bedroht. Die von einer Behinderung bedrohten und die behinderten Kinder benötigen eine rechtzeitige entwicklungsfördernde medizinisch-pädagogische Frühhilfe (vgl. S. 22 f.)

2.5.3 Geburtsschaden

Bei der Geburt können in verschiedener Weise Schädigungen eintreten. Hauptsächlich lassen sich zwei Gruppen von Hirnschäden unterscheiden: Hirnschäden durch unmittelbare Gewalt und Hirnschäden infolge Sauerstoffmangels durch verzögerten Geburtsvorgang. Bei den ersteren wird das Gehirn anläßlich des Schädeldurchtritts durch das Becken (besonders wenn dieses zu eng ist) oder infolge allzu heftigen und langen Drucks der Geburtshelferzange oder bei zu langer Anwendung der Saugglocke unmittelbar geschädigt. Sauerstoffmangel *(Asphyxie)* kann während der Geburt auf sehr verschiedene Weise eintreten. Die Nabelschnur kann zugepreßt sein, noch ehe das Kind geboren ist und atmen kann. Die Atemwege können durch Schleim oder Fruchtwasser verlegt oder durch Nabelschnurumschlingung abgeschnürt sein. Manchmal nimmt auch das Atemzentrum seine Tätigkeit nicht rechtzeitig auf. Wenn nun auf diese oder ähnliche Weise dem Gehirn nicht genügend Sauerstoff zugeführt wird, kommt es sehr schnell zu leichteren oder auch schweren Hirnschädigungen. Diese Schädigungen können sehr verschiedenartig sein und betreffen in wechselndem Umfang und Grad die körperlichen, psychischen und kognitiven Funktionen des zentralen Nervensystems.

2.5.4 Hirnschädigung durch mütterliche Blutfaktoren

Außer den bekannten *Blutgruppen* A, B, AB und 0 gibt es noch eine Reihe ebenfalls vererbbarer sogenannter *Blutfaktoren*. Z. B. wurde in den roten Blutkörperchen der Rhesusaffen ein Faktor gefunden, der auch bei einem Großteil der Menschen vorkommt. Man nennt ihn *Rhesusfaktor*, oder kurz Rh-Faktor. Beim Menschen wird das Vorhandensein dieses Faktors mit Rh-positiv (Rh), sein Fehlen mit Rh-negativ (rh) gekennzeichnet.

Ein Mensch mit rh-Blut bildet, wenn in seinen Kreislauf Rh-Blut gelangt, Abwehrstoffe (Antikörper) gegen die Rh-Blutkörperchen. Das kann z. B. eintreten bei einer Blutübertragung, wenn auf diesen Faktor nicht geachtet wird. Insbesondere kann dies auch erfolgen bei einer Schwangerschaft einer rh-Mutter mit einem Rh-Kind (Kind eines Rh-Vaters). Eine Rh-Mutter muß nicht, aber kann Abwehrstoffe gegen Blutkörperchen ihres eigenen Rh-Kindes bilden. Falls diese Antikörper in den kindlichen Kreislauf gelangen, lösen sie rote Blutkörperchen des Rh-Kindes auf. Dadurch kommt es zu einer Gelbsucht *(Ikterus)*, u. zw. zu einer sehr schweren Form, bereits innerhalb 24 Stunden nach der Geburt (nicht zu verwechseln mit der harmlosen »Neugeborenen-Gelbsucht«, die sich gewöhnlich nicht vor 24 Stunden zeigt und ohne Komplikationen wieder abklingt). Die Kinder leiden unter Fieber und Krämpfen. Oft sterben sie. Überstehen die Kinder die schwere Gelbsucht, so hinterläßt sie meist Hirnschädigungen, die insbesondere zu verschiedenen Formen und Graden intellektueller Beeinträchtigungen, zu Bewegungsstörungen und/oder Schwerhörigkeit führen können.

Es gehört heute zu den Routineuntersuchungen, bei Schwangeren den Rh-Faktor und die Blutgruppe zu bestimmen, und bei Verdacht auf Unverträglichkeit zwischen mütterlichem und kindlichem Blut eine Antikörperbestimmung vorzunehmen, um gegebenenfalls unmittelbar nach der Geburt eine Austausch-Blut-Transfusion (Entnahme von kindlichem Blut, das durch Spenderblut ersetzt wird) durchführen zu können. Leben und Gesundheit werden dadurch gerettet.

2.5.5 Ernährungsstörungen im Säuglingsalter

Chronische Ernährungsstörungen können im Säuglingsalter zu allgemeinen Hirnschädigungen führen, deren Ausmaß früher unterschätzt wurde. Dabei darf aber nicht vergessen werden, daß umgekehrt manche Ernährungsstörung Folge einer Hirnschädigung ist, die zu einem Versagen des zur Ernährung notwendigen Zusammenspiels der Verdauungsfunktionen führen kann.

Während bis hier die Möglichkeiten körperlicher Schädigungen chronologisch aufgezeichnet wurden, können die meisten der folgenden Schäden das Hirn in jedem Alter treffen. Soweit sie insbesondere in das erste Lebensjahr (Säuglingsalter) fallen, rechnet man sie aber noch mit den intrauterinen und den Geburtsschäden zusammen zu den *»frühkindlichen Hirnschädigungen«.*

2.5.6 Hirnhautentzündung (Meningitis)

Es gibt akute, sehr stürmisch verlaufende und chronische, schleichend verlaufende *Hirnhautentzündungen*. Die Erreger der Hirnhautentzündung *(Meningitis)* sind sehr verschiedenartig. Früher war die epidemische Hirnhautentzündung (»epidemische Genickstarre«), die sehr akut verläuft, gefürchtet. Noch immer ist sie eine gefährliche Krankheit, hat aber durch neuere Medikamente viel von ihrem Schrecken verloren. Bei Kindern gehen akute Hirnhautentzündungen nicht selten vom Mittelohr aus. Auch die Erreger chronischer Hirnhautentzündungen sind sehr verschieden; vom Erreger hängt auch die Prognose ab. Manche Virus-Meningitis ist schmerzhaft und langwierig, wird aber verhältnismäßig gut überstanden.

Die Früherkennung der tuberkulösen Hirnhautentzündung ist Pflicht aller, die mit Kindern zu tun haben. Wenn ein Kind ohne erkennbaren Grund innerhalb weniger Tage zunehmend abwesend und dösig wirkt, apathisch im Bett bleibt, schnell wechselt zwischen Reizbarkeit und leerem Vor-sich-Hinschauen, vielleicht über Kopfweh klagt (Kinder haben mehr Bauchweh, Erwachsene mehr Kopfweh!), sich gegen Lagewechsel und Licht empfindlich zeigt, unruhig mit den Fingern auf der Bettdecke herumfährt oder gar Personen verkennt und Insekten, Mäuse oder Flammen sieht, so ist sofort der Kinderarzt zu rufen.

2.5.7 Hirnentzündung (Enzephalitis)

Bei der *Enzephalitis* sind nicht oder nicht ausschließlich die Hirnhäute befallen, sondern der Entzündungsvorgang spielt sich im Gehirn selbst ab. Es kommen verschiedene Krankheitserreger in Betracht; somit handelt es sich um kein einheitliches Krankheitsbild. Vielfach tritt Enzephalitis als Begleiterscheinung oder Nachkrankheit von Kinderkrankheiten (Masern, Keuchhusten, Mumps u. a.) oder sonstigen Infektionen auf. Wenn nach Abheilen Gehirndefekte zurückbleiben, so kann dies zu entsprechenden Ausfällen führen.

Hiervon gesondert ist die virusbedingte *epidemische Enzephalitis* zu erwähnen. Im Gegensatz zu einer großen Epidemie nach dem Ersten Weltkrieg werden seit langer Zeit nur Einzelfälle beobachtet, vorwiegend bei Kindern. Zu den Leitsymptomen während des akuten Stadiums gehört ein – jeweils nur für kurze Zeit zu unterbrechender – Schlafzustand, seltener quälende Schlaflosigkeit. Oft ist das Bewußtsein getrübt; auch epileptische Anfälle können auftreten. Soweit dieses Stadium überhaupt überlebt wird, kann nach einem monate- bis jahrelangen Intervall scheinbarer Gesundheit eine als *Postenzephalitis* (lat. post = nach) bezeichnete, bleibende Persönlichkeitsveränderung auftreten (s. S. 177 f.).

2.5.8 Hirnverletzung, Hirnprellung, Gehirnerschütterung

Durch äußere Gewalteinwirkungen bei Unfällen u. dgl. kann das Gehirn verletzt oder so stark geprellt werden, daß Schädigungen zurückbleiben. Die Ausfälle nach *Hirnprellungen* und *Hirnverletzungen* sind je nach dem Sitz des Schadens und nach dem Alter, in dem die Kinder die Verletzung erleiden, sehr verschieden. Aber auch Symptomfreiheit trotz erwiesener Hirnschädigung kommt vor.

Anders verhält es sich bei der *Gehirnerschütterung*. Sie hat keine Dauerschäden zur Folge. Kennzeichen der Gehirnerschütterung, die aber teilweise fehlen können, sind Bewußtlosigkeit bis zu höchstens 1 Stunde Dauer), Erbrechen und *»retrograde Amnesie«* (Erinnerungslücke für Sekunden, Minuten oder gar Stunden vor dem Unfall). Die weiteren Folgen (Kopfschmerzen, Brechneigung, Schwindel, Schlafstörung, Geräusch- und Erschütterungsempfindlichkeit, Reizbarkeit usw.) klingen in der Regel nach wenigen Wochen ab. Bleiben sie ein Jahr oder länger bestehen, so handelt es sich entweder um eine seelisch bedingte »Fixierung«, oder aber die vermeintliche Hirnerschütterung war eben doch eine Hirnprellung. Mehrstündige oder gar mehrtägige Bewußtlosigkeit nach dem Unfall, anhaltende Bewußtseinstrübung oder gar vorübergehende Psychosen, Einkoten im Anschluß an den Unfall, erstmalige Krampfanfälle usw. sprechen für Hirnprellung (ganz zu schweigen von schwereren Symptomen der Hirnverletzung wie etwa anhaltenden Lähmungen).

2.5.9 Tumoren, Abszesse

Bei *Hirntumoren* und *Hirnabszessen* handelt es sich um fortschreitende Krankheitsbilder, die sofort dem Neurologen bzw. Neurochirurgen übergeben werden müssen. Der Heilpädagoge hat es vor allem mit den Folgeerscheinungen nach gelungener Behandlung zu tun. Die Folgeerscheinungen sind weitgehend die gleichen wie bei Hirnverletzungen.

2.5.10 Stoffwechselkrankheiten

Es gibt verschiedene Stoffwechselkrankheiten, die das Gehirn schädigen und schwere Schwachsinnsformen nach sich ziehen können. Unter vielen anderen sei hier nur eine Störung des Eiweißabbaues erwähnt: die *Phenylketonurie,* auch Phenyl-Brenztraubensäure-Schwachsinn genannt. Diese rezessiv erbliche Stoffwechselkrankheit führt unbehandelt zu schwerem Schwachsinn. Die Diagnose ist schon beim Neugeborenen möglich (s. S. 42). Durch eine besondere Diät von den ersten Lebenstagen an läßt sich dann die stoffwechselbedingte Hirnschädigung und somit die Entstehung von Entwicklungsbeeinträchtigungen verhüten; die schädigenden Stoffwechselprodukte werden ausgeschaltet (s. S. 131). Andere Stoffwechselkrankheiten (z. B. Zuckerkrankheiten u. a.) führen nur in schweren Fällen und nur im Laufe von vielen Jahren langsam zu einer Persönlichkeitsveränderung. Wenn ein Kind auffallend stark unter Durst leidet, muß dies immer ein Anlaß zu genauer ärztlicher Untersuchung sein. Nicht nur Zuckerkrankheit, sondern auch sonstige gefährliche Erkrankungen können mit diesem Symptom beginnen.

2.5.11 Störungen der Drüsen mit innerer Sekretion

Der Mensch hat nicht nur Drüsen, deren Absonderung (Sekret) nach außen abgegeben wird (z. B. Speicheldrüsen, Talgdrüsen), sondern auch Drüsen mit »innerer Sekretion«, die unmittelbar in den Blutkreislauf hinein absondern. Ihre Sekrete nennt man *Hormone*. Als wichtigste Hormondrüsen seien aufgeführt: die Hirnanhangdrüse (Hypophyse), die Schilddrüse, die Nebenschilddrüse, die Bauchspeicheldrüse (die neben dem »nach außen« abgegebenen Bauchspeichel auch das wichtige Hormon »Insulin« produziert), die Nebennieren und die Keimdrüsen (die neben den Samen- bzw. Eizellen auch die männlichen bzw. weiblichen Geschlechtshormone produzieren). Die Störungen, die von Krankheiten solcher Drüsen ausgehen können, sind äußerst vielfältig. Erwähnt seien nur Wachstumsstörungen, Störungen des Fettstoffwechsels, des Zuckerstoffwechsels, des Wasserhaushaltes, des Kalkhaushaltes, Veränderungen der nervlichen und seelischen Erregbarkeit, der Entzündungsbereitschaft, der Entzündungshemmung und nicht zuletzt Störungen des Trieblebens (s. auch S. 146 f.).

2.5.12 Sonstiges

Es gibt noch eine große Zahl sonstiger Krankheiten des Zentralnervensystems, die zu Persönlichkeitsstörungen führen können. (Näheres siehe Lehrbücher der Kinder- und Jugendpsychiatrie: s. 18.3, S. 208 f.)
Alle nur erdenklichen länger dauernden Krankheiten haben schwere körperlich-seelische Belastungen zur Folge und können somit zu heilpädagogischen Aufgaben führen. Wenn die Kinder reizbar, unfroh, interesselos werden, schlecht schlafen, sich wehleidig oder auch umtriebig benehmen, liegt nicht selten ein unerkanntes chronisches Leiden zugrunde. Man denke auch immer an Würmer, deren Juckreiz obendrein für viele Symptome verantwortlich ist. Weiterhin sei erwähnt, daß fast alle oben aufgeführten Schädigungen in Einzelfällen recht geringfügig sein können und sich praktisch dann nur in allgemeinen leichten Symptomen äußern, die der Laie für Zeichen mangelnder Erziehung oder als bösen Willen hält.
Abschließend ist auf Kinder mit definierten Krankheitsbildern wie Nierenerkrankungen, Leukämie, Tumore, Herz- und Gefäßmißbildungen hinzuweisen, die als Langzeitpatienten in Kliniken leben müssen. Sie bedürfen der intensiven heilpädagogischen Begleitung und Betreuung (*Sesterhenn*: 232).

2.6 Seelische Ursachen, Ursprünge und Entstehungsweisen kindlicher Schwierigkeiten

Der erste Teil dieses Abschnittes ist ganz allgemein den *schädlichen Situationen* gewidmet, unter denen die kindliche Entwicklung leiden kann, und zwar unabhängig davon, ob die Folgen mehr neurotischer oder mehr sonstigen Natur sind. Der zweite Teil befaßt sich speziell mit den *Neurosen*. Im ersten Teil liegt damit das Hauptgewicht mehr auf Ursachen und Ursprüngen seelischer Fehlentwicklung, im zweiten auf deren innerpsychischen Dynamik. Eine strenge Trennung ist nicht möglich.

2.6.1 Schädliche Einwirkungen und Situationen

2.6.1.1 Mittelbare Folgen körperlicher Schäden

Im Gegensatz zum vorigen Kapitel sind hier nun nicht mehr körperliche Krankheiten gemeint, die *unmittelbar zu* kindlichen Schwierigkeiten führen, sondern es wird von den psychohygienischen Gefahren gesprochen, die dem Kind durch das *Erlebnis* seiner Krankheit bzw. seines Geschädigtseins drohen.

Erwähnt seien hier die psychischen Folgen, die durch langen Krankenhaus- oder Heimaufenthalt auftreten können. Die Trennung des ins Krankenhaus eingewiesenen Kindes von der Familie mit allen ihren erzieherischen Einflüssen und den natürlichen Notwendigkeiten des Gemeinschaftslebens wirkt sich schnell ungünstig aus, und zwar um so ungünstiger, je weniger die Verhältnisse in der Klinik einer kindlichen Welt entsprechen. Das Augenmerk wird zwangsläufig auf körperliche Beschwerden gelenkt. Viele Kliniken suchen jetzt mit Erfolg Abhilfe zu schaffen, indem sie den Kindern menschliche Zuwendung, Spielmöglichkeiten, Gemeinschaftsleben, Unterricht und eine feste Ordnung bieten. Die Elternaktion »Kind im Krankenhaus« hat hier besonders segensreich gewirkt.

Körperlich geschädigt oder mißgebildete Kinder sind auch dann schwer gefährdet, wenn der Schaden nicht zu einem Krankenhaus- oder Heimaufenthalt führt. Denken wir nur an Kinder mit starker Wirbelsäulenverkrümmung oder mit Gesichtsentstellungen, mit motorischen Behinderungen oder mit Störungen der Sinnesorgane. Überläßt man sie ungeschützt ihren »Kameraden« oder auch nur gedankenlosen Erwachsenen, so wird ihnen ihr Mangel oft in geradezu brutaler Weise deutlich gemacht. Ja selbst die geringste Auffälligkeit ohne Krankheitswert, wie etwa rote Haare, sind für manche Anlaß, ein solches Kind spüren zu lassen, daß es »nicht dazugehört«. Sprichwörter und sonstige »Volkswahrheiten« tun ihr übriges, die charakterliche Verbildung, die man diesen Kindern prophezeit, auch wirklich eintreten zu lassen. Hinterher stellt man dann fest, daß mit einem Buckligen tatsächlich nichts anzufangen ist, wie man es ihm schon immer von kleinauf vorausgesagt hatte.

Ohne Zweifel ist das Verständnis für schwer Behinderte in der Öffentlichkeit gewachsen. Es muß aber zu denken geben, wenn *Thomas* (255) über eine Untersuchung berichten kann, wonach leichter Behinderte stärker an Angst und Frustrationen leiden als die Schwerbehinderten. Dies wird damit erklärt, daß die Leichtbehinderten mit höheren Erwartungen konfrontiert werden als sie erfüllen können und mit weniger Nachsicht behandelt werden.

Man darf sich nicht damit zufrieden geben, daß die Menschen einfach dazu neigen, irgendwelche Minderheiten herabzusetzen. Unser Verständnis für Benachteiligte darf keine Ausnahmen machen, für soziale *Vorurteile* darf es keine Reservate geben.

Lit.: 80, 86, 156, 255.

2.6.1.2 Säuglingshospitalismus

Seit langem wissen Kinderärzte, daß selbst in hygienisch einwandfrei geführten Säuglingsheimen die Entwicklungsfortschritte der Kinder schlechter sind als in der Familie. In neuerer Zeit haben sich besonders *Bowlby* (78) und *Spitz* (239) eingehend mit dem *Säuglingshospitalismus* beschäftigt. So dringend wie Luft und Nahrung benötigt der Säugling eine liebevolle, natürliche mütterliche Zuwendung. Auch der direkte Hautkontakt ist wichtig. Überlastete Pflegerinnen in Säuglingsheimen können sich nicht so mit dem einzelnen Kind abgeben wie eine Mutter. Fehlt die intensive Zuwendung, so ist nicht nur die seelische Entwicklung gefährdet, sondern gleichzeitig verkümmern Funktionen, die für das körperliche Gedeihen unerläßlich sind (Saugen, Schlaf-Wach-Rhythmus usw.). Die Kinder geraten teilweise in schwere Ernährungskrisen und können sogar sterben. Gängige Bezeichnungen für diese Schäden sind noch: *Deprivationssyndrom* (Deprivation = Beraubung, gemeint ist Wegnahme der Mutter; Syndrom = Symptomenkomplex), *Affektentzugssyndrom, anaklitische Depression* (griech. anaklisis = Hinlehnen, gemeint ist hier die völlige Abhängigkeit von der Pflegeperson), *Massenpflegeschaden*.

Wenn im Falle eines Säuglingshospitalismus die Trennung von der Mutter länger als fünf Monate anhält und keine geeignete Ersatzmutter ins Leben des Kindes tritt, kann es zu teilweise irreparablen Schäden kommen. Soweit die Kinder überhaupt überleben, bleibt die körperliche und seelische Entwicklung zurück und es kann das Erscheinungsbild eines Schwachsinns entstehen *(Pseudodebilität)*.

Wenn solche Kinder noch vor dem Einschulungsalter in eine normale Familie kommen, werden intellektuelle Rückstände sehr schnell aufgeholt. Aber es bleiben kaum korrigierbare Anpassungsstörungen an die Gemeinschaft zurück. (Infantilität des Verhaltens, unermüdliches Streben nach Beachtung und Besitz, Trotzreaktionen bei unerwidertem Kontaktstreben, Aggressivität, mangelndes Durchhalten bei der Arbeit, fehlende Gewissensbildung, Fehlen positiven Gruppeninteresses.) Eine Spätfolge kann u. a. Kriminalität sein.

Die alarmierenden Berichte führten zu Reformen der Säuglingspädagogik. Die leibliche Mutter ist durch eine mütterliche Frau, welche die Mutterrolle voll übernehmen kann, ersetzbar. Frühadoption ist deshalb für verlassene Säuglinge die beste Lösung. Nicht nur die *fehlende* Mutter, sondern auch ihre verfehlte Einstellung zum Kind oder ihr Zeitmangel können sich schädlich auswirken. Teilsymptome des Säuglingshospitalismus können die Folge sein.

Bei Säuglingen und Kleinkindern, die einer ganztägigen Massenpflege in Krippen ausgesetzt waren, aber sich doch zeitweilig bei der Mutter aufhielten, sind ebenfalls Rückstände der sozialen und emotionalen Entwicklung gefunden worden, jedoch nicht so schwere wie bei Heimkindern. Versuche mit *Tagesmüttern* haben gute Ergebnisse erbracht.

Neuere psychosoziale Untersuchungen von *Ernst* und *von Luckner* (101) widerlegen die Befunde der bisherigen Deprivationsforschung, insbesondere jene von *Bowlby* und *Spitz*. Die ersten negativen Erlebnisse haben dann nicht die oben dargestellten Auswirkungen, wenn später dauerhafte und qualitativ gute Interaktionen in einer sozial geordneten Mitwelt möglich sind. Hier kann durch eigenes aktives Mitgestalten emotional und sozial Versäumtes nachgeholt werden. Frühe negative Erfahrungen wirken sich erst dann aus, wenn sie später immer wieder verstärkt werden, wenn also der Teufelskreis negativer Wechselwirkungen von sozialen Erfahrungen nicht durchbrochen wird.

Lit.: 78, 97, 101, 239, 240.

2.6.1.3 Fehlen und Versagen des Vaters

Im allgemeinen gilt der Vater als Vertreter der Realität, der »rauhen Wirklichkeit«, dem damit die große Aufgabe zufällt, dem Kind (besonders dem Jungen) Vor- und Leitbild zu sein. Je besser ihm dies gelingt, desto mehr wird sich der Junge mit ihm »identifizieren«, desto bereitwilliger, ja freudiger wird er lernen, auf irgendwelche Annehmlichkeiten des Augenblicks zu verzichten, um dem Bild des Vaters und den von ihm verkörperten Werten nachzustreben.

Wichtig ist für die Entwicklung der Kinder beiderlei Geschlechts, daß sie einen gerechten, konsequenten aber auf jeden Fall »lieben« Vater haben. Nur ein solcher Vater – oder auch ein Heimerzieher, der die Vaterfigur verkörpert – wird es dem Kind ermöglichen, auch in seiner eigenen Liebesfähigkeit über die Betonung des Augenblicks und des Genusses hinauszuwachsen. Diese Entwicklung ist gefährdet, wenn der Vater ganz ausfällt, ebenso aber auch dann, wenn er entweder nur fordernde Strenge verkörpert oder sich nur als unbekümmerter Vermittler von Genüssen aufspielt.

Darüber hinaus ist der Vater als die Figur, mit der sich besonders der Junge weitgehend identifiziert, auch eine Quelle aller erdenklichen sonstigen Fehlhaltungen, die das Kind von ihm übernimmt.

Bei einem *Fehlen des Vaters* muß man unterscheiden zwischen einem Fehlen infolge höherer Gewalt und einem Fehlen infolge ungeordneter Verhältnisse. Zahlreiche gut gedeihende Kinder von Kriegswitwen haben uns bewiesen, daß der Vater nicht völlig unersetzlich ist, wenn alle sonstigen Verhältnisse günstig sind. Die gute Erinnerung an einen verstorbenen Vater wirkt noch irgendwie »erzieherisch«. Es liegt aber auf der Hand, daß die Vaterlosigkeit eine Gefährdung bedeutet.

Viel schlimmer kann die Situation sein, wenn der Vater fehlt, weil an den Verhältnissen etwas nicht in Ordnung ist.

Eine weitere Möglichkeit der Vaterlosigkeit, die nicht auf höhere Gewalt zurückgeht, ergibt sich aus der *Ehescheidung*. Die Belastung der Kinder aus geschiedenen Ehen ist bekannt. Dabei ist allerdings zu berücksichtigen, daß die kindlichen Schwierigkeiten nicht unbedingt Folgen der Scheidung bzw. der daher rührenden Vaterlosigkeit (bzw. Mutterlosigkeit) sein müssen, sondern daß der Ehescheidung jahrelange Spannungen vorausgegangen sind, die sich auf die Kinder auswirken.

Wenn auch kaum ein Zweifel darüber besteht, daß die Kinder unter den Auseinandersetzungen der Eltern oft mehr leiden als unter der Scheidung selbst, so darf daraus noch nicht eine kritiklose Befürwortung der Ehescheidung abgeleitet werden. Kinder leiden nämlich auch sehr unter der Angst vor der elterlichen Scheidung.

2.6.1.4 Mutterlosigkeit

Die Bedeutung der Mutter im Leben des Kindes ist bekannt. Mit ihr lebt das Kleinkind nicht nur in einem Verhältnis der Wärme und Zärtlichkeit, sondern in einer innigen Einheit. Es gehört zu den wesentlichen Aufgaben, die dem Kind und dem jungen Menschen in seiner Entwicklung gestellt sind, sich aus dieser Einheit allmählich zu lösen und die ursprüngliche natürliche Mutterbindung in ein liebevolles, persönliches Vertrauensverhältnis ausmünden zu lassen. *Winnicott,* ein englischer Pädiater und Kinderanalytiker, hat diese Entwicklungszusammenhänge im »Prinzip der guten Mutter« (269, 270) überzeugend veranschaulicht und begründet.

Hier sei nur kurz die *Mutterlosigkeit* erwähnt. Meist wächst das mutterlose Kind – wenn der Vater nicht wieder heiratet – entweder bei anderen weiblichen Verwandten, bei einer Pflege- oder Adoptivmutter oder aber im Heim auf. Alle diese Möglichkeiten werden hier eigens besprochen.

Lit.: 166, 227, 269, 270.

2.6.1.5 Geschwisterprobleme

Im allgemeinen ist es zwar gut, wenn ein Kind Geschwister hat. Die Geschwister können aber auch zur Quelle typischer Schwierigkeiten werden, worauf erstmals *Adler* mit Nachdruck hingewiesen hat. Häufig wird beispielsweise dem Ältesten eine gewisse Erzieherrolle zugemutet, mit der er weit überfordert ist. Das jüngste Kind wird nicht selten als Nesthäkchen verwöhnt, oft aber auch unterdrückt. Verschiedenheit der Begabungen oder sonstiger persönlicher Qualitäten können schwere Fehlentwicklungen mit sich bringen, insbesondere wenn das Kind, das die Eltern für begabter oder gar besser halten, mehr Bestätigung empfängt als das, welches den Wünschen der Eltern weniger entspricht. Viele Eltern sind sich gerade dieser Probleme sehr wohl bewußt und versuchen mit Geschick auszugleichen. Oft ist dies aber beim besten Willen schwierig, denn die Kinder spüren wohl, welches Lob vom Herzen und welches vom Verstand kommt. Die Kinder leben in einer sog. *double-bind*-Situation; sie werden innerlich hin- und hergerissen und können sogar orientierungslos werden.

Auch das mittlere von drei Kindern kann benachteiligt sein. Das einemal soll es die Vernunft des älteren haben, ohne dessen Vergünstigungen zu genießen, und das anderemal wieder sich wie ein unvernünftiges Kleinkind behandeln lassen, ohne das entsprechende Verständnis zu finden.

Ein häufiges und schwieriges Geschwisterproblem entsteht aus der *Entthronungssituation*. Für das erste Kind ist es ein kritischer Augenblick, wenn plötzlich ein Geschwisterchen zur Welt kommt. Die Bezeichnung »Entthronungssituation« ist wirklich treffend. Der Leser stelle sich vor, er sei ein König, von allen bewundert, geliebt und gepriesen; plötzlich teilt ihm einer seiner intimsten Bewunderer mit, man habe jetzt einen neuen König, und er möge bitte vom Thron herabsteigen und den anderen ebenso preisen, wie man seither ihn gepriesen habe. Für den Erwachsenen wäre eine solche Situation schon schwierig genug. Das kleine Kind dagegen steht ihr hilflos gegenüber. Alle nur erdenklichen neurotischen Symptome wie beispielsweise Bettnässen, Einkoten, Aggressivität oder »Flucht in die Krankheit« können die Folge sein. Sehr häufig steht die Entthronungssituation am Anfang einer seelischen Fehlentwicklung, besonders wenn das Kind vorher stark verwöhnt worden ist. Der Heilpädagoge versäume daher bei der *Anamnese* nie, sich nach der Geburtenfolge zu erkundigen.

Oft zeigen die Kinder dabei äußerlich nicht die geringste Andeutung von Eifersucht. Sie verbergen dies entweder meisterhaft, oder aber, das Geschehen spielt sich überhaupt unbewußt ab. Die Entthronungssituation läßt sich in den meisten Fällen vermeiden, wenn dem Kind rechtzeitig die bevorstehende Ankunft eines Geschwisters als große Freude mitgeteilt wird, bei deren Vorbereitungen es mitwirken darf.

Das Kind muß den Neuankömmling dann auch als *sein* Geschwisterchen begrüßen können.

2.6.1.6 Einzelkindsituation

Es ist ungünstig, wenn die Eltern ihre ganze Aufmerksamkeit nur dem einen Kind schenken. Besonders, wenn ihm auch sonst keine Spielkameraden nahestehen, lebt es sich unwillkürlich in die Gefühls- und Interessenwelt der Erwachsenen ein.
Das Fehlen der Geschwister führt oft zu einer Kluft zwischen dem Kind und seinen Altersgenossen. Die Wir-Bildung ist ganz wesentlich auch eine Sache der Geschwisterbeziehung. Geschwister haben in einer gesunden Familie ein ganz selbstverständliches Gefühl der Zusammengehörigkeit, unabhängig von den Reibereien, mit denen sie sich gegenseitig ärgern und reizen.
Würden wir bei jedem Einzelkind von vornherein eine Fehlentwicklung erwarten, so wäre dies völlig falsch. Die geschilderte Situation bedeutet lediglich eine Gefährdung, der man vorbeugen oder rechtzeitig entgegenwirken kann.

2.6.1.7 Erziehung bei Pflegeeltern

Die Schwierigkeit, die für Pflegeeltern darin liegt, daß sie das Kind nicht selbst geboren haben, wird mit unterschiedlichem Erfolg überbrückt. In den besten Fällen geht das Pflegeverhältnis dann auch in ein Adoptivverhältnis über. Alles, was dabei mit der Namengebung zusammenhängt, ist für das Kind wichtig. Aber auch wo kein Adoptivverhältnis entsteht, erziehen manche Pflegeeltern die Kinder in idealer Weise. Daß es auch Pflegeeltern gibt, die die Kinder vornehmlich des Pflegegeldes wegen nehmen, soll nicht verschwiegen werden.

2.6.1.8 Geheimnisse vor den Kindern

Wenn Kinder spüren, daß ein Geheimnis vor ihnen gehütet wird, so ist dies häufig eine Quelle seelischer Fehlreaktionen. Selbstverständlich gibt es Dinge, die das Kind nicht versteht und deshalb seinem jeweiligen Alter entsprechend oft nur in ganz symbolischer Form hören möchte. Es gibt aber auch ganz spezielle Sachverhalte, die den Kindern aus vermeintlich guten Gründen verheimlicht werden. Vor dem nichtehelichen Kind, dem Pflegekind, dem Adoptivkind oder dem Stiefkind breitet sich oft ein Schleier aus, jeweils dann, wenn das Gespräch sich dem wunden Punkt nähert. Hier aber verhält es sich wie mit dem verwunschenen Schloß, das keiner betreten darf. Das Geheimnis reizt, und es reizt um so mehr, je lebendiger es ist, je stärker es den geliebten Mitmenschen beschäftigt. Man steht heute auf dem Standpunkt, daß den Kindern auf altersgemäße Art in einer Zeit, da sie über biologische Vater- und Mutterschaft noch nichts wissen, zur Kenntnis gebracht werden sollen, daß sie »schon einmal andere Eltern gehabt haben«. Fragen des Kindes sollte man dann immer so unbefangen wie möglich beantworten. Der wunde Punkt ist dann für das Kind kein wunder Punkt, sondern weitgehend ein Thema wie jedes andere auch.

2.6.1.9 Zeitmangel der Eltern

Die Eltern leben heute viel weniger mit den Kindern zusammen als früher. In einer vorwiegend bäuerlich-handwerklichen Lebensordnung hatten die Eltern zwar mehr zu tun als heute, aber sie waren in der Nähe, und die Kinder wuchsen unmittelbar in den elterlichen Aufgabenbereich mit hinein. Heute ist der Vater (und nicht selten auch die Mutter) außer Haus, kindliche und elterliche Welten klaffen weit auseinander. Man kann diese Dinge differenzierter betrachten. Nicht nur die wirtschaftliche Lage hat sich verbessert, auch die Arbeitszeiten sind kürzer geworden, so daß berufstätige Mütter meist jetzt doch mehr Zeit für ihre Kinder haben. Ein wichtiger Gesichtspunkt ist auch die »öffentliche Meinung«, die früher stark gegen die berufstätige Mutter gerichtet war. In diesem Punkt hat sich ein Meinungsumschwung vollzogen: Die »Nur-Hausfrau« und Mutter gilt heute weniger, es wird ihr geradezu einsuggeriert, daß sie unausgelastet sei, ein unerfülltes Leben führe.

Neuere Untersuchungen haben ergeben, daß sich die Berufstätigkeit der Mutter dann mehr ungünstig auf die Kinder auswirkt, wenn sie wenig Freude an dieser Arbeit hat, aber aus wirtschaftlichen Gründen sich dazu gezwungen sieht. Erwartungsgemäß trifft dies vor allem für benachteiligte Sozialschichten zu. Hingegen scheint sich eine erfüllte, positiv erlebte Berufstätigkeit eher günstig auf die Kinder auszuwirken, was auch im Kontext der gesellschaftlichen Bewertung mütterlicher Berufstätigkeit gesehen werden muß.

Man wird die Frage nach Schädlichkeit, Unschädlichkeit oder Förderlichkeit mütterlicher Berufstätigkeit nur individuell beantworten können. Als wesentlich ist dabei u. a. die Variable »Zufriedenheit« bei der Mutter zu betrachten. Es ist falsch, die mütterliche Berufstätigkeit pauschal zu verurteilen; es kommt darauf an, mit welchem Verantwortungsbewußtsein die Bedürfnisse der Kinder gewahrt bleiben. Ebenso falsch ist es, den Hausfrauen- und Mutterberuf abzuwerten. Und desgleichen entspringt es einem Vorurteil, über den »Hausmann« zu lächeln, der anstelle der berufstätigen Frau Tätigkeiten übernimmt, die nach traditioneller Rollenverteilung als weiblich gelten. Eine Binsenwahrheit ist es freilich, daß gerade Säuglinge eine intensive Betreuung durch die Mutter benötigen. Somit sind sozialpolitische Bestrebungen, den Müttern von Kleinkindern die Betreuung ihrer Kinder zu erleichtern, begrüßenswert.

2.6.1.10 Sorgen, Knappheit, Enge

Vielfach neigt man zu der Ansicht, es könne den Kindern nichts schaden, wenn sie durch das Leben etwas zur Härte erzogen würden, zumal die Schattenseiten des verbreiteten Wohlstandes nicht zu übersehen sind. Gewiß ist dies richtig, aber nur innerhalb bestimmter Grenzen. Es gibt auch bei uns noch viele Kinder, die sich wegen Mangels und Knappheit seelisch fehlentwickeln. Die Spannungen, die sich aus dem Bewußtsein der damit verbundenen niedrigeren sozialen Stellung ergeben, spielen dabei eine wichtige Rolle.

Ein noch immer sehr brennendes Problem ist auch die Enge. Die Wohnungen sind für die Kinder großenteils noch immer zu klein. Kinder, die ihren motorischen Antriebsüberschuß nicht loswerden können, geraten in erhebliche Affektstauungen; Zappeligkeit, Wackeln, Schaukeln, Schlenkern, Nägelbeißen und sonstige Zeichen motorischen Dranges rühren oft mit von dieser künstlichen Einschnürung her. Einengend, nicht nur motorisch, sondern auch seelisch, wirkt es auf das Kind, wenn die Mutter allzu sehr auf Ordnung und Sauberkeit bedacht ist. Oft ist ein solches Übermaß an Sauberkeit Ausdruck dessen, daß die Mutter sich selbst nicht genügend angenommen fühlt und Schuldgefühle gleichsam wegputzen will.

Unbedingt zu vermeiden ist selbst bei größter Enge, daß Kinder im elterlichen Schlafzimmer Zeugen des Geschlechtslebens werden. Kinder gehören nach dem ersten Lebensjahr nicht mehr ins Schlafzimmer der Eltern. Man kann sich nie auf ihren tiefen Schlaf verlassen. Als Kleinkinder erleben sie die Vorgänge oft unter dem Eindruck eines Aktes väterlicher Brutalität, später auch als Tabubruch mit Schuldgefühlen für eigene Wißbegier.

2.6.1.11 Verwöhnung

Das Kind erfährt zuviel Erfüllung von materiellen- und Geltungsansprüchen. Zärtlichkeit und Nachsicht werden oft übertrieben. Bedürfnisse werden nicht nur kritiklos erfüllt, sondern geradezu noch geweckt. Eigene Anstrengungen und Verantwortung wird ihm abgenommen, das Training fürs Leben kommt zu kurz. Das verwöhnte Kind lebt im Augenblick. Als Folgen sind zu befürchten: Ein Fordern von anderen Menschen, ohne selbst etwas beizutragen, Unersättlichkeit in Haben-, Genießen- und Geltenwollen, Unselbständigkeit. Die Unersättlichkeit hat enge Beziehung zur Sucht im weitesten Sinn. Mit der rauhen Wirklichkeit konfrontiert, erleiden verwöhnte Kinder Erlebnisse des Versagens und der Enttäuschung. Sie werden entmutigt.

Seitens der Erzieher kann die Verwöhnung ihren Grund in Unwissenheit und Unsicherheit haben. Die alten autokratischen Erziehungsformen haben sich als schädlich erwiesen; nun wird Verwöhnung mit »demokratischer« Erziehungsweise verwechselt. Letztere aber erzieht das Kind zu Selbständigkeit und Verantwortlichkeit.

Wenn der Erzieher glaubt, überhaupt nicht mehr Autorität sein zu dürfen, werden die Kinder zu kleinen Tyrannen, zu »Autoritäten«; wir haben es dann eigentlich mit einer autoritären Erziehung mit umgekehrten Vorzeichen zu tun. Daß Erzieher das Mittel der Verwöhnung auch zum eigenen Machtgebrauch verwenden können, wird im Abschnitt »Tyrannische Liebe« besprochen. Ferner kann das pädagogische Fehlverhalten ein bewußter Ausgleich für ein schlechtes Gewissen dem Kind gegenüber sein. Manche Eltern übertreiben auch im Gewähren nur, um dann ihre Ruhe zu haben. Das Kind wird gewissermaßen abgespeist. Je mehr das Verwöhnen den Charakter des bloßen Abspeisens hat, um so mehr fehlt echte erzieherische Liebe, und um so bedenklicher werden die Folgen sein.

2.6.1.12 Autokratische Erziehung

Wenn die »autoritäre Erziehung« angeprangert wird, erhält man gelegentlich zur Antwort: »Aber ohne Autorität läßt sich doch nicht erziehen.« Um Mißverständnisse zu vermeiden, sprechen wir lieber von *autokratischer Erziehung*. Autokrat heißt wörtlich »Selbstherrscher«. Er möchte, daß alles nach seinem Willen geht, und braucht dazu Abhängige. Kinder sind natürlich besonders leicht abhängig zu machen. Selbstherrliches Abhängigmachen kann in äußerlich milden Formen erfolgen. Landläufig versteht man aber unter einem Autokraten jemanden, der seinen starren Willen mit Härte durchsetzt. Der Autokrat reinster Prägung will alleinige Autorität sein. Dies läßt sich erläutern am Beispiel eines Lehrers, der geringste Verstöße seiner Schüler unerbittlich bestraft.

Autokratische Erzieher sind oft selbst in dieser Weise erzogen worden. Es sind die »unterdrückten Unterdrücker«. Sie kennen oft keine andere Erziehung, oder fühlen sich uneingestanden zutiefst unsicher, was mit autokratischem Gehabe überspielt wird. Nichts fürchten sie mehr als Verlust der Autorität, von der ihr ganzes Prestige abhängt; sie unterdrücken deshalb gewaltsam alles, was sie für Autoritätseinbuße halten. Eine wesentliche Rolle spielt zweifellos auch noch, daß die sich unterdrückt fühlenden Erzieher nicht den Mut haben, aufgestaute Aggressionen an die richtige Adresse zu schicken, sondern dafür lieber wehrlose Abhängige suchen. Die Autokraten gestehen sich ihr Fehlverhalten in der Regel selbst nicht ein.

Autokratische Erziehung unterdrückt das Kind, macht es ängstlich, unsicher, unselbständig, unfrei, rebellisch oder aggressiv; die scheinbar gegensätzlichen Folgen schließen sich gegenseitig nicht aus. Eine Entmutigung erfolgt auf direktem Weg, während sie bei der Verwöhnung die Folge einer mangelhaft vorbereiteten Auseinandersetzung mit der Wirklichkeit ist. Dadurch, daß Autokraten dem Kind oft die selbständige, verantwortliche Entscheidung durch strenge Anweisung abnehmen, kann in autokratischer Erziehung ein Stück Verwöhnung stecken. Während viele

Autokraten durch strenge, genau zu befolgende Anweisungen wenigstens noch die Möglichkeit einer Anpassung gewähren, verstehen es die ganz krassen Selbstherrscher, Angst und Spannung dadurch zu verbreiten, daß man nie weiß, was passiert. Es bestehen nicht einmal klare Verbote, es droht nur dauernd der Zorn mit allen seinen Folgen. Solches Verhalten verunsichert völlig und behindert wegen des Fehlens von Maßstäben die Gewissensbildung.

2.6.1.13 Tyrannische Liebe

Die Liebe von Eltern zeigt nicht selten Merkmale einer tyrannischen Liebe. Verwöhnendes und autokratisches Verhalten können eine eigenartige Mischung eingehen. Verwöhnung wird zum Mittel des Abhängigmachens und Beherrschens. Manchmal stehen am Anfang einer solchen wechselseitigen Fehlentwicklung ganz reale Ereignisse, bei denen wirklich der Verlust des Kindes gedroht hat, z. B. der Kampf um das Kind mit einem geschiedenen Ehepartner. Das Kind wird dann oft selbst zum Tyrannen dessen, an den es fixiert ist. Wie ergaunertes Vertrauen kein Vertrauen ist, so kann erzwungene Liebe keine Liebe sein. Ein Kind spürt dies zutiefst. Im späteren Leben zeigen tyrannisch geliebte Kinder ihren eigenen Kindern gegenüber oft ähnliche Züge tyrannischer Liebe. Nicht selten ist auch der Ehepartner das Opfer, wie überhaupt die überstarke Fixierung an den andersgeschlechtlichen Elternteil ein wichtiger Ursprung ehelicher Zerwürfnisse ist. Eine Mutter-Fixierung finden wir zuweilen auch bei Junggesellen, die sich noch mit ihrer inzwischen steinalt gewordenen Mutter wechselseitig tyrannisieren.

Auch die bekannten »Riesen-Ansprüche« neurotischer Kinder und Erwachsener sind manchmal Ausdruck einer solchen Tyrannei. Oft steckt dahinter, daß der Mutter in früher Kindheit irgendwelche Wohltaten abgezwungen wurden, die diese unter Seufzern, wenn nicht gar unter Flüchen und Schmähungen entrichtete. Zeitlebens bleibt der Mensch dann süchtig nach diesem Liebes-Triumph. Liebe ist für ihn nur Liebe, wenn sie widerwillig gespendet wurde. Selbst Unarten, ja Straftaten können den Zweck verfolgen, Liebe in der Verpackung der Unlust zu empfangen. Hier liegt auch eine der Quellen des *Sadismus* bzw. *Masochismus* (vgl. S. 158). Das Kind führt sein Leben lang Angstlust-Situationen herbei, in denen sich herausstellt: »Man kann mir nicht böse sein.« Immerhin zeigt sich an solchen Folgen, wie sehr Flüche, Beschimpfungen und Drohungen auf Kindern lasten, denn dieser Druck ist es, den sie mit ihrem herausfordernden Verhalten abzuschütteln suchen.

2.6.1.14 Inkonsequenz

Ein Erzieher kann über verwöhnende und autokratische Verhaltensformen zugleich verfügen, sich bald so und bald so verhalten. Was einmal erlaubt ist, wird ein andermal verboten oder auch gleich bestraft. Bei manchen Autokraten ist die Unbeständigkeit System. Hier ist mehr an die Fälle gedacht, in denen Grundsatzlosigkeit, Launenhaftigkeit, Zeitmangel oder Gleichgültigkeit zur *Inkonsequenz* führen.

Es liegt auf der Hand, daß der kindliche Charakter schwer Struktur und Festigkeit gewinnen kann, wenn die Beständigkeit fehlt. Auch das Vertrauen zum Erzieher, eine Grundvoraussetzung jeder Erziehung, kann Schaden leiden. Für die Gewissensbildung fehlt eine eindeutige Richtschnur. Besonders verwirrend und verhängnisvoll ist es, wenn das Kind eine Verhaltensweise auf Grund der Reaktionen des Erziehers für erwünscht hält und einübt, und dann vom selben Erzieher wegen dieser Verhaltensweise zurückgestoßen wird.

2.6.1.15 Die Zankapfelsituation

Unstimmigkeiten und Auseinandersetzungen sollten möglichst nicht vor dem Kind ausgetragen werden. Wichtiger aber ist noch, daß die Eltern sie schnell und vollständig bereinigen. Es ist besser, wenn das Kind etwas von den häuslichen Wetterschwankungen merkt, als wenn es untergründig chronische Spannungen zu spüren bekommt. Ein Familienleben, in dem kein lautes Wort zu hören ist, wirkt sich auf das Kind wohl ungünstiger aus als ein zeitweiliges Poltern.

Oft ist das Kind selbst der Gegenstand von Auseinandersetzungen. Die Eltern stehen Erziehungsfragen unterschiedlich gegenüber. Hinter scheinbar ganz konkreten Fragen verbergen sich zuweilen nicht nur grundsätzliche Abweichungen der Auffassung, ja des Charakters, sondern bewußte oder unbewußte Aggressionen der Eltern gegeneinander. Sie bedienen sich dann des Kindes, um sich gegenseitig zu verletzen.

Das Kind rächt sich bitter für diesen Mißbrauch. Man wundert sich oft, mit welcher Schlauheit schon ein Kindergartenkind die Mutter gegen den Vater aufzuhetzen weiß. In »kindlicher Harmlosigkeit« erzählt es dem einen von abfälligen Bemerkungen des anderen, nicht ohne dabei kräftig zu übertreiben. Aber auch auf die zarten, wie unabsichtlich hingeworfenen Andeutungen versteht es sich schon virtuos. Damit verschulden Erwachsene, die das Kind zum Zankapfel machen, eine recht bedenkliche Persönlichkeitsentwicklung. Welch ein Lust- und Machtgewinn kann darin liegen, die Erwachsenen gegeneinander hochzubringen! Freilich hat das Kind dabei auch Angst, aber das ist doppelt gefährlich, denn damit entsteht jene allzu enge Koppelung von Angst und Lust.

Häufig sehen wir, wie solche Kinder die Eltern mit Vorliebe nach außen hin blamieren und verraten, besonders wenn sie einmal dahintergekommen sind, wie peinlich ihnen gerade dies ist. Das Kind wirft sich beispielsweise auf der Straße zu Boden und die Mutter kann sich verhalten wie sie mag, es werden sich Leute finden, die »das arme Kind« bemitleiden oder die Mutter wegen ihrer mangelnden Strenge rügen.

Diese »Verräter«-Kinder spiegeln übrigens meist eine noch kompliziertere *Zank-apfel-Situation* wider. Sie sollen häufig etwas verkörpern, was ihrem Wesen widerspricht. Bestimmte Wunschbilder, die Vater oder Mutter von ihnen im Herzen tragen, wirken sich hier wie eine Zwangsjacke aus, gegen die sich das Kind auflehnt. Zum wirklichen »Verrat« kommt es dabei meist erst, wenn sich auch ein Elternteil gegen die Wunschbilder des anderen auflehnt. Das Kind ist oft nur der Spiegel dieses Beziehungskonfliktes.

Daß die Kinder auch oft zum Zankapfel zwischen Eltern und Schule werden, ist eine bekannte Tatsache. Das Bedürfnis, für eigenes Versagen einen »Sündenbock« zu finden, tritt hier kraß zu Tage.

Grundsätzlich sollte hinsichtlich der Zankapfel-Situation folgendes bedacht werden: Wenn eine Erziehung nicht ganz den idealen Anforderungen entspricht, so ist dies immer noch besser als wenn bei einem Kind an zwei Stricken gezogen wird – und sei es auch, daß jede der verschiedenen Richtungen für sich noch so gut wäre. Es ist wichtig, daß *eine* Linie in der Erziehung herrscht, selbst wenn diese nur mäßig gut ist. *Schädlicher als eine ungeeignete Erziehungsrichtung ist das Hin und Her zwischen zwei geeigneten Erziehungsrichtungen.*

2.6.1.16 Düstere Prophezeiungen

Immer wieder hören wir von fehlentwickelten Jugendlichen, denen schon in früher Kindheit prophezeit worden sein soll, daß es mit ihnen einmal ein schlimmes Ende nehme. Der verstorbene Vater soll die Mutter ans Sterbebett gerufen haben, um ihr noch – gewissermaßen aus dem Jenseits – die bevorstehenden Sorgen anzukündigen, die das Kind ihr bereiten werde. Von derartigen Äußerungen berichten Mütter meist, um zu überzeugen, wie nutzlos alle Liebesmühe bei diesem Kinde bliebe und wie unschuldig sie selbst an dem verhängnisvollen Verlauf seien. Man vergißt darüber nur, daß die finstere Voraussage durchaus geeignet ist, die vorausgesagten Tatsachen zu *schaffen.*

Es handelt sich also um eine *tatsachenschaffende Macht der Voraussagen* (s. auch S. 102). Richtig kann sie nur verstehen, wer sich einmal vergegenwärtigt hat, wie schutzlos das Kind innerlich der Wucht solcher Anschuldigungen und Prophezeiungen preisgegeben ist. An keinem Kind geht es spurlos vorüber, wenn es in irgendeiner Weise als schlecht oder minderwertig bezeichnet wird. Insbesondere bedeuten Namengebungen wie »Lügner«, »Dieb«, »Verbrecher«, »Streuner« oder »Schulschwänzer« für das Kind eine Abstempelung und Brandmarkung.

Wirkungen solcher Namengebungen lassen sich übrigens im Jugendalter oder im Erwachsenenalter noch durchaus weiterverfolgen. Wie schmählich, den Titel »Anfänger« verliehen zu bekommen. Wie wichtig ist dagegen wirkliche Anerkennung! Der Mensch bleibt mit einem Rest seines Wesens immer das, was er gilt; der menschliche Reifungsprozeß besteht großenteils darin, das »Sein« und das »Gelten als« in Übereinstimmung zu bringen (Suche nach Identität!). Das Kind hat noch wenig eigenes Sein und ist daher ganz darauf angewiesen, in den Augen und Herzen seiner Mitwelt ein liebenswertes und vielversprechendes Wesen zu sein. Wenn nun in den Eltern oder Erziehern dieses Grundvertrauen fehlt, so stehen dem Kind immer weniger Abwehrkräfte gegen die Übermacht des auf ihm lastenden bösen Namens zur Verfügung. Nach und nach wird es zum »schwarzen Schaf« in der Verwandtschaft oder unter anderen Kindern. Weil es wenigstens in einer Hinsicht »richtig« sein will, wächst es in eine Gefühlswelt hinein, in der es heißt: »Wenn schon ein schwarzes Schaf, dann aber richtig.« Daß sich in einem solchen Kind ein gewaltiger Haß gegen seine Mitwelt staut, die an dieser Entwicklung schuld ist und das Kind dafür noch verdammt, darf nicht Wunder nehmen.

Dies muß also einer der obersten heilpädagogischen Grundsätze sein, den auch jeder Erzieher wissen sollte: Zum Schwarzmalen besteht bei einem Kind kein Anlaß; es ist erzieherisch von Übel, sich selbst einem solchen Pessimismus hinzugeben. Selbst wenn man sich einem solchen Pessimismus nicht entziehen kann, ist es ein Fehler, das Kind etwas davon spüren zu lassen; Schimpfnamen aus dem Munde der Erwachsenen sind erziehungswidrig.

Wenn sich also bei einem Kind eine schlechte Voraussage bestätigt hat und irgendeine frühere Erziehungsperson kommentiert: »Ich hab's ja gleich gesagt, daß aus ihm nichts wird«, so besteht Anlaß zu vermuten: *Weil* das gesagt wurde, ist aus ihm nichts geworden.

Auf Zusammenhänge solcher Art hat bereits *Adler* wiederholt hingewiesen. Als »*Self fulfilling prophecies*« sind sie inzwischen weithin bekannt.

2.6.1.17 Schlechtes Vorbild

Tiefenpsychologische Erkenntnisse bestätigen die erzieherische Binsenweisheit, daß sich ein Kind nur mit den Leitbildern identifizieren kann, die ihm geboten werden. Dem Gewissen können kaum feinere Maßstäbe zu Gebote stehen als die, deren sich die engsten Bezugspersonen bedienen. Aber auch die sonstige Umgebung trägt Verantwortung, die daraus erwächst, daß ein Kind sich in die Figuren seiner nächsten Mitwelt weitgehend hineinlebt, daß es sich diese Figuren gewissermaßen einverleibt. Das »Vorbild« ist von einer lerntheoretisch orientierten Psychologie zeitweise ignoriert worden, hat aber dann als »*Lernen am Modell*« (Bandura) Bestätigung gefunden. Die Identifikation im tiefenpsychologischen Sinn ist allerdings mehr als Nachahmung.

Die Gemeinsamkeit des Strebens zwischen Eltern und Kindern ist ein ganz besonderes Bindemittel. Um so schlimmer ist es, wenn den Kindern in dieser Gemeinsamkeit Lügen und Eigentumsvergehen vorgeführt oder gar zugemutet werden. Auch scheinbar harmlose gemeinsame Verstöße – etwa falsch begründetete Entschuldigungen von Schulversäumnissen – können Unheil stiften.

Ganz allgemein reagieren Kinder mit heftiger Abwehr, wenn die Eltern von ihnen mehr verlangen als von sich selbst. Dies gilt aber nicht nur für die selbstverständliche Unterlassung von Unrecht, sondern auch für das, was man vom Kind an Benehmen, Form und Zeremoniell verlangt.

Der Einstieg in die gesellschaftlichen Normen und Werte, in das Ritual und die Sitten des allgemeinen Lebens muß dem Kind von den Eltern vorgelebt werden. Dies befähigt es später nicht nur, sich im gesellschaftlichen Leben frei zu bewegen, sondern es ebnet ihm überhaupt den Weg zur Mitwelt.

2.6.1.18 Sexueller Mißbrauch

Ohne Zweifel kann der sexuelle Mißbrauch von Kindern durch Erwachsene zu Fehlentwicklungen führen. Die Handlungen erfolgen in der Atmosphäre des Frevelhaften und sind mit einem schweren Bruch des gesamten Gefüges von Ordnung, Autorität und Schuld verbunden. Oft spürt das Kind auch etwas von der bedrohlichen Macht, die ihm zugewachsen ist, wenn es mit dem erwachsenen Täter ein Geheimnis teilt und ihn dadurch in der Hand hat. Dazu kommen Schuldgefühle wegen eigener mehr oder weniger bewußten Beteiligung und wohl auch wegen der Heimlichkeit gegenüber den Eltern. Ist der Täter gar der Vater, ist die Verwirrung vollständig.

Die unmittelbare Folge des sexuellen Mißbrauchs kann u.a. statt in der vorzeitigen Weckung auch in einer ebenso bedenklichen Blockierung der Sexualität liegen. Zahlenmäßig lassen sich darüber keine Schätzungen geben, denn zahlreiche Sexualdelikte bleiben unaufgedeckt; obendrein sind Ursache und Wirkung oft schwer zu unterscheiden. Sehen wir z. B. nach einem Vater-Tochter-Inzest eine sexuelle Verwahrlosung des Kindes, bleibt der Anteil der Verwahrlosung am Zustandekommen des Inzests selbst u. U. ungeklärt. Tatsächlich können schon kleine Mädchen zu Verführern werden. Dies mindert die Schuld des Täters nicht.

Es läßt sich nicht darauf verzichten, mißbrauchte Kinder als Zeugen zu vernehmen. Aber wenn das Notwendige einmal geschehen ist, soll das Kind wieder seiner Welt zurückgegeben werden und nicht in der Rolle dessen leben, dem eine verhängnisvolle Entwicklung bevorsteht. Manchmal hat man den Eindruck, daß die meisten Folgen sexuellen Mißbrauchs zu vermeiden wären, würde die Umgebung nicht angstvoll den Teufel an die Wand malen.

2.6.1.19 Überforderung

Eine gemeinschaftliche Sünde von Schule und Elternhaus und gleichzeitig ein häufiger Erziehungsfehler überhaupt ist die *Überforderung*. Damit soll nicht gesagt sein, daß die allgemeinen Anforderungen der Schule zu hoch wären, aber man soll von jedem Kind nur das fordern, was es leisten kann, und *jetzt* das fordern, was es *jetzt* leisten kann.

Die Folgen der Überforderung zeigen sich nicht nur in Niedergeschlagenheit, Fahrigkeit, Schlaflosigkeit oder Bettnässen, sondern häufig auch in Aggressivität, Bockigkeit oder in einer scheinbaren Nachlässigkeit und Faulheit. Kinder sind glänzende Schauspieler, die sich mit Überzeugung in eine Rolle hineinleben können. Als ein Faulpelz, »der könnte, wenn er wollte«, geschimpft zu werden, ist besonders den Buben meist noch lieber als das Gefühl, durchschnittlichen Anforderungen nicht gewachsen zu sein. Die Folge ist dann meist, daß ehrgeizige Väter und Lehrer in Affekt geraten. Gegenseitig treiben sich nun Kinder und Eltern bzw. Lehrer immer tiefer in ihre Fehlhaltung hinein.

Es gilt also, die Anforderungen an das Kind nicht zu überspannen, sein gesundes Leistungs- und Wettbewerbsbedürfnis aber trotzdem zu befriedigen. Man muß dem Kind Gelegenheit geben, auf seinem Gebiet Besonderes zu leisten; man muß ihm auch Zeit lassen, sein Interessengebiet selbst zu finden.

Gerade im letztgenannten Punkt machen auch modern eingestellte Eltern und Erzieher Fehler. Man ist längst nicht mehr einseitig auf die Schulleistungen eingestellt. Aber man erwartet, daß der Bub »wie ein richtiger Junge« sich für Sport, Jugendgruppen, Autos, Beat interessiert. »Aber nichts von alledem. Was man ihm anbietet, lehnt er ab.«

Solche übereiligen Eltern und Erzieher verleiden dem Buben eben auch das, was ihn von Natur aus wirklich interessieren würde. Den Kindern wird jede Lust zur Selbständigkeit, zur Erprobung und zum intuitiven Entdecken genommen und obendrein noch vorgeworfen, daß sie ihnen fehlt. Überhaupt ertötet die Überforderung jeden Ansatz zur spielerischen freien Produktivität und kann somit zu einem schweren Hemmnis der Persönlichkeitsentwicklung werden.

Eine andere Form der Überforderung ist die *sittliche* Überforderung. Zu fordern, was nicht oder noch nicht erfüllt werden kann, schafft Schuld- und Minderwertigkeitsgefühle. Im Falle sittlicher Überforderung kann Skrupelhaftigkeit ebenso die Folge sein wie Widerstand und Rebellion gegen das Verlangte.

2.6.1.20 Zivilisations- und Umweltschäden

Mit dieser sehr allgemeinen Bezeichnung werden alle Schäden zusammengefaßt, die daraus erwachsen, daß der Mensch nicht mehr im Naturzustand lebt, sondern Möglichkeiten und Gefahren ausgesetzt ist, die frühere Generationen nicht gekannt haben. Allerdings müssen wir uns hüten, in einen Naturkult zu verfallen, der den Segen der Zivilisation und der Technik vergißt. Andererseits können wir nicht an der Tatsache vorbeigehen, daß das industrielle Zeitalter unsere Gesellschafts- und Familienstruktur grundlegend verändert hat. Früher hat die bäuerliche oder handwerkliche Großfamilie die Gesellschaft und das Leben der Kinder bestimmt. Die Berufsstätte des Vaters war großenteils mit der Wohnung verbunden, so daß er auch gleichzeitig Lehrmeister und Berater seiner Kinder sein konnte. Seine wahrnehmbaren Fähigkeiten stärkten seine Autorität und waren Anreiz zu Nachahmung und Identifikation. Heute sehen die Kinder den Vater wenig und sie wissen kaum, was er in seinem Beruf tut. Oft ist auch die Mutter in Arbeit, Großmütter und Tanten wohnen weit entfernt. Dafür haben die Verlockungen und Reize außerhalb des Zuhauses zugenommen. Es versteht sich, daß die Kinder damit in einem anderen Lebensgefühl aufwachsen als frühere Generationen.

Dabei ist manches höchst bedenklich, hauptsächlich das, was mit dem Schlagwort »Reizüberflutung« bezeichnet wird. Lärm, Lichtreklamen, Radio, Kino, Fernsehen oder Computer überbieten sich in einem verhängnisvollen Wettstreit, die Menschen und eben auch die Jugend zu überschwemmen. Neue Moden, neue Schönheitsideale, neue Ausdrucksmittel, neue Stilepochen, neue Schlager, neue Pointen verbreiten sich explosionsartig um die Welt und werden ebenso schnell wieder abgelöst. Die Arbeit, die der junge Mensch erlernt, trägt Spezialcharakter; um im Arbeitsleben wettbewerbsfähig zu bleiben, ist nicht nur dauernde Weiterbildung notwendig, sondern oft weitgehendes Um- und Neulernen. Alles dies kann in seinen Auswirkungen hier nur angedeutet werden und ist Gegenstand zahlreicher kultur- und sozialkritischer Schriften. Auch viele der in früheren Abschnitten besprochenen Ursprünge kindlicher Fehlentwicklungen sind auf das Schuld-Konto der Zivilisation mit zu setzen.

Mit Fluch und Segen der Zivilisation sind auch die heutigen pädagogischen Grundsätze selbst behaftet. Fortschritte der Wissenschaft, erweiterte Schulbildung und mehr Wissen in allen Bevölkerungsschichten wirken sich auf die Erziehung aus. Dies bringt zweifellos Verbesserungen mit sich, aber auch Verunsicherungen. Nicht jede Neuerung ist echter Fortschritt. Zu erwähnen ist z. B. die »wissenschaftliche« Auffassung, alles, auch in der Erziehung, sei »machbar«, wenn nur die Theorie stimmt.

Auf einen weiteren Gesichtspunkt ist hier mit Nachdruck hinzuweisen: Offenbar nehmen im Kindes- und Jugendalter psychisch und umweltbedingte, aber organisch sich zeigende Erkrankungen (Allergien, Asthma, Bettnässen, Erbrechen, Heuschnupfen, Kopfschmerzen u. a.) zu. Erschreckend sind die allergischen Erkrankungen im Atemwegbereich in den industriellen Ballungsgebieten Ostdeutschlands. Diese psychosomatische Erkrankungen können als vorübergehende Krisen auftreten, aber auch zu schweren Dauererkrankungen führen. Es können sich sogar lebensbedrohliche Zustände entwickeln. Heil- und Sozialpädagogen, Psychiater, Internisten und Psychologen müssen hier eng zusammenarbeiten und um ein ganzheitliches familien- und umweltbezogenes Therapiekonzept bemüht sein (*Zauner/Biermann*: 32).

2.6.1.21 Probleme der Akzeleration

Unter *Akzeleration* versteht man eine Entwicklungsbeschleunigung, wie sie in allen zivilisierten Ländern festzustellen ist. Man sieht sie heute überwiegend positiv. Trotzdem gibt es hier Probleme. Es ist noch fraglich, ob sich nicht die psychische Entwicklungsbeschleunigung vorwiegend auf den Intellekt bezieht, während andere Komponenten des Seelenlebens doch öfters nicht so rasch mitkommen, so daß man Akzelerierten häufig zuviel zutraut und sie somit leicht überfordert. Sexualpädagogische Schwierigkeiten ergeben sich aus der vorverlagerten Geschlechtsreife, besonders für die kleinere Zahl derjenigen Akzelerierten, die tatsächlich psychisch retardiert sind und deshalb dem Triebansturm seelisch überhaupt nicht gewachsen sind. Eine weitere Schwierigkeit erfolgt daraus, daß in einer größeren Gruppe Gleichaltriger ein Teil akzeleriert, ein Teil nicht akzeleriert und schließlich ein Teil sogar retardiert ist. Die Streuung bezüglich des Entwicklungsstandes ist größer als früher, was die Erziehungsarbeit natürlich erschwert.

Lit. zu 2.6.1.5 bis 2.6.1.21: 45, 46, 47, 48, 49, 50, 51; 166, 182, 231, 262.

2.6.2 Die Entstehungs- und Erscheinungsweisen seelischer Fehlentwicklungen (speziell der Neurosen) und pädagogisch-therapeutische Folgerungen

2.6.2.1 Begriff und Äußerungsweisen der Neurosen

Bei einem großen Teil der vorwiegend seelisch bedingten kindlichen Fehlentwicklungen handelt es sich um *Neurosen*. Die Bezeichnung »Neurose« stammt aus dem Sprachgebrauch der Medizin und besagt wörtlich: nicht-entzündliche Nervenkrankheit. Inzwischen hat sich die Vorstellung grundlegend geändert. Man verbindet mit dieser speziellen Bezeichnung eine seelische Fehlentwicklung.

Wir können in der Heilpädagogik den Begriff der Neurose kaum entbehren. Darunter verstehen wir eine seelische Fehlentwicklung, deren Besonderheiten – nach tiefenpsychologischer Auffassung – *unbewußter Psychodynamik* entspringen. Dem

Sinn des Daseins unbewußt ausweichende Verhaltenstendenzen spielen hierbei ebenso eine Rolle wie die »Verdrängung innerer Konflikte« ins Unbewußte. Die Fehlentwicklungen werden provoziert durch Umwelteinflüsse, insbesondere Erziehungseinflüsse, die eine normale seelische Entwicklung beeinträchtigen. Was sich in der Neurose abspielt, ist auch dem seelisch gesunden Menschen nicht völlig fremd. *Freud* hat mit vollem Recht betont, daß Neurosen durch fließende Übergänge mit der Norm verbunden sind (110). Folglich kann man auch nicht exakt angeben, von welchem Schweregrad an man eine Verhaltensauffälligkeit neurotisch nennen soll. Manchmal werden schon geringste Normabweichungen mit diesem Ausdruck belegt, wogegen von der Theorie her Einwände kaum möglich sind. Praktisch empfiehlt es sich aber, nur schwerere Störungen als Neurosen zu bezeichnen. Wir können also alle menschlichen Daseinsverfehlungen unter dem Gesichtspunkt der Neurosen sehen. Dies gilt auch für kindliche Fehlentwicklungen. Allerdings lassen sich neurotische Eigentümlichkeiten besser an Erwachsenen studieren. Umgekehrt sind die Neurosen der Erwachsenen nicht zu verstehen ohne Kenntnis kindlicher Entwicklung.

Entsprechend den Verschiedenheiten der Grenzsetzung und der Benennung fallen Schätzungen über die *Häufigkeit* von Neurosen sehr verschieden aus. Sie bewegen sich zwischen 5 % und 55 % der Bevölkerung.

Neurosen können sich in verschiedener Weise äußern:

1. Auffälligkeiten des Verhaltens bzw. der Persönlichkeit. Beispiele: Neigung zu Aggressionen, abnormen Ängsten, Abwegigkeiten und Versagenszustände des Geschlechtslebens, Zwangsantriebe (z. B. Waschzwang), krankhafte Formen des Lügens, Stehlens, Streunens, der Verwahrlosung usw.

2. Störungen der Körperfunktionen. Beispiele: Bettnässen, Einkoten, Erbrechen, Sprechhemmungen, seelisch bedingte Lähmungen, seelisch bedingte Herzanfälle usw. Viele solche Funktionsstörungen (z. B. Sprechhemmung, Einnässen) lassen sich ebenso gut unter den Verhaltensauffälligkeiten eingliedern.

Aus manchen neurotischen Funktionsstörungen können, wenn sie chronisch werden, körperliche Krankheiten entstehen *(psychosomatische Krankheiten)*. Welches Symptom bei einer neurotischen Funktionsstörung oder einer psychosomatischen Krankheit auftritt, hängt von sehr verschiedenartigen Umständen ab. Besonders sind es zwei Theorien, die sich zur Erklärung anbieten:
1. Theorie vom »Punkt des geringsten Widerstandes«: Die Neurose tritt an der Stelle zu Tage an der die körperliche Widerstandskraft ohnehin am schwächsten ist.
2. Theorie vom Symbol- und Ausdrucksgehalt des Symptoms. Im Symptom drückt sich die Konfliktsituation symbolisch aus (z. B. Magen-Neurosen mit Erbrechen bei innerer Unfähigkeit, einen konfliktbeladenen Tatbestand aufzunehmen, zu »verdauen«). Beide Theorien haben ihre Gültigkeit, manchmal sogar gemeinsam im gleichen Fall.

Das moderne Verständnis der Neurosen wäre nicht möglich ohne die Arbeiten von *Freud*. Sein Lehrgebäude trägt den Namen *Psychoanalyse*. Seit dem zweiten Jahrzehnt unseres Jahrhunderts sind Theorien entstanden, die *Freuds* Lehrmeinungen teils widersprechen, sie teils ergänzen, aber auf jeden Fall der Auseinandersetzung mit *Freud* ihre Entstehung verdanken. Die Auseinandersetzungen und werden affektgeladen geführt, sehr zum Schaden der Sache. Psychoanalyse und von ihr abgespaltene, konkurrierende Theorien werden zusammengefaßt unter der Bezeichnung *Tiefenpsychologie*.

2.6.2.2 Der »Psychische Apparat«

Zu den Grundlagen der Psychoanalyse gehört ein Struktur- und Funktionsmodell der Seele, das *Freud* in mechanistischer Ausdrucksweise als »*Psychischen Apparat*« bezeichnet hat. Es geht hier im wesentlichen um das Zusammenwirken der drei »psychischen Instanzen« *Es, Ich* und *Über-Ich.*

Die älteste dieser Instanzen, sowohl stammesgeschichtlich als auch in der Entwicklungsgeschichte des Einzelmenschen, ist das *Es*. Sein Inhalt besteht aus allem, was ererbt ist, wovon die Psychoanalyse ihr Hauptaugenmerk auf die aus der Körperorganisation stammenden Triebe richtet.

Ein Teil des Es wird durch die Umwelt verändert, entwickelt sich zu einer Instanz, die zwischen Es und Außenwelt vermittelt. Dieser aus dem Es entstandene Bezirk ist das *Ich*. Zu seinen Aufgaben gehört die Selbstbehauptung. Hierzu gebraucht es das Gedächtnis, vermeidet überstarke Reize durch Flucht und paßt sich mäßigen Reizen an. In aktiver Weise verwendet und verändert das Ich die Außenwelt zu seinem Vorteil. Überstarke Reize stammen nicht nur aus der Außenwelt, sondern auch aus dem Es in Form mächtiger Triebansprüche. Das Ich entscheidet, ob Triebansprüche zur Befriedigung zugelassen, auf günstigere Gelegenheiten verschoben, oder ganz unterdrückt werden. Neuere psychoanalytische Schulen nehmen im Gegensatz zu *Freud* an, daß es primäre Ich-Funktionen gibt, die nicht aus dem Es entstehen.

Das *Über-Ich* ist sozialpsychologisch zu verstehen. Forderungen werden an das Kind von außen gestellt, zunächst vor allem von den Eltern. Es kommen dann die ethischen Werte der persönlichen Vorbilder und der Mitwelt hinzu, die von der Gesellschaft vertretenen Ideale, die geltende Moral. All das wird vom Menschen, besonders vom noch kritikunfähigen Kind hereingenommen und zu einer Instanz aufgebaut, deren sozialpsychischer Ursprung verkannt und so erlebt wird, als würde es sich um eigene Forderungen handeln. Das Über-Ich ist nahe verwandt mit dem, was landläufig »*Gewissen*« genannt wird.

Kaum ein Psychoanalytiker wird beanspruchen, mit dem Psychischen Apparat das

Wesen der Psyche vollständig zu erfassen. Sicher aber hat sich diese Konstruktion als praktikables Modell erwiesen.

Lit.: 110, 111.

2.6.2.3 Die Entwicklung des menschlichen Geschlechtstriebes

Grundlegend für das Verständnis der *Psychoanalyse* ist weiterhin die Kenntnis ihrer Auffassung vom Geschlechtstrieb. Der Begriff »*Sexualität*« wird in dieser Theorie stark erweitert und umfaßt das gesamte Luststreben. Was landläufig »sexuell« genannt wird, heißt in der Psychoanalyse »genital« und ist nur ein Teil des Gesamtsexuellen. Für die Neurosenentstehung wird nicht die vollentwickelte Erwachsenengenitalität verantwortlich gemacht, sondern kindliche Entwicklungsstufen der Sexualität stehen im Vordergrund des Interesses. Wegen der starken Betonung der Sexualität wird der Psychoanalyse oft Einseitigkeit vorgeworfen.

Zwei Komponenten lassen sich an der Geschlechtlichkeit ganz besonders herausstellen: Das Begehren eines »Objekts«, sowie die Lustbetonung bestimmter Vorsprünge, Öffnungen und Flächen des Körpers. Beides gibt es schon beim Kleinkind, dem *Freud* zum Entsetzen seiner Zeitgenossen, »sexuelle« Regungen zusprach.

Das allgemeine Verlangen nach sexuellem Lustgewinn wird »*Libido.*« genannt. *Freud* versteht darunter spezieller die dem Liebestrieb zur Verfügung stehende Energie. Die beiden Komponenten der Geschlechtlichkeit entwickeln sich nun einerseits im Sinne einer Ausweitung der Hingabefähigkeit an höchste Leistungen der Kultur und der Liebe, andererseits im Sinne einer Konzentration auf körperliche Lustzonen, bis schließlich das Verlangen nach dem gesamten komplizierten körperlich-seelisch-geistigen Vollzug der geschlechtlichen Vereinigung ausgereift ist. Diese Entwicklung vollzieht sich in bestimmten Phasen.

Die erste Körperöffnung, die dabei in den besonderen Brennpunkt des Erlebens von Lust und Versagung tritt, ist der *Mund*. Durch ihn erlebt der Säugling eine lustvolle und »nahrhafte« Vereinigung mit der Mutter.

Man nennt diese erste Phase der Triebentwicklung die »*orale Phase*« (lat. os, oris: der Mund). Sie ist eine Phase intensiven Lustgewinns durch die Mundzone und des Nehmens, des Entgegennehmens liebevoller Geschenke. *Schultz-Hencke* (24) nimmt einen von der Sexualität unabhängigen Besitztrieb an, und sieht in dieser Phase das Moment des Habenwollens und Ergreifens (spricht von »*oral-kaptativ*«). Gleichzeitig ist die orale Phase die Phase des *Urvertrauens* oder, wenn Störungen eintreten, des *Urmißtrauens*. Diese spätere Grundeinstellung des Menschen zu seiner Mitwelt mag daher von Einflüssen dieser ersten Lebensphase abhängen, nicht nur im Sinne des Vertrauens und Mißtrauens mit allen Möglichkeiten der Verirrung,

sondern auch im Sinne des jeweiligen Angepaßtseins und der gesamten Lebensgrundstimmung (zugewandt oder abgewandt, heiter oder bedrückt usw.).
Gewöhnlich vom Ende des ersten Lebensjahres an treten die Anforderungen der
Reinlichkeitsgewöhnung an das Kind heran. Damit werden auch die Unterleibsor-
gane zu einem Thema der Gefühlsbeziehung zwischen Mutter und Kind: Das Kind
wird gelobt, wenn es seinen Kot im richtigen Moment abgibt, und es erfährt diesen
als erstes Eigenprodukt, auf das es stolz ist. Der After (lat. anus) wird unter Lob
oder Tadeläußerungen gesäubert, das Kind lernt die Entleerungslust hinauszuzö-
gern, sei es zu Gunsten der Lust, die die mütterliche Freude oder das mütterliche
Lob bereitet, sei es auch nur aus Furcht vor Tadel oder gar Strafe. Diese Entwicklungsphase trägt den Namen *»anale Phase«.*
Festhalten *(Retention)* und Loslassen werden in der analen Phase (anal-retentive
Phase nach *Schultz-Hencke)* aber auch im übertragenen Sinne geübt. Das Kind
beginnt großen Wert auf seinen Eigenwillen, seine Autonomie zu legen. Störungen
in der analen Phase können sich später mannigfaltig äußern. Der Geiz als eine Zerrform des Zurückhaltens gilt als Folge einer solchen Störung. Zwänge, insbesondere
der Waschzwang, betrachtet man ebenfalls als anal (Säuberung als Säuberung von
Schuld; Zusammenhang mit dem Reinigungszeremoniell nach dem Stuhlgang).
Auch der *»Sadismus«* (s. S. 158), eine spezifisch menschliche Zerrform der Aggression, ist oft an die Sexualität und eben auch an die Analität gebunden, weil das Kind
lustvoll die Macht erlebt, mittels der Analfunktion die Erwachsenen zu ärgern.
Die folgende Phase wurde von *Freud »phallische Phase«* genannt. (Phallus ist ein
Fruchtbarkeitssymbol fremder Religionen, in Form des männlichen Gliedes). In
diese Phase fällt nach *Freud* die *ödipale Situation,* so daß auch von »ödipaler Phase«
die Rede ist. Diese Benennung erfolgte in Anlehnung an Ödipus, einen Helden der
griechischen Sage, der einen fremden König tötete und dessen Frau heiratete, ohne
zu wissen, daß es sich um seine eigenen Eltern handelte. *Freud* ist der Ansicht, daß
der Mythos damit eine entscheidende Phase der menschlichen Entwicklung ver-
sinnbildlichen wollte.
Die ödipale Phase ist hinsichtlich Ablauf und Bedeutung sehr umstritten. *Freud*
betrachtete den »Ödipuskomplex« als Kernstück seiner Lehre. Wenigstens in groben Zügen muß der Heilpädagoge mit *Freuds Ödipus-Theorie* vertraut sein, denn in
Einzelfällen steht die Anwendbarkeit dieser Theorie außer Zweifel, und die verfehlte Bindung an den andersgeschlechtlichen Elternteil ist eine häufige Störquelle der
späteren Entwicklung. Etwa vom 4. Lebensjahr an erlebt der Junge immer deutlicher Lustgefühle, die mit seinem Penis in Beziehung stehen. Jungen sind dabei stolz
auf ihren Besitz, sie spritzen um die Wette und lassen sich von den Mädchen benei-
den. Gleichzeitig aber erleben sie, daß die Mutter ihnen nicht allein gehört, sondern

daß der Vater besondere Rechte auf sie beansprucht. Mehr oder weniger sichtbar wird der Vater dabei auch schon als Sexualkonkurrent empfunden. Es kommt zur Niederlage im Kampf gegen den Vater, die häufig einen unbewußten »Vaterhaß«, ja heimliche »Vatermord«-Wünsche zurückläßt, im allgemeinen jedoch in Form der Identifikation mit dem Vater überwunden wird. Die Mutter ist von diesem Augenblick an für den Jungen als Geschlechtspartnerin »tabu«; heimliche unbewußte Wünsche, die sich noch in dieser Richtung regen, werden in der sogenannten »Kastrationsangst« gebüßt (genauer: in der Angst, das Glied abgeschnitten zu bekommen). Mädchen hingegen können sich bereits »kastriert« fühlen und hieraus einen »Penisneid« entwickeln. Von nun an besteht die sogenannte Inzest-Scheu. Infolge dieser Ängste verschwindet die Sexualität meist für längere Zeit von der Oberfläche. Während der Ablauf der phallischen Phase und deren zahlreiche Störungsmöglichkeiten (Ödipuskomplex) bei Jungen recht gut beschrieben wird, wissen wir noch nicht viel über die entsprechende Phase bei Mädchen. Dem Schema nach müßte ihre sexuelle Hinneigung zum Vater gehen. Aber auch für das Mädchen war die erste Beziehungsperson die Mutter, und meist ist auch das Verlangen nach körperlicher Nähe und Wärme durchaus auf sie gerichtet. Auch vertritt der Vater beim Mädchen ebenso wie beim Jungen eher die Realität, die »rauhe Wirklichkeit«. Anscheinend kommt es also vor, daß Mädchen die Ödipussituation genau wie Buben (als Kampf mit dem Vater um die Mutter) erleben. Bei anderen Mädchen mag sich die Ödipussituation wirklich in Form einer auf den Vater gerichteten Verliebtheit in Konkurrenz zur Mutter auswirken. Ohnehin ist die Mutter meist die Person, mit der das Mädchen sich zunächst identifiziert, sei es nun infolge der in der Ödipussituation erlittenen »Niederlage« oder sei es überhaupt.

Es ist eine Phase des Autoritätskonflikts. Da die Autoritäten vielfach schwächer geworden sind, haben diejenigen Neurosen an Bedeutung zugenommen, die in der vorödipalen Zeit entstehen.

Ödipale Störungen wirken sich nicht nur unmittelbar auf sexuellem Gebiet aus, sondern auf allen Gebieten, die mit Rivalität und Geltung, aber auch mit magischer Macht und Tatendrang, schließlich mit Gewissen und Gott zusammenhängen; im Hinblick auf die Probleme des Einklangs zwischen Phantasie und Wirklichkeit ist diese »magische Phase« sicher besonders von Belang.

Nach der phallischen Phase tritt etwa im 6. bis 8. Lebensjahr die Sexualität in den Hintergrund, in die Latenz (Latenzphase). Die Dauer dieser Phase ist verschieden, je nach Beginn der darauf folgenden Pubertät. Interessen nichtsexueller Art gewinnen in der Latenzphase die Oberhand. Sie ist in jeder Hinsicht eine Lernphase. Dabei eignet sich der junge Mensch die Werte und geistigen Güter der jeweiligen Welt an, in der er aufwächst. (Wir dürfen insbesondere die Ausführungen über die

Latenz- wie auch über die Vorpubertäts- und Pubertätsphase nicht als allgemeingültig für alle Zeiten und Völker betrachten, sondern müssen sie auf die Verhältnisse unseres Kulturkreises beschränken.)

Zwischen dem 10. und 15. Lebensjahr erwacht unter dem Einfluß der Sexualhormone die Geschlechtlichkeit zu neuer Macht *(Vorpubertät, Pubertät und Reife)*. Das Erwachen der Sexualität wird als Umwälzung erlebt, bei der heftige Spannungen zwischen den seitherigen Werten und den neu hervordrängenden Begierden auftreten. Nach der psychoanalytischen Einteilung ist nun die *genitale Phase* erreicht. Noch immer ist die Sexualität ziemlich ungerichtet; sie zielt bisweilen auf keine bestimmte Person, ja nicht einmal auf ein bestimmtes Geschlecht, so daß zu Beginn dieser Phase häufig *homosexuelle* Berührungen zustande kommen (s. S. 158). Das Bedürfnis nach seelischer Nähe ist von diesen Begierden oft ganz getrennt. Die gleichzeitig aufflammende Angriffslust wendet sich oft gegen die seitherigen Werte (jugendliche Revolutionäre!). Die Lust am Sexuellen wird mit einem Gefühl der Auflehnung gegen traditionelle Lebensformen erlebt. Was an diesen hohl und fassadenhaft ist, scheint Beweis für den Unwert aller Traditionen zu sein.

Mit zunehmender *Reife* ordnet sich der Geschlechtstrieb der Liebe zu. Jetzt erst verwirklicht sich das Erlebnis des »Du«. Hierzu bedarf es des dem Menschen eigenen Gemeinschaftsgefühls, von dem im nächsten Kapitel die Rede sein wird. Häufig erkämpft sich der junge Mann das Mädchen gegen den Widerstand der älteren Generation. Oft liegt auch darin noch ein unreifes, verkrampftes Sich-Beweisen-wollen und ein überstarker, aber mißlingender Versuch, das Vater- und Mutterbild abzuschütteln. Im Normalfall aber läuft die Entwicklung bald dahin, daß der junge Mann und die junge Frau sich in der Geschlechtlichkeit ihre Liebe und ihre gegenseitige Vorzugsrolle besiegeln, ihr Eins-Sein erleben und ihre Aggressionen nun gegen die Außenwelt richten, in der sich die neue Familie durchsetzen muß.

In jeder Stufe der Libidoentwicklung kann auch eine Art Stillstand eintreten, d. h. die Libido – bzw. was von Psychoanalytikern als solche gedeutet wird – weist unreife Züge auf. Die Psychoanalyse spricht hier von einer *Fixierung* der Libido, wovon zahlreiche Symptome abgeleitet werden.

Schließlich noch ein Wort zur sexuellen Reife. Gerade unter tiefenpsychologischem Einfluß wird heute oft das »harmonische« Sexualleben als Voraussetzung eines geordneten Lebens überhaupt hingestellt. Man vergesse darüber aber nicht, daß zum Dasein jene Spannung gehört, die die Ordnung am Erstarren hindert. Die eheliche »geordnete Sexualität« ist nur eine Möglichkeit des Menschen, sein Dasein mit Sinn zu erfüllen oder dies wenigstens anzustreben. Viele große Kulturwerke sind jedenfalls von Menschen geschaffen worden, die kein »harmonisches Sexualleben« hatten.

Lit: 24; 109, 110, 111.

2.6.2.4 Minderwertigkeitsgefühl und Positionskonflikte

Alfred *Adler* (1870–1937), der sich 1911 von *Freud* getrennt hat, stellt in seiner *»Individualpsychologie«* nicht den Geschlechtstrieb, sondern das Gefühl der Minderwertigkeit (der populäre Ausdruck *»Minderwertigkeitskomplex«* wird nicht so gern gebraucht; er meint eine mehr krankhafte Steigerung des *Minderwertigkeitsgefühls*) und seine Überwindung in den Mittelpunkt seines Systems. Eine Fehlform der Überwindung tritt häufig als übersteigertes Macht- und Geltungsstreben auf. Um für Macht und Geltung einen gemeinsamen Oberbegriff herzustellen, sprach er auch gern vom Streben nach *»Obensein«*. Modern ausgedrückt, war für ihn das Streben nach Prestige und höherem Rangplatz (= Position) in der Gesellschaft eine wichtige Quelle seelischer Fehlhaltungen. *»Positionskonflikte« (Pongratz)* stehen hinter Neurosen. In jedem Streben kommen *Ziele* zum Ausdruck, welche sich insofern von Trieben unterscheiden, als sie nicht biologisch festgelegt sind, sondern vom Menschen gesetzt werden. Triebe werden von persönlichen Zielsetzungen modifiziert. Die Zielsetzung erfolgt weitgehend unbewußt. Auch bei jedem Symptom wird gefragt, was damit unbewußt bezweckt wird.

Adler nannte als Ursprünge des *Minderwertigkeitsgefühls* Körperfehler, Mangel an Zärtlichkeit, Verzärtelung, autokratische Erziehung, Unterlegenheit gegenüber Geschwistern u.v.a.m. Nach seiner Ansicht hat sogar die Kleinheit und Unbeholfenheit des Kindes den Erwachsenen gegenüber diese Wirkung, so daß das Minderwertigkeitsgefühl zum Menschen gehört. Es ist nicht krankhaft, sondern ein wichtiger Anreiz zu lernen, sich höhere Ziele zu setzen, sich zu vervollkommnen. Nur fehlerhafte Verarbeitung des Minderwertigkeitsgefühls führt in die *Neurose*.

Von Interesse dürfte sein, wie die Individualpsychologie die Ödipussituation sieht. Die primär sexuelle Deutung wird abgelehnt. Zwischen einem verzärtelten Kind und seiner Mutter entsteht eine übergroße gegenseitige Abhängigkeit, eine *»symbiotische Mutter-Kind-Beziehung«*. Wenn der Vater dieser Fehlentwicklung entgegentreten will, kann er auf Ablehnung stoßen. Darüber hinaus kann natürlich der autokratische oder lieblose Vater durch sein Verhalten den Haß des Kindes provozieren. Genau das sagt auch die antike Ödipussage. Vater *Laios* hat den Sohn Ödipus als Neugeborenen aussetzen lassen. Auch vor dem tödlichen Streit war es *Laios*, der den Sohn gereizt hat. Es ist bezeichnend, daß *Freud* dies übersehen, *Laios* als den Mächtigen geschont und alle »Schuld« dem Sohn Ödipus zugeschoben hat. Von modernen Psychoanalytikern wird die für Individualpsychologen selbstverständliche Sicht nachvollzogen. Im Sinne der Neurosenpsychologie hat der Mensch kein Minderwertigkeitsgefühl »an sich«, sondern er hat es immer nur im Vergleich zu anderen Menschen. Dieser Auffassung hat *Adler* zwar widersprochen, man kann sie aber trotzdem aus seinen Schriften herauslesen; sie leuchtet auch ein. Das Sich-Vergleichen ist verständlich, weil sich der Mensch innerhalb der Gemeinschaft behaupten muß, er ist psychisch darauf angewiesen, anerkannt zu sein. Dieses Bedürfnis nach Anerkennung entspringt keiner bewußten Überlegung, sondern der Tatsache, daß der Mensch ein primär soziales Wesen ist und die Anlage für ein *Gemeinschaftsgefühl* besitzt. *Freud* hat in seiner späteren Schaffenszeit dieses Gemeinschaftsgefühl nicht anerkannt, er glaubte an die primäre Feindseligkeit unter den Menschen (110). *Adler* vertrat nicht diese Ansicht. Seine Sicht des Menschen als primär soziales Wesen steht im Einklang mit der modernen Biologie und Sozialpsychologie. Diese Auffassung ist allerdings nicht neu, sie ist schon von *Aristoteles* vertreten worden. Zu *Adlers* Verdiensten zählt, diesen Gesichtspunkt in die Tiefenpsychologie eingeführt und für das Verständnis der Neurosen ausgewertet zu haben. Dieser Teil seiner Theorie ist praktisch Allgemeingut der Tiefenpsychologie geworden. Auch in der allgemeinen Pädagogik und Heilpädagogik wird *Adler* wieder zunehmend stärker beachtet (*Rüedi:* 224).

Neurosen haben nach *Adler* sozialen Ursprung. So z. B. ist bekannt, daß manche Frauen unbewußt die weibliche Rolle ablehnen, woraus seelische Fehlhaltungen entstehen können. Die Individualpsychologie erklärt dies mit der sozialen Benachteiligung der Frau dem Mann, bzw. schon des kleinen Mädchens dem Buben gegenüber. Dem Mädchen ist weniger erlaubt, es hat geringere Berufschancen usw.; in unserer ganzen Kultur gilt das Männliche mehr, woraus sich ein weibliches Minderwertigkeitsgefühl entwickeln kann. *Adler* bezeichnet die Benachteiligung der Frau als Krebsschaden unserer Kultur, trat entschieden für Gleichberechtigung ein, was für die damalige Zeit äußerst fortschrittlich war. *Freud* widersprach *Adlers* sozialpsychologischer Auffassung entschieden und führte weibliche Minderwertigkeitsgefühle allein auf die Penislosigkeit zurück. *Adlers* Gesellschaftskritik lag Freud fern.

Aus dem Gesagten dürfte klar geworden sein, daß ein Streben nach Selbstbehauptung und Selbstverwirklichung in der Gemeinschaft notwenig ist. Aber mit ein wenig Menschenkenntnis wird man leicht im Alltag feststellen können, wie verbreitet ein überspitztes Streben nach Prestige, ja eine ausgesprochene Geltungssucht ist, und welche verheerende Rolle jene Art von Machtstreben spielt, die nicht die Macht sucht, um mit ihrer Hilfe Werte zu verwirklichen, sondern die Macht nur um ihrer selbst haben will, um sich daran zu berauschen. Mit geschultem psychologischem Blick wird man dieses Macht- und Geltungsstreben in vielfach getarnter Form vorfinden. Dieses übersteigerte Obenseinwollen ist den Menschen, die davon besessen sind, weitgehend selbst unbewußt.

Nach *Adler* ist das übersteigerte Streben nach »oben« eine Reaktion auf das Minderwertigkeitsgefühl. Sich minderwertig fühlen, »unten« sein, ist schwer zu ertragen. Mehr oder weniger unbewußt, verbirgt man es vor anderen und vor sich selbst.

Man versucht, dieses Gefühl auszugleichen, zu »kompensieren«. *Kompensation* gibt es im physischen Bereich in vielfältiger Weise. Ein Langsamer kann z. B. seinen Mangel durch Gründlichkeit kompensieren. Die Individualpsychologie denkt aber beim Kompensationsbegriff speziell an den Ausgleich des Minderwertigkeitsgefühls durch Macht- und Geltungsstreben, woraus sich dann Charakterzüge wie Angebertum, Eitelkeit, Herrschsucht, Brutalität, Rechthaberei, Überheblichkeit, Kritiksucht u. a. ergeben können; diese Züge sollen der Sicherung des Selbstwertgefühls dienen.

Statt von Kompensation wird in der Individualpsychologie oft auch von *Überkompensation* gesprochen. Wegen des uneinheitlichen Gebrauchs ist dieser Begriff mißverständlich. Ursprünglich wurde er benützt für Fälle, wo die Kompensationstendenz zu einem sozial wertvollen Ergebnis führt. Als Beispiel wird gerne *Demosthenes* angeführt, der durch seinen Sprachfehler dazu getrieben wurde, solange zu trainieren, bis er ein gefeierter Redner wurde. Die positive Überkompensation schließt das gleichzeitige Bestehen seelischer Fehlhaltungen nicht aus. Später wurde der Begriff Überkompensation mehr auf die pathologischen Fälle angewandt. Damit würde aber für die positiven Kompensationen, die es ja auch gibt, kein Fachwort mehr bleiben.

Kausen hat deshalb die folgende Bereinigung der Begriffe vorgeschlagen: Das Wort »Kompensation« würde am besten aus der Psychopathologie ausscheiden und den normalpsychischen Ausgleichsvorgängen vorbehalten bleiben. *Überkompensation* ist der geeignete Ausdruck für einen Überausgleich des Minderwertigkeitsgefühls mit dem Ergebnis einer echt positiven Leistung. Wenn das Kompensationsstreben zu seelischen Fehlhaltungen führt, wird das Minderwertigkeitsgefühl nie wirklich ausgeglichen. Ebenso wie die verdrängten Wünsche im Sinne der Psychoanalyse übt es aus dem Unbewußten weiterhin seine nachteilige Wirkung aus. Man kann also eigentlich nur von einem verfehlten Kompensationsversuch sprechen, für den sich das Wort »Fehlkompensation« anbietet. Ausdrücklich sei noch bemerkt, daß Überkompensation und Fehlkompensation nicht nur nebeneinander vorkommen, sondern sich auch durchmischen können.

Die Fehlkompensation kann das Minderwertigkeitsgefühl nicht überwinden. Sie kann sogar in eine gefährliche Spirale hineinführen. Überall wittert der Betreffende Verachtung und erntet sie vielleicht auch wirklich, je mehr er versucht, sich und anderen den Eindruck von Bedeutung und Macht vorzugaukeln; er verhält sich ja gemeinschaftswidrig. Die mehr oder weniger unbewußte Angst vor der Reaktion der Mitmenschen verstärkt die verfehlte Kompensationsneigung.

Das Minderwertigkeitsgefühl ist nicht in jedem Fall kompensiert, es kann voll bewußt sein. In diesen Fällen läßt sich von *Dekompensation* sprechen. Wenn solche

Menschen nun ängstlich sind, scheu, schüchtern, jeder Schwierigkeit aus dem Weg gehen, so könnte man zu dem Schluß kommen, daß sie den kompensatorischen Macht- und Geltungsanspruch aufgegeben haben. Das wäre jedoch vordergründig gesehen. Auch hier kann der Anspruch sehr stark sein, aber gleichzeitig wirkt die Furcht vor dem Mißlingen. Um nicht noch mehr an Prestige zu verlieren, wird jede Situation vermieden, die eine Niederlage bringen könnte. Ein Mutiger, mit gefestigtem Selbstwertgefühl, nimmt das Risiko einer Geltungseinbuße viel eher in Kauf.

Das Gefühl der Unterlegenheit löst eine Dynamik aus, welche *zielstrebig* von unten nach oben führt. Im glücklichsten Fall liegt das Ziel in der Richtung der Vervollkommnung (in der Überkompensation im positiven Wortsinn), bei seelischen Fehlhaltungen und Neurosen ist das Ziel oft Macht und Geltung, oder auch nur der Schein, die Fiktion von Stärke und Überlegenheit. Individualpsychologische Menschenkenntnis versucht, den Menschen auf Grund seiner *Ziele* zu verstehen. Die Bewegungstendenz von unten nach oben wurde von *Adler* als *Leitlinie* bezeichnet; wenn sie in Richtung unrealistischer oder gar neurotischer, d. h. fiktiver Ziele verläuft, als fiktive Leitlinie. Im Zusammenhang mit den Zielen und den ihnen entsprechenden Verhaltensmustern sprach *Adler* auch vom *Lebensstil* eines Menschen. Verhalten, Handeln und Erleben werden aus dem ganzheitlichen Lebensstil heraus verstanden.

Die vergleichende Verhaltensforschung hat gezeigt, daß Rangkämpfe typisch sind für sozial lebende Tiere. Durch Hacken (z. B. unter Hühnern) wird eine Rangordnung innerhalb der Tiergemeinschaft hergestellt. Die ordnungsstiftenden Aggressionen unter den Artgenossen sind biologisch vorprogrammiert und wirken arterhaltend. Die überlegenen, ranghohen Tiere übernehmen instinktiv wichtige »Führungs«-Aufgaben in der Tiergemeinschaft, aber auch z. B. den Schutz der schwächeren Tiere. *Lorenz* nimmt an, daß dieses Verhalten auf einen *Aggressionstrieb* zurückzuführen ist, der als Erbe aus vormenschlicher Zeit auch beim Menschen noch vorhanden ist (171). Der Mensch hat jedoch die Instinktsicherheit verloren; seine Aggressionen können in einer Weise entarten, wie dies beim Tier nicht vorkommt (vgl. auch S. 162 ff.).

Ohne Zweifel hat die Aggressivität mit dem Ziel der Positionssicherung – und demnach auch das menschliche Rivalisieren – eine biologische Wurzel. Umstritten ist jedoch, ob es den von der *Lorenz*-Schule angenommenen Aggressionstrieb wirklich gibt; zur Erklärung der genannten Phänomene würden auch ererbte Verhaltensprogramme genügen, welche nur unter bestimmten Reizkonstellationen zur Auswirkung kommen, und nicht, wie Triebe, unter allen Umständen durchbrechen. Trotz dieser Einschränkung bestätigt die vergleichende Verhaltensforschung die von der Individualpsychologie behauptete eminente Bedeutung der Rangkämpfe. Es fragt sich nunmehr allerdings, ob das Obenseinwollen ausschließlich Reaktion auf ein Minderwertigkeitsgefühl ist, oder als primär naturgegeben, von diesem nur gesteigert und in unangemessene Bahnen gelenkt wird. Das aggressive Macht- und Geltungsstreben wird durch das Gemeinschaftsgefühl in Schranken gehalten. Das Minderwertigkeitsgefühl führt zu einem übersteigerten Macht- und Geltungsstreben mit gemeinschaftswidrigen Konsequenzen.

Das Gemeinschaftsgefühl wird so zum Gradmesser seelischer Gesundheit. In der Neurose ist es ungenügend entwickelt oder zeigt Bruchstellen. Entsprechend ist der *Egozentrismus,* die *Ichhaftigkeit* ein durchgehendes Merkmal seelischer Fehlhaltungen. Die Ichhaftigkeit muß sich nicht immer in rohem Egoismus äußern, sondern findet sich auch bei durchaus mitfühlenden, rücksichtsvollen Menschen; sie besagt nur, daß das Ich zu sehr im Mittelpunkt steht, das Verhalten und Erleben dadurch unrealistische Züge bekommt und in ein Schema gezwängt wird, das den Interessen des verunsicherten Ichs entspringt. Dieses Merkmal der Neurose ist auch der Psychoanalyse nicht entgangen, sie konnte es aber ursprünglich nur im Sinne ihrer triebtheoretischen Befangenheit deuten und nannte es *Narzißmus;* gemeint war die Besetzung der eigenen Person mit *Libido.* Diese Namengebung war nicht korrekt, denn das Wort Narzißmus war bereits vergeben für eine seltene Perversion, nämlich das Verliebtsein in den eigenen Körper. In der gegenwärtigen Psychoanalyse hat »Narzißmus« verschiedene Bedeutungen. Bei manchen Autoren wird das Wort noch im alten libidinösen Sinn gebraucht, bei anderen hat es die Bedeutung von gesundem Selbstwertgefühl erhalten, wieder bei anderen meint es übersteigertes Selbstwertgefühl, eben – Egozentrismus. Diesen aber können sich konservative und orthodoxe Psychoanalytiker nicht anders als libidinös bedingt vorstellen. Da ist es doch besser, ein so verwirrendes Fachwort zu vermeiden und unverfänglich von *Egozentrismus* oder *Ichhaftigkeit* zu sprechen.

Der Neurotiker in seiner übersteigerten, oft unbewußten Angst, »unten« zu sein, ist im Grunde ein entmutigter Mensch, dessen Symptome verfehlte Mittel darstellen, seine Position zu sichern. Ziel der Heilung ist demnach einerseits, das Gemeinschaftsgefühl zu stärken, andererseits, das Minderwertigkeitsgefühl abzubauen, einem gesunden *Selbstwertgefühl* zum Durchhalten zu verhelfen. Beides geht Hand in Hand. Hierzu sind alle Maßnahmen wertvoll, die zur *Ermutigung* beitragen, den Willen und Mut zum Überwinden der Schwierigkeiten wecken und entfalten. Minderwertigkeitsgefühl bedeutet ja Mangel an Mut, vor den Mitmenschen bestehen zu können, *Angst,* soziale Angst. Die ungeeigneten Mittel, dieses Gefühl des Ungenügens, der Unterlegenheit zu überwinden, erstreben demnach *Sicherheit.* Auch das Ausweichen in die Dekompensation dient der Sicherung, man geht Niederlagen von vornherein aus dem Weg. Ermutigung im Sinne der Verwirklichung eines echten Selbstwertgefühls macht die verfehlten Sicherungsvorkehrungen unnötig. »Die Erziehung zum Mut« *(Adler)*, Entwicklung des Gemeinschaftsgefühls und Pflege des Lebensmutes helfen auch am besten, von vornherein seelischen Fehlhaltungen und Neurosen vorzubeugen.

Somit steckt in der gesamten Individualpsychologie eine heilpädagogische Intention, und es ist nicht verwunderlich, daß gerade *Adler* und seine Schüler einen segensreichen Einfluß auf Pädagogik und Heilpädagogik ausüben konnten. Mit *Freud* war sich *Adler* darin einig, daß seelische Fehlentwicklungen und Neurosen fast immer in der frühen Kindheit ihren Ursprung haben. Auch diese Einsicht hatte pädagogische Konsequenzen. Die modernen tiefenpsychologisch orientienen Erziehungsberatungsstellen gehen auf das Wirken *Adlers* zurück.

Gerade auch in der *Erziehungsberatung* hat sich die Wichtigkeit des Abbaues verfehlter Machtpositionen gezeigt. Es ist viel gewonnen, wenn es gelingt, die Eltern vom krampfhaften Bedürfnis nach Macht, Autorität und Sicherung ihrer Position zu befreien.

Am Alfred-Adler-Institut (Dall'Armistraße 24, 8000 München 90) finden regelmäßig Aus-, Fort- und Weiterbildungsveranstaltungen statt.

Lit: 45, 46, 47, 48, 49, 50, 51, 224.

2.6.2.5 Unbewußtes

Der Begriff des *Unbewußten* spielt in der Neurosenlehre eine große Rolle. Daher, daß nach einem räumlichen Vorstellungsmodell das Unbewußte sich hinter der Oberfläche, also in der »Tiefe« befindet, hat auch die ganze hier besprochene psychologische Richtung den Namen »*Tiefenpsychologie*«. Diese wird meist als die Lehre von der unbewußten Psychodynamik definiert.

Was ist nun aber mit dem Begriff des *Unbewußten* gemeint?

Nicht gemeint ist die unbestrittene Tatsache, daß wir vieles tun, ohne unsere Aufmerksamkeit ausdrücklich hinzuwenden. Mancherlei, was wir erlernt haben, ist nach einiger Zeit automatisiert. Beim Autofahren z. B. kann ich mich über ein interessantes Thema unterhalten und gleichzeitig steuern und schalten. Solche Vorgänge sind nicht »unbewußt« im tiefenpsychologischen Sinne, denn sie sind jederzeit »bewußtseinsfähig«.

Ebensowenig sind die vielen Erinnerungen gemeint, die ich in mir trage, und die nur im gegebenen Augenblick wachgerufen werden. Ja selbst die verschiedenen »Affektbesetzungen« und »Affekttönungen«, die Personen, Gegenständen und Situationen anhaften, gehören noch nicht unbedingt zum Unbewußten im Sinne der Neurosenlehre. Geht z. B. ein Erfolgsmensch an seiner früheren Schule vorbei, in der er viele Niederlagen erlitten hat, so mag ihn das gleiche Unbehagen beschleichen wie einst. Die Schule ist mit dem Affekt des Unbehagens »besetzt«.

Das Unbewußte der Neurosenlehre wird im Zusammenhang mit den psychischen Störungen gesehen, wobei die verschiedenen Richtungen der Tiefenpsychologie die Akzente verschieden setzen. Nach der Psychoanalyse *Freuds*, die man wegen der von ihr ausgehenden Denkanstöße auch dann als grundlegend ansehen muß, wenn man ihr kritisch gegenübersteht, geht es um Inhalte, speziell Triebansprüche, die an sich bewußt sein *könnten,* es aber nicht *dürfen.* Auch die Beweggründe der Bewußtseinsabwehr bleiben unbewußt.

Adler erwähnte den Begriff »Unbewußtes« nur selten. In Wirklichkeit kannte auch er ein Unbewußtes: Die *Leitlinie,* der *Lebensstil,* die Ziele, oft das *Minderwertigkeitsgefühl* selbst, die Techniken, es unbemerkt zu machen (man ist versucht zu sagen: »unbewußt« zu machen). Das Unbewußte in der Individualpsychologie ist weniger das dem Bewußtsein Verbotene als das zur Wahrung des Selbstwertgefühls nicht Eingestandene.

Jung, der sich bald nach *Adler* von *Freud* trennte, hat den Begriff des Unbewußten noch wesentlich erweitert. Er und seine Schüler sahen in ihm einen Urgrund, die Quelle unserer Lebensäußerungen, der wir uns nicht verschließen dürfen, die uns schöpferisch beflügeln aber auch verschlingen kann.

Jung hat u. a. den Begriff des kollektiven Unbewußten geprägt, während vor ihm die Tiefenpsychologie nur an das persönliche Unbewußte des einzelnen Menschen gedacht hatte. Was zunächst überrascht hat, war die Behauptung, daß der Mensch unbewußte Bilder in sich trage, die er zuvor nie gesehen habe, aber sofort »wieder« erkenne *(Archetypen).* Vielerlei Gefühle und Strebungen sollen ursprünglich an derartige Ur-Bilder gebunden sein. Jung hat eine ganze Menge solcher Archetypen aufgeführt (z B. die Schlange, die Hexe, die Taube), die als Symbole der ganzen Menschheit vertraut seien. Tatsächlich läßt sich beobachten, daß sie in Träumen von Gesunden und Neurose-Kranken, in schizophrenen Halluzinationen, in religiösen Bräuchen, in Sagen und Mythen der verschiedenen Völker unabhängig voneinander mit gleicher Bedeutung auftreten. Daß das Postulat solcher Archetypen keine Absurdität ist, zeigt sich an damit vergleichbaren Beobachtungen der Tierverhaltensforscher. Die Auslöser für Instinktbewegungen sind ja auch eine Art von Ur-Bildern.

Lit.: 4, 9, 19, 24, 27; 45, 110, 148.

2.6.2.6 Psychische Abwehrmechanismen und Sicherungen

Der Mensch ist fähig, Gefühle, Triebansprüche und Erinnerungen, die er nicht wahrhaben kann, von seinem Bewußtsein abzuwehren. Daß für viele Menschen nicht sein kann, was nicht sein darf, hat nicht erst Christian *Morgenstern* festgestellt; wer von sich behauptet, bei ihm komme Abwehr in diesem Sinn nicht vor, der wehrt bestimmt ab. Wir werden die psychische Abwehr nur dann zu den Verhaltensstörungen bzw. Neurosen rechnen, wenn sie sich zum Nachteil der betreffenden Person oder ihrer Mitwelt auswirkt. Der bekannteste Abwehrmechanismus ist die *Verdrängung.* Anna *Freud,* die Tochter des Begründers der Psychoanalyse, hat nachgewiesen, daß es sich hierbei nur um eine von vielen im Gesamtwerk *Freuds* aufgezeigten Möglichkeiten der Abwehr handelt.

Die *abwehrende Instanz* ist in *Freuds* Persönlichkeitsmodell immer das *Ich.* Diesem obliegt die Entscheidung darüber, was ins Bewußtsein hineingelassen wird. Daß

z. B. peinliche Dinge gern aus dem Bewußtsein ausgeschaltet werden, hat *Freud* schon gewußt und an zahlreichen Beispielen gezeigt. Ausgebaut wurde jedoch dieser Gesichtspunkt in der *Adlerschen* Individualpsychologie unter der Bezeichnung *»Sicherungstendenz«;* gemeint ist die Sicherung des Selbstwertgefühls. In der Neurosenlehre *Freuds* hingegen geht es hauptsächlich darum, daß das Ich *verbotene Triebansprüche* abwehrt. Nicht nur die Triebansprüche sind hierbei unbewußt, sondern auch der Abwehrvorgang selbst.

Die *Weisung zur Abwehr* kommt aus dem *Über-Ich.* Je strenger dieses ist, um so mehr wird es Abwehrvorgänge veranlassen. Neurotiker leiden unter einem zu strengen Über-Ich. Ein wesentlicher Grund für die krankmachende Über-Ich-Strenge ist eine überstrenge, autokratische Erziehung, welche dem Kind Wertungen aufzwingt und ihm den Mut nimmt, sich eigene Werte zu bilden. Aus diesem Grund wendet sich die Psychoanalyse gegen eine autokratisch-strenge Erziehung. Mit einem Seitenblick auf die Individualpsychologie können wir feststellen, daß diese ebenfalls die autokratische Erziehung ablehnt, hierbei aber mehr daran denkt, daß unterdrückte Kinder sich innerhalb der Mitwelt verunsichert fühlen, entmutigt sind, an ihrem eigenen Wert zweifeln müssen.

Im Begriff des Freudschen Über-Ichs ist die Frage nach einer selbständigen, eigenverantwortlichen Gewissensentscheidung überhaupt nicht gestellt. Das Über-Ich ist ein Angst-Gewissen, welches Forderungen nicht in Frage stellen kann. Je mehr ein Kind ohne den Druck von Zwang und Niederlage sich in Liebe mit seinem Vater und anderen Vorbildern identifizieren kann, um so wahrscheinlicher bildet sich ein Liebes-Gewissen, ein »personales Gewissen« *(Fromm:* 114), das uneingeschüchtert die Wahrheit sucht und keinen intoleranten, zur krankhaften Abwehr führenden Druck auf das Ich ausübt.

Im gegebenen Rahmen ist es weder möglich noch nötig, alle denkbaren Abwehrmechanismen aufzuzählen. Die folgenden Beispiele sind nach ihrer Wichtigkeit ausgewählt. Da die Lehre von den Abwehrmechanismen Freudschen Gedankengängen entspringt, soll der psychoanalytische Standpunkt vorangestellt werden. Es wird aber auch der Versuch gewagt, individualpsychologisches Gedankengut mit der Modellvorstellung von der psychischen Abwehr zu verbinden.

2.6.2.6.1 Verdrängung

Manche Triebansprüche sind streng tabuisiert, unter Druck des Über-Ichs können sie teilweise ins Unbewußte verdrängt werden. Da sie aus der Körperorganisation stammen und vom Leben nicht abgetrennt werden können, erlöschen die Triebe im Zustand der *Verdrängung* nicht, sondern neigen dazu, in getarnter Form zur Befriedigung zu gelangen.

Regelmäßig wird nach orthodox-psychoanalytischer Auffassung der Ödipuskomplex verdrängt. Denn die inzestuöse Liebe zur Mutter ist ebenso verpönt wie der gegen den Vater gerichtete Todeswunsch. Die verdrängte Kastrationsangst mag sich in Furcht vor Benachteiligung verschiedenster Art äußern, die Herkunft dieser Ängste bleibt verborgen. Wenn die sexuelle Wißbegier des Kleinkindes auf allzu massive Widerstände stößt, kann im Extremfall das gesamte gesunde Neugierverhalten und damit die geistige Entwicklung blockiert werden. Erinnern wir uns weiterhin an die psychoanalytische Auffassung von der kindlichen Sexualentwicklung. Verdrängungen reiferer Stufen können dazu führen, daß Elemente früher Entwicklungsstufen fixiert bleiben. Nicht nur unmittelbare Triebwünsche können der Verdrängung unterliegen, sondern auch Vorstellungen, die mit ihnen assoziierbar sind. Mag eine orthodox-psychoanalytische Verdrängungstheorie auch einseitig sein, so ist das allgemeine Prinzip doch durchaus plausibel. Die meisten Tiefenpsychologen sind wohl längst davon abgekommen, den Katalog der Inhalte, welche dieser Art von Abwehr geopfert werden können, auf Sexuelles zu beschränken. Das Prinzip ist in großer Breite anwendbar.

Adler wollte in seiner Opposition von Verdrängung wenig wissen. Und doch spricht nichts dagegen, die Verdrängungstheorie auch vom individualpsychologischen Standpunkt aus zu beleuchten. Wenn Verdrängung eine Flucht aus Über-Ich-Angst darstellt, kann man sich gut vorstellen, daß der im Adlerschen Sinn entmutigte Mensch dem Über-Ich-Druck besonders wenig Widerstand leisten kann und somit oft verdrängt. Ferner ermöglicht die Individualpsychologie, die Verdrängung unter einem weiteren Aspekt zu sehen. Während die Psychoanalyse als Grund der Verdrängung das Gebot des strengen Über-Ichs sieht, läßt sich im individualpsychologischen Sinn auf Verdrängung hinweisen, die unter dem Druck des Lebensplans, der Leitlinie erfolgen und vor dem Bewußtwerden des Unterlegenheitsgefühls schützen sollen.

2.6.2.6.2 *Fernhaltung*

Verdrängung setzt immerhin eine, wenn auch unbewußte Auseinandersetzung mit einem Inhalt voraus. Ein noch stärkerer Grad der Abwehr dürfte vorliegen, wenn der Inhalt gar nicht bis zum »Ort« des Unbewußten vorgelassen wird. Oskar *Pfister* hat die Auslese bei Wahrnehmung, Denken, Fühlen, Wollen, Erinnern zum Schutz der Persönlichkeit als *Fernhaltung* bezeichnet.

Diese Stelle aus *Pfisters* Arbeit scheint praktisch vergessen zu sein, ist es aber wert, daß wieder daran erinnert wird. Manche Menschen haben sich so wirksam mit einem Schutzpanzer umgeben, daß entscheidende Dinge, für die sie Verantwortung tragen müßten, an ihnen abprallen. Als Neurotiker sind sie zu keiner Krankheitseinsicht fähig, als Erziehungsschwierige erkennen sie ihre Fehlhaltungen nicht. Viele sind auf Grund ihrer Fernhaltung zu keiner Schuldeinsicht bereit. Eine Verhaltensänderung ist in solchen Fällen noch schwieriger als bei Verdrängung.

2.6.2.6.3 Tendenziöse Apperzeption
Adler hat herausgestellt, daß die Menschen dazu neigen, die Wirklichkeit so wahrzunehmen, wie es ihrem Lebensstil entspricht, hierbei auch in tendenziöser Weise vergessen, sich erinnern, Erinnerungen verfälschen, Äußerungen mißverstehen u. a., jeweils um keine Einbuße an Selbstgefühl zu erleiden. Diese *»tendenziöse Apperzeption«* ist ein Spezialfall eines von der modernen Psychologie stark beobachteten Phänomens, nämlich der selektiven Wahrnehmung. – Soweit Inhalte gar nicht ans Bewußtsein herangelassen werden, handelt es sich zugleich um »Fernhaltung«. Diese ist im weiteren Begriff der tendenziösen Apperzeption mit enthalten.

2.6.2.6.4 Verschiebung des Triebziels
An die Stelle des vom Über-Ich verbotenen Triebziels tritt ein Ersatzobjekt. Z. B. kann die fürsorgliche Pflege von Haustieren oder Sammlungen auf dem Fehlen eines Sexualobjekts beruhen. Auch die *Sublimierung* wird zu diesem Abwehrmechanismus gerechnet. Hierunter verstand *Freud* die Verwendung libidinöser Energie für geistige Ziele. Er wünschte kein schrankenloses Ausleben der Sexualität, sondern hielt den Menschen nur auf Grund der Sublimierung für kulturfähig. Um eine »Verschiebung« handelt es sich insofern, als das Geistige ein Ersatzobjekt für ursprünglich Naturgegebenes ist und Energie tatsächlich entladen wird.
Die Verschiebung des Triebziels ist besonders bekannt bei aggressiven Impulsen. Die Aggression, die eigentlich dem Chef gilt, wird an der Ehefrau oder den Kindern abreagiert. In einem solchen Fall muß nicht die Über-Ich-Angst die Aggression gegen den Chef verhindern, es kann auch eine ganz simple Realangst vor dem Vorgesetzten sein. Die Möglichkeit der Abwehr aus Realangst war übrigens *Freud* durchaus bekannt, wird aber in der Psychoanalyse nicht so betont, weil sie mehr ins normale Alltagsleben als in die Neurosenlehre gehört.

2.6.2.6.5 Regression und Fixierung
Seelische Fehlentwicklungen sind sehr oft mit *Regression* verbunden, zumindest mit teilweiser Regression. Regression ist ein »Zurückweichen«. Im Sinn der Psychoanalyse ist das so aufzufassen, daß auf eine frühere Stufe der Triebentwicklung ausgewichen wird. Die tabuisierte reifere Sexualität wird dadurch abgewehrt. Ein junges Mädchen z. B. hat Angst vor der erwachenden Genitalität und fällt zurück auf eine überwundene Stufe, wird vielleicht Bettnässerin.

Außerhalb der engeren Psychoanalyse wird der Ausdruck »Regression« in allgemeinerem Sinn für jeden Entwicklungsrückschritt gebraucht. Wenn z. B. ein Kind einen neuen Lehrer bekommt, der dauernd am Aufsatzstil herumnörgelt, kann es vorkommen, daß dieses Kind keine Experimente mehr wagt und auf einen Stil »regrediert«, der einem zwei Jahre jüngeren Kind entspricht.

Neben der Regression, die immer etwas Sekundäres ist, kommt es vor, daß primär die Triebentwicklung teilweise auf früherer Stufe stehen bleibt, wodurch ebenfalls der reifere Trieb abgewehrt wird. Die Psychoanalyse nennt diesen Sachverhalt »Fixierung«. Bei einer oralen Fixierung wird z. B. das Moment des Haben-, Genießen- und Einverleibenwollens stark im Vordergrund stehen.

Mit dem Begriff »Fixierung« ist verwandt, was häufig als »Retardierung« bezeichnet wird. Nur ist diese nicht so genau definiert. Es handelt sich auch um eine primäre Entwicklungsverlangsamung bis hin zum Entwicklungsstillstand. Oft werden beide Begriffe synonym gebraucht. Von Retardierung wird aber auch bei rein körperlicher, psychophysischer oder intellektueller Entwicklungsverzögerung gesprochen, ohne Rücksicht auf die Ursachen. Es ist daher vorzuziehen, für den psychoanalytischen Sprachgebrauch das Wort »Fixierung« beizubehalten.

Die Verhaltensmechanismen »Regression« und »Fixierung« drücken das infantile Moment in vielen Neurosen aus. Der Individualpsychologie ist dieser Sachverhalt auch bekannt, sie spricht jedoch allgemeiner vom »Infantilismus« der Neurotiker.

2.6.2.6.6 Reaktionsbildung und Identifizierung mit dem Angreifer

Die Psychoanalyse nimmt an, daß durch eine ganz besonders strenge Über-Ich-Forderung eine Triebregung sogar ins Gegenteil verkehrt werden kann. Dieser Vorgang wird »Reaktionsbildung« genannt. Z. B. soll die verbotene Lust, schmutzig zu sein und mit Schmutz zu spielen, zu übertriebener Reinlichkeit führen können. Haß kann sich nach dieser Auffassung in leidenschaftliche Liebe verkehren.

Mit der Reaktionsbildung hängt eng zusammen ein Abwehrmechanismus, der als »Identifizierung mit dem Angreifer« bezeichnet wird. Er verhindert die verbotene Aggression. Diese Form der Abwehr klingt an in Hörigkeit und Masochismus. Die sog. Gehirnwäsche bringt systematisch das Ich zum Schrumpfen, weckt Gefühle von Schuld und Minderwertigkeit. Immer wieder provoziert aber der Angreifer Situationen, die im Angegriffenen ein Gefühl der Dankbarkeit hervorrufen. In totaler Verwirrung nimmt dieser schließlich die Ideologie des Angreifers an. Wenn autokratisch bis brutal erzogene Kinder später mit besonderer Anhänglichkeit ihren Eltern ergeben sind, spielt sich offenbar ein vergleichbarer Vorgang ab.

2.6.2.6.7 Rationalisierung

Ein praktisch sehr wichtiger Abwehrmechanismus ist die »Rationalisierung«. Darunter wird die verstandesmäßige Rechtfertigung im Sinne einer inneren Ausrede verstanden. Aus dem Es stammende Motive, die vom Über-Ich verboten sind, werden durch unwahre, aber vertretbare Motive ersetzt. Das hat nichts mit Lüge zu tun, denn man macht sich ja selbst etwas vor. Z. B. eine Großmutter hat den Drang, ein ihr anvertrautes Enkelkind maßlos zu verwöhnen. Daß hierbei inzestuöse-libidinöse Impulse mitspielen, kann sie sich niemals eingestehen. Also sucht sie unbewußt nach Rechtfertigung vor sich selbst. Sie wertet etwa systematisch die von den Eltern des Kindes bisher geübte Erziehungsweise ab und verteidigt ihr Verhalten als notwendigen Ausgleich der angeblich überstrengen Elternerziehung. So bringt sie ihr Über-Ich zum Schweigen.

Viele Rationalisierungen sind mehr im individualpsychologischen Sinn zu verstehen. Es paßt einfach nicht in den Lebensplan des Menschen, aus dem Irrationalen heraus zu handeln. Er rationalisiert, um sich das Gefühl der Peinlichkeit zu ersparen.

Rationalisierungen wirken sich in der Erziehung verhängnisvoll aus. Erzieher sind oft nicht in der Lage, bei sich selbst größte pädagogische Fehler zu erkennen, weil sie sich für ihr Verhalten schmeichelhafte Motive vormachen. Als Außenstehender kann man durch direkte Deutung kaum etwas daran ändern, denn man würde auf affektiven Widerstand stoßen.

2.6.2.6.8 Projektion

Ein Mensch, der gewisse Triebe, Strebungen oder Bedürfnisse verdrängt, wird häufig dazu neigen, diese in seiner Mitwelt überstark zu sehen und bekämpfen zu wollen. Er projiziert also sein Innenleben in andere Menschen, so wie ein Projektionsapparat Photos an der Wand erscheinen läßt.

Wer z. B. seine eigene Geschlechtlichkeit nicht wahrhaben will, ist leicht geneigt, in seiner Umgebung überall Unzucht zu wittern. Wer heimlich an seiner inneren Wahrhaftigkeit zweifelt, wird sich überall betrogen glauben. Familienväter, deren Angriffslust in der Kindheit mit Feuer und Schwert unterdrückt wurde, empören sich über die Angriffslust ihrer eigenen Kinder. Solche Erscheinungen sind übrigens sehr bekannt und geradezu sprichwörtlich. Ein Dieb, der in der Nacht verfolgt wird, schreit schließlich selbst: »haltet den Dieb!«, um den Verdacht auf andere zu lenken. Die Projektion ist die Haltet-den-Dieb-Methode des Unbewußten.

Projektionen können zu äußerst ungerechten Haltungen führen. Rassische, völkische oder religiöse Minderheiten werden so zum Objekt grausamer kollektiver Projektionen. Auch in der Erziehungsgruppe kann ein Kind Opfer einer Gruppenprojektion sein.

Die Projektion ist für die Heilpädagogik besonders wichtig; nicht so sehr, weil gerade die Kinder zu Projektionen neigen, sondern weil Kinder oft zu Opfern elterlicher Projektionen werden. Immer wieder nämlich begegnen wir der erstaunlichen Tatsache, daß der Mensch (und besonders eben das Kind) die Rolle annimmt, die ihm zuprojiziert wird. Dies ist zwar kein absolut gültiges Gesetz, aber es gilt auffallend häufig. Man denke an das junge Mädchen im »Apostelspiel«. Es konnte dem Verbrecher nichts Böses zutrauen und zwang ihn damit unwillkürlich in die Rolle des Guten. Man denke aber umgekehrt auch an manche Verbrechertypen, die ihre asoziale Rolle nur deshalb konsequent weiterspielen, weil niemand ihnen Gutes zutraut.

Das Kind ist zunächst einmal, was es für die anderen ist. Das unbewußt wirksame Ausdrucksverständnis befähigt es so zu sein, wie Mutter oder Vater es unbewußt wünschen oder fürchten. Wie es sich auswirken kann, wenn Kinder unbewußt in bestimmte Familienrollen gedrängt werden, wurde von Horst-Eberhard *Richter* (214) anschaulich und aspektreich beschrieben.

Kinder, die zu Hause solchen Projektionen ausgesetzt waren, sind nach einer Heimaufnahme leicht dazu geneigt, entsprechende Projektionsbilder zunächst einmal auf die Erzieher zu übertragen. Der Erzieher wird dann vielleicht genau so herausgefordert, wie vorher der Vater herausgefordert wurde. Dies ist der Punkt, an dem sich die weiteren Wege des Kindes scheiden. Nimmt der Erzieher die ihm zugespielte Rolle an – und oft ist es schwer, sich der Macht der kindlichen Projektion zu entziehen – dann läuft für das Kind alles seinen alten Trott; es gerät tiefer in die Fehlentwicklung hinein. Gelingt es dem Erzieher aber, der ihm aufgedrängten Uneigentlichkeit seine Eigentlichkeit und seine wirkliche persönliche Zuneigung entgegenzusetzen, so hat er den entscheidenden Schritt zur Genesung des Kindes getan.

2.6.2.6.9 Fehlkompensation

Auch die bereits erwähnte Fehlkompensation läßt sich unter dem Aspekt der Abwehr bzw. Sicherung verstehen; nicht im Freudschen Sinn, sondern gemäß individualpsychologischen Denkens. Abgewehrt wird hierbei nicht ein Triebwunsch, sondern das unerträgliche Gefühl der Minderwertigkeit, des Untenseins. Durch Überheblichkeit, Kritiksucht, Neigung, andere herabzusetzen, um sich selbst dadurch indirekt zu erhöhen (= »Entwertungstendenz«), Macht- und Geltungssucht oder Roheit wird die Fiktion des Obenseins hergestellt.

Da das Männliche in unserer Kultur immer noch mehr gilt als das Weibliche (zu *Adlers* Zeit war dies noch stärker ausgeprägt), geht die Kompensationstendenz häufig in Richtung dessen, was als männlich gilt. Mädchen, die in dieser Art kompensieren, können ein burschikoses Wesen annehmen, extrem männliche Berufe wählen, die Emanzipation übertreiben, im Geschlechtsleben die aktive Rolle bevorzugen. Auch Jungen können unbewußt fürchten, keine »richtigen« Jungen zu sein und tragen deshalb eine »Übermännlichkeit« zur Schau, etwa in Kleidung und Benehmen, in Mopedgeknatter oder Autoraserei, geben sich tollkühn oder verfallen gar einer Imponierkriminalität. Für eine solche Art bei beiden Geschlechtern vorkommender Kompensationstendenz hat *Adler* die Bezeichnung *»männlicher Protest«* geprägt.

2.6.2.7 Ambivalenz, Wiederholungszwang

Ambivalenz heißt wörtlich: Doppelwertigkeit. Gefühle sind ambivalent, wenn sie gleichzeitig gegensätzliche Tönungen enthalten, die im raschen Wechsel wirksam werden können, z. B. gleichzeitig vorhandene Liebes- und Haßregungen (= Haßliebe) gegenüber derselben Person. Bekannt ist auch die Angst-Lust (vgl. S. 59).

Die Ambivalenz ist das geradezu typische Schicksal von Triebkräften und Bedürfnissen, denen Versagung auferlegt war. So läßt sich dann auch der Freudsche Begriff des *Wiederholungszwangs* verstehen. Gemeint ist das unwiderstehliche Bedürfnis, den verdrängten Trieb in der ambivalenten Situation zu betätigen. Erwachsene Neurotiker geraten dadurch wie unter einer geheimen Regie des Schicksals immer wieder in die gleichen Situationen des Versagens. Bei Kindern sind es besonders Straf- und Racheszenen, die sie entweder auf sich selbst herabbeschwören (untergründiges Motiv mancher Straftat!) oder auch an anderen oder ihren Puppen vollziehen. Die Schmähungen und Verwünschungen, die sie dabei ausstoßen, sind manchmal wörtlich die gleichen, unter denen sie früher von Vater oder Mutter geprügelt wurden. Ganz allgemein ist immer dann an einen neurotischen Wiederholungszwang zu denken, wenn der Mensch sich unfähig zeigt, aus Schaden klug zu werden. Bei Kindern lösen sich solche Verstrickungen schon dadurch, daß die Situation aufhört, ambivalent zu sein; und dies heißt meistens: daß sie eine Bezugsperson finden, die frei ist von allzu krassen eigenen Ambivalenzen. Dann kann die symbolische Wiederholung einer Versagungsszene sogar zur Lösung, Aufarbeitung und Heilung führen.

2.6.2.8 Übertragung und Gegenübertragung

Übertragung ist nach *Freud* ein der Projektion verwandter Mechanismus, bei dem jedoch nicht eigene Persönlichkeitsmerkmale, sondern das Bild irgendwelcher Figuren aus der Kindheit, etwa Vater oder Mutter, z. B. in den Therapeuten projiziert wird. Im Sinne einer unbewußten Personenverwechslung wird dann die Person, auf die übertragen wird, so behandelt, als würde sie dieses Bild darstellen. Nach *Adler* besteht Übertragung darin, daß Gefühle und Verhaltensmuster, die sich seit

früher Kindheit im Umgang mit Bezugspersonen gemäß dem Lebensstil eingeschliffen haben, auch späterhin belangreichen Personen gegenüber zum Ausdruck
kommen. Durchschaut ein Erzieher die Übertragung nicht, so reagiert er leicht in
einer *»Gegenübertragung« so,* als wäre er mit der Umgangsweise seines Gegenübers
persönlich gemeint gewesen. Übertragung und Gegenübertragung werden »positiv«
genannt, wenn sie mit Sympathie und Gefühlen persönlicher Anziehung verbunden
sind, und »negativ«, wenn Antipathie und Abstoßung im Spiele sind. Gezielter
Umgang mit der Übertragung gehört eindeutig in den Bereich der Psychotherapie;
es ist gefährlich, sich ohne entsprechende Ausbildung darin zu üben. Trotzdem ist
es für den Heilpädagogen wichtig, daß er diese Phänomene kennt und seine eigenen
Reaktionstendenzen soweit zu durchschauen lernt, daß er sich nicht in Gegenübertragung verstricken läßt.

2.6.2.9 Widerstand

Der Begriff des *Widerstandes* wird oft im Sinne der »negativen Übertragung« abgehandelt. Mit Recht, wenn der Widerstand sich auf dieser Projektionsgrundlage persönlich gegen den Heilpädagogen richtet. »Widerstand« aber wird auch überall da
spürbar, wo Abgewehrtes überhaupt angerührt wird.

Ein machtbesessener Napoleon z. B. wird immer Gründe an den Haaren herbeiziehen, um
eine »Abrüstung« unmöglich erscheinen zu lassen. Ein an die Mutter fixierter Sohn wird sich
heftig entrüsten, wenn seine Frau die ehelichen Zerwürfnisse auf den Einfluß dieser Mutter
zurückführt. Der Psychotherapeut hat gelernt, bezüglich des Widerstandes »zwischen den
Zeilen zu lesen«. Da erscheint ein Patient, bei dem die Behandlung sich dem Kernproblem
nähert, plötzlich laufend verspätet, einem anderen geht gerade das Geld zur Weiterbehandlung
aus, ein Dritter zeigt eine deutliche Verschlimmerung seines Krankheitssymptoms – alles dies
kann Ausdruck eines unbewußten Widerstandes sein.

Am Widerstand läßt sich oft auch sehr schön studieren, wie sehr elterliche und
kindliche Neurose eins sein können. Immer wieder erleben wir es, daß z. B. bei
einem Bettnässer-Kind die Psychotherapie in eine entscheidende Phase tritt und die
Mutter im gleichen Augenblick die Behandlung abbricht. In solchen Fällen ist die
Neurose des Kindes eben Symptom der mütterlichen Neurose; die Mutter braucht
dieses Symptom, um ihrem eigenen inneren Konflikt ausweichen zu können.
Widerstand gegen die Heilung wird geleistet, solange die neurotischen Symptome
»gebraucht« werden, etwa um sich gegen Prestigeverlust abzusichern.
Die Kenntnis des Widerstandes ist auch für die Heilpädagogik unerläßlich. Der
Erzieher versteht dann, warum ein Symptom so hartnäckig bleibt und wieso es zu
Rückfällen kommt. Wiederholungszwang und Widerstand sind Ausdruck der
Chronizität der Neurosen.

2.6.2.10 Schuldgefühl und Selbstbestrafung

Neurosen sind mit – möglicherweise verdrängten – Schuldgefühlen verbunden. Die »schuldhafte Tat« des Neurotikers hat ursprünglich meist nur in verpönten und damit als schuldhaft empfundenen Wünschen der frühen Kindheit bestanden. Vom Standpunkt des Erwachsenen her gesehen wären solche Wünsche gewöhnlich völlig unschuldig. Der Patient kommt aber, weil sie verdrängt sind, nie über das frühkindliche Schuldgefühl hinweg. Es ist Sache der Psychotherapie, verfehlte Schuldgefühle abzutragen. Der Psychotherapeut wird also meist – und er tut dies schon durch sein aufmerksames Zuhören – zunächst einmal »entschuldigend« wirken.

Das Bedürfnis, Schuld zu bekennen und wiedergutzumachen, wird nicht erst vom personalen Gewissen, sondern bereits vom Über-Ich gefordert. Wo das Schuldgefühl verdrängt ist, muß dieses Bedürfnis mitverdrängt sein und wird sich daher am falschen Orte bemerkbar machen. Unbewußte Selbstbekenntnisse und Selbstbestrafungen sind somit bei Neurosen an der Tagesordnung.

Die Kräfte des Bekennens sind denen des Verdrängens diametral entgegengesetzt. Im Mörder, der am Tatort seine Brille vergißt, ist vermutlich eine bekennende Instanz am Werk. Aber auch manche Straftat kleiner Kinder ist als Ausdruck einer Selbstbestrafungstendenz zu erklären. Die dadurch herbeigeführte Bestrafung entlastet vorübergehend von einer unerträglichen Über-Ich-Angst.

2.6.2.11 Tiefenpsychologische Schulen und Richtungen und ihre pädagogische Wirksamkeit

Die drei großen Nervenärzte *Freud (»Psychoanalyse«), Adler (»Individualpsychologie«)* und *Jung (»komplexe Psychologie«)* können als die Klassiker der Tiefenpsychologie und der auf sie gründenden Neurosenlehre und Psychotherapie gelten. *Freud* und *Adler* lebten in Wien, *Jung* in Zürich.

Unter dem Anspruch, die dritte Wiener Schule der Tiefenpsychologie hervorgebracht zu haben, vertritt der Nervenarzt Viktor E. *Frankl* die *»Logotherapie und Existenzanalyse«* als eine Psychotherapie »vom Geistigen her« (107). Während *Freud* den »Willen zur Lust« und *Adler* den »Willen zur Macht« herausgestellt haben, betont er den »Willen zum Sinn« . Der »Wille zur Lust« und der »Wille zur Macht« können den Menschen neurotisch machen, wie die beiden Klassiker der Tiefenpsychologie gewußt haben. *Frankl* sieht im »Willen zum Sinn« nichts Krankmachendes, sondern er will ihn zur Heilung mobilisieren, womit er gegenüber *Freud* und *Adler* nichts grundsätzlich Neues lehrt. Er betont sehr stark das Moment der Verantwortlichkeit, das bereits in der Individualpsychologie eine wesentliche Rolle spielte. (Zur »Verantwortlichkeit« noch eine Bemerkung: Es wäre in der Heilpädagogik ein verhängnisvolles Mißverständnis, die Kinder als voll verantwortlich für ihre Fehlhaltungen anzusehen. Vielmehr kann es erst das Ziel der heilpädagogischen Arbeit sein, daß die Kinder mehr Verantwortung tragen lernen.)

Frankls Logotherapie unterscheidet sich also von den traditionellen tiefenpsychologischen Schulen nicht prinzipiell, jedoch graduell. Für *Frankl* ist der heutige Mensch mit einer tiefgreifenden *existentiellen Frustration* konfrontiert. Er leidet an einem Sinnlosigkeitsgefühl und lebt in einem »existentiellen Vakuum«. *Frankl* war im Konzentrationslager, erlebte dort selbst an Leib und Seele die existentielle Frustration; aus dieser bedrängenden Lebenssituation heraus entwickelte er seine Logotherapie: den Sinn des eigenen Leidens erkennen und von daher den in jedem Menschen vorhandenen Lebens-Sinn wecken und entfalten. Da insbesondere die Sinnfrage auch in der (Heil-)Pädagogik im Zusammenhang mit der Zeitsituation immer wieder neu zu stellen ist, wird die Logotherapie zu einer grundlegenden Orientierungshilfe (*Lukas:* 174).

Neben der Logotherapie kann auch die »*Neo-Psychoanalyse*« von *Schultz-Hencke* als eigene Schule der Tiefenpsychologie gelten. Elemente der Psychoanalyse, der Individualpsychologie und in geringerem Grade auch der komplexen Psychologie *Jungs* wurden in einem wohldurchdachten System vereinigt. *Schultz-Hencke* sprach von einer »Amalgamisierung« der tiefenpsychologischen Schulen. Darüber hinaus findet sich viel Eigenständiges. Die Überbetonung des Sexuellen, überhaupt die starre Idee der Psychoanalyse, mit ein oder zwei Trieben alles erklären zu können, wurde aufgegeben.

Neuere amerikanische Richtungen, u. a. von Erich *Fromm* und Karen *Horney* führen den sozialen Aspekt in die Psychoanalyse ein und nähern sich damit *Adler.*

Schon frühzeitig ist die Tiefenpsychologie pädagogisch nutzbar gemacht worden. Der Schweizer Pfarrer Oskar *Pfister* hat sehr früh den pädagogischen und heilpädagogischen Wert der Psychoanalyse erkannt. In Ergänzung zur klassischen Psychoanalyse hat er herausgestellt, daß nicht nur sexuelle Wünsche verdrängt werden können, sondern auch intellektuelle, moralische und religiöse Inhalte. Als weitere historische Vertreter einer psychoanalytischen Pädagogik seien genannt: Anna *Freud* (Tochter Sigmund *Freuds), Aichhorn, Zulliger.* In Frankreich wirkt *Dolto* erfolgreich auf Kinderheilkunde und (Heil-)Pädagogik ein.

Die Individualpsychologie mit ihrer Betonung der rechten Einstellung zur Gemeinschaft ist von vornherein stark pädagogisch orientiert. *Adler* selbst hat sich viel zu Erziehungsfragen geäußert. Die Bücher des Individualpsychologen *Dreikurs* sind erfolgreich. *Dührssen* hat die Neo-Psychoanalyse *Schultz-Henckes* für die Kindertherapie nutzbar gemacht.

Lit.: 2, 4, 6, 9, 24, 27; 45–51, 76, 95–99, 106–111, 114, 147, 148, 165, 173, 174, 214, 230, 242, 276–279.

2.6.2.12 Tiefenpsychologisch orientierte Kinderpsychotherapie

Nach diesem kurzen Einblick über die tiefenpsychologische Neurosenlehre werfen wir einen Blick auf die Arbeitsweise der Psychotherapie, insbesondere der *Kinderpsychotherapie*. Die Psychotherapie unterscheidet schematisch zwischen *aufdeckenden* und *zudeckenden* Verfahren. Als aufdeckend gelten alle Verfahren, die das Unbewußte zu ergründen (und teilweise auch dem Patienten bewußt zu machen) suchen, als zudeckend alle, die unabhängig davon mit Hilfe von Suggestion, Übung, verhaltenstherapeutischen Methoden usw. die Symptome zu beseitigen trachten. Die aufdeckenden Verfahren bedienen sich hauptsächlich der Analyse von Träumen, Zeichnungen, Gestaltungen oder freien Einfällen. Die Trennung zwischen aufdeckenden und zudeckenden Verfahren läßt sich nicht streng durchhalten, weil man sogar beim Erwachsenen zur Einsicht gelangt ist, daß das »Aufarbeiten« wichtiger ist als das »Aufdecken« – wobei freilich beides oft Hand in Hand geht.

Noch weniger ist eine solche Trennung in der Kinderpsychoanalyse möglich. Hier geht es in der Regel nicht primär um ein Bewußtmachen und Verbalisieren des Konflikts. Wesentlich ist schon der Gesichtspunkt der *Katharsis*, des »reinigenden« Auslebens angestauter Triebregungen. Die fixierten oder regressiv gewordenen Regungen können dann »*nachreifen*«. Meist ist bei der Katharsis übrigens mehr an ein *symbolisches Ausleben* der Problematik und Ausgestalten der Gedanken durch Spielen, Malen, Kneten, Bauen oder Geschichtenerzählen zu denken, als etwa an ein *motorisches Abreagieren.*

Wie in der Psychotherapie Erwachsener ist auch in der Kinderpsychotherapie der *Abbau verfehlter Schuldgefühle* gleichzeitig Mittel und Ziel der Behandlung.

Das Kind ist bei seiner starken Symbolempfänglichkeit auch einer *Suggestivbehandlung* durchaus zugänglich (z. B. Zuspruch), ebenso einer *Übungsbehandlung* und *Entspannungsübungen.* Allerdings sollten sie nur unter Ausnützung des sich anbahnenden *Selbstvertrauens* und *Vertrauens* angewandt werden. Und damit kommen wir zum wesentlichen Punkt der Kinderpsychotherapie, ja der Psychotherapie überhaupt: Das Kind muß im Psychotherapeuten einen *Kontaktpartner,* eine Vertrauensperson gewinnen; in schweren Fällen muß darüber hinaus der Therapeut wirklich eine »*Übertragungsperson*« werden können, auf die das Kind seine verfehlten Projektionen abläd.

Methodisch wird sich die Kinderpsychotherapie im Gegensatz zur Psychotherapie Erwachsener nur wenig mit der Analyse von Träumen befassen. Im Vordergrund steht gemeinsames Spiel, wobei das Kind meist bald seine Konfliktsituation gestaltend sichtbar werden läßt.

Auch bei Jugendlichen ist die Traumauslegung meist nicht sehr fruchtbar. Überhaupt ist die Psychotherapie pubertierender Jugendlicher ein schwieriges Kapitel.

Hier ist mit »aufdeckenden« Verfahren besondere Vorsicht geboten. Das Schwergewicht der Therapie liegt ganz auf Kontaktaufnahme und Identifizierung, wobei noch zu berücksichtigen ist, daß meist auch ein starkes Autoritätsbedürfnis vorliegt, sei es nur, um sich an dieser Autorität zu reiben. Am ehesten empfiehlt sich in der Einzelpsychotherapie Jugendlicher noch die Herstellung eines natürlichen Vertrauensverhältnisses im Laufe gemeinsamer Unternehmungen, Aufgaben und Arbeit, sowie gemeinsamen Spiels.

Die *Gruppenpsychotherapie* hat gegenüber der Einzelpsychotherapie den Nachteil, daß die Beziehung zwischen Therapeuten und Patienten weniger innig ist. Dem stehen alle Vorteile des Gruppenlebens gegenüber. Überraschend gute Erfolge erzielt man zuweilen mit dem *»Psychodrama« (Moreno)*, bei dem man die Kinder miteinander ihre eigenen Problem-Situationen spielen läßt – besonders dann, wenn sie dabei die Rolle der störenden (projizierenden) Beziehungsperson übernehmen.

Bei Erörterung der Frage, ob die Kinderpsychotherapie ambulant oder stationär durchgeführt werden soll, ist zu berücksichtigen, daß Kinder unter fünf Jahren nur in wirklichen Notfällen von den Eltern getrennt werden sollten. Auch später ist eine ambulante Psychotherapie vorzuziehen.

Stationäre Psychotherapie ist bei vorwiegend seelisch bedingten Fehlentwicklungen angebracht, wenn eine ambulante Möglichkeit am Wohnort nicht besteht, darüber hinaus aber unter folgenden Gesichtspunkten:

1. wenn eine »mehrdimensionale« Behandlung notwendig ist (also etwa gleichzeitig Medikamente, Diät, Gymnastik, Übungstherapie, analytische Therapie);

2. wenn der Heilpädagogik im Rahmen der Psychotherapie ein wesentliches Gewicht zufällt (Gemeinschaftsfähigkeit, Realitätskontrolle, aber auch »Therapieatmosphäre« usw.), bzw. wenn die häusliche Erziehung unter einer ambulanten Psychotherapie zu schwierig wird (sei es wegen der Problematik des Kindes oder der Eltern);

3. wenn zu alledem der Effekt eines *vorübergehenden Milieuwechsels* genützt werden soll.

Abschließend ist hier auf die *Familientherapie* kurz hinzuweisen, die in den letzten Jahren besondere Bedeutung erlangt hat. Ihr liegt die Vorstellung zugrunde, daß beim psychisch gestörten Kind Beziehungsprobleme in der Familie gegeben sind. Hier steht nicht das auffällige Symptom des Kindes im Mittelpunkt der Behandlung, sondern vielmehr die Vorgänge in der Familie und im Umfeld der Familie. Die Familie wird als ein System verstanden, in dem jedes Mitglied mit jedem anderen kommuniziert. Ändert sich durch therapeutisches Bemühen ein Teil des Systems, so hat das eine Veränderung des gesamten familiären Systems zur Folge. Durch diese *systemische Familientherapie* können das gestörte Verhalten, das Lernproblem oder eine bis ins körperliche hineinreichende Auffälligkeit beim Kind überwunden werden. Von besonderer Bedeutung ist hier die Kontinuität der geordneten Beziehungen. Die Familientherapie, die auch als Gruppentherapie durchgeführt werden kann, hat sich in Familien mit einem behinderten Kind gut bewährt.

Lit.: 2; 53, 63, 99, 208, 278.

2.6.2.13 *Lerntheorie und Verhaltenstherapie (Verhaltensmodifikation)*

Der tiefenpsychologischen Betrachtungsweise und Behandlung von Neurosen erwächst Konkurrenz, seit die amerikanische *Verhaltenstherapie* bei uns beachtet wird. Im pädagogischen Bereich spricht man eher von *Verhaltensmodifikation.* Theoretische Grundlage der Verhaltenstherapie sind psychologische Theorien des Lernens. Neurosen und seelische Fehlhaltungen werden als erlerntes Fehlverhalten aufgefaßt, das mit *lernpsychologischen* Methoden wieder verlernt werden kann. Die Techniken, die unter dem Begriff der Verhaltensmodifikation angewandt werden, orientieren sich an lerntheoretischen Prinzipien.

Die Anfänge der in diesem Zusammenhang bedeutsamen Lerntheorien finden sich in der russischen *Reflexologie* Ihr berühmtester Vertreter, der Physiologe *Pawlow,* entdeckte um die Jahrhundertwende den *bedingten Reflex.* Er hatte zunächst festgestellt, daß bei Hunden die Speichelabsonderung bereits bei der Wahrnehmung von Futter zunimmt. Nun gewöhnte er Hunde daran, daß gleichzeitig mit der Nahrungsdarreichung ein Glockenzeichen ertönte. Nach einiger Zeit hatten sie sich so an die bevorstehende Fütterung bei Erklingen des Glockenzeichens gewöhnt, daß hierbei auch ohne Fütterung Speichelsekretion eintrat.

Die Speichelsekretion bei Darreichung von Futter ist ein Reflex. Er ist von Natur aus da, muß also *unbedingt* ablaufen. Hingegen löst der Glockenton natürlicherweise den Reflex nicht aus, es muß erst die *Bedingung* dazu geschaffen werden; das Ergebnis ist der *bedingte* Reflex. Nach der conditio (lat. = Bedingung) wird das Erzeugen bedingter Reflexe *Konditionierung* genannt. Der bedingte Reflex war ursprünglich nicht da, ist also *erlernt.* Im Beispiel des *Pawlowschen* Hundeversuchs ist das Futter der unbedingte Reiz, der Glockenton der bedingte Reiz. Wird der mit dem bedingten Reiz verbundene unbedingte Reiz lange vorenthalten, dann kommt es allmählich zum *Verlöschen* des bedingten Reflexes.

Bei dieser *klassischen Konditionierung* geht es also darum, daß Reflexe, d. h. autonome Reaktionen eines Organismus auch ausgelöst werden, wenn vorher der unbedingte, also der auslösende Reiz mit einem Signalreiz mehrfach gekoppelt vorgegeben wurde. Der Signalreiz kann dann, ohne daß der unbedingte Reiz erscheint, den Reflex auslösen. Hier noch ein Beispiel zur Erläuterung: Ein Trompetenspieler wird durch den Anblick einer vor seinen Augen zerdrückten Zitrone im Weiterspiel gehemmt, weil er seinen Speichelfluß nicht mehr kontrollieren kann. Das Signal

»Zitrone« wird mit der Empfindung »sauer« verbunden und löst den damit verbundenen Reflex »Speichelabsonderung« aus.

Bei der klassischen Konditionierung handelt es sich immer um ein *Signallernen*. Das erlernte Signal ist dann in der Lage, die autonome Körperreaktion (Reflex) allein auszulösen. Nach dieser Theorie folgt das gesamte tierische und menschliche Verhalten dem Konditionierungsprinzip. Unangemessenes Verhalten ist das Resultat eines fehlangepaßten Konditionierungsprozesses. Die beobachteten Verhaltensweisen können wieder verlernt werden, wenn das auslösende Signal lange vorenthalten wird.

Die Methode des Konditionierens ist auch aufgegriffen worden vom *Behaviorismus* (engl. behaviour = Verhalten), einer seit den zwanziger Jahren in Amerika florierenden Richtung der Psychologie. Die Grundposition besteht darin, daß nur streng objektive Forschungsmethoden anerkannt werden. Die Introspektion (Innenschau) als Methode der Psychologie wird abgelehnt. So wird jedes subjektive Erleben wie Gefühl, Strebung oder Vorstellung von der wissenschaftlichen Betrachtung ausgeschlossen. Es gilt nur die reine Beschreibung des Verhaltens, denn dieses ist allein der objektiven Beobachtung zugänglich.

Wenn lediglich äußeres Verhalten beschrieben wird, macht es keinen Unterschied aus, ob die Beschreibung dem Menschen oder dem Tier gilt. Die Behavioristen experimentieren sehr viel mit Ratten und anderen Tieren und übertragen die Ergebnisse weitgehend auf den Menschen. Die Befunde sind an solchen Tieren gewonnen worden, die im Laboratorium unter künstlichen Bedingungen gehalten wurden. Unter diesen Bedingungen konnten bei den Tieren kaum Triebe und Instinkte festgestellt werden und Erbunterschiede wurden nur hinsichtlich der Konditionierbarkeit anerkannt. So kamen extreme Vertreter dieser Richtung zu der Meinung, jeder Mensch hätte die Möglichkeit zu allem was aus ihm werde, eine ethisch hochstehende Persönlichkeit oder ein Verbrecher, Genie oder Dummkopf, alles wäre eine Wirkung der Umwelt, ein Ergebnis der Konditionierungen.

Behaviorismus, oder »Verhaltenspsychologie« darf nicht verwechselt werden mit der »Vergleichenden Verhaltensforschung«, wie sie etwa von Konrad *Lorenz* vertreten wurde. Letzterer untersuchte die Tiere unter *natürlichen* Bedingungen und trifft hierbei auf Triebe und Instinkte. Auf diese Weise ist es ihr auch möglich, beim Tier zwischen ererbten und erlernten Verhaltensweisen zu unterscheiden. Sie beansprucht nicht wie der Behaviorismus, die bisherige Psychologie zu ersetzen, sondern ist bestrebt, der Psychologie des Menschen ein biologisches Fundament zu geben, indem sie zeigt, welche scheinbar spezifisch menschlichen Verhaltensweisen bereits vormenschlich vorhanden, biologisch verankert sind.

Daß es ein Konditionieren im Sinne *Pawlows* auch beim Menschen gibt, wurde von *Watson*, dem Begründer des Behaviorismus, in folgendem Experiment bewiesen:

Während der 11 Monate alte Albert mit einer Albino-Ratte spielte, wurde er mit einem lauten Hammerschlag in Furcht versetzt. Fortan stellte sich Furcht vor allen Pelztieren und pelzartigen Gegenständen ein *(»Reizgeneralisierung«)*. Dieser Furcht-anlaß war also nicht von vornherein vorhanden, sondern wurde konditioniert. Behavioristen stellen sich alles Verhalten als konditioniert vor. Es geht hier über die Reflexe hinaus allgemein um »Reaktionen«.

Bei dieser *instrumentellen Konditionierung,* auch *operantes Lernen* genannt, werden also Reaktionen erlernt. Die Reaktionen, die dabei erlernt werden, richten sich sowohl nach der gegebenen Reizsituation als auch nach den Fähigkeiten. Die Stärke des Lernens hängt von der subjektiven Bedeutung und vom Zeitpunkt der Konsequenz auf ein Verhalten ab. Hier ein weiteres Beispiel: Wenn wir bei einem Spielautomaten entdecken, daß wir durch rhythmisches Klopfen der Taste einen Gewinn erzielen, dann werden wir diese Reaktion wiederholen, bis der Automat leer ist. Wir haben hier eine Reaktion erlernt die zum Erfolg führt, die also bekräftigend ist. Der *positive Verstärker* wird als positive Konsequenz bezeichnet.

Bei diesem instrumentellen Konditionieren ist im Gegensatz zum klassischen Konditionieren der auslösende Reiz komplex; die Stärke der Reaktion richtet sich in erster Linie nach der erwarteten und möglichst sofortigen Konsequenz. Hier entwickelt sich das Verhalten auf der Grundlage des *Effekt-Gesetzes,* des *»Lernens am Erfolg«.* Ein Verhalten, das mit strafend empfundenen Wirkungen verbunden ist, das also eine negative Konsequenz zur Folge hat, wird unterdrückt und schließlich gelöscht. Es wird künftig in ähnlichen Situationen wohl nicht mehr auftreten. Die instrumentelle Konditionierung ist identisch mit dem Lernen nach Versuch und Irrtum *(trial and error).*

Eigentlich kann man sich keine größeren Gegensätze denken als die zwischen Tiefenpsychologie und Behaviorismus. Nun sind aber lange nicht mehr alle Behavioristen orthodox in der hier geschilderten Position befangen. Zum Verständnis der Verhaltenstherapie ist es aber notwendig, hier die Extremposition des Behaviorismus zu erklären.

Ein Großteil der behavioristischen Studien befaßt sich mit der Möglichkeit der Verhaltensänderung bzw. Verhaltenssteuerung. *Skinner* konnte eine wesentliche Beschleunigung des Lernprozesses durch *Verstärkung* oder *Bekräftigung* eines erwünschten Verhaltens erzielen.

Behavioristische Forscher haben sich eingehend mit menschlichen Verhaltensstörungen befaßt. Da sie sich mit dem subjektiven Innenleben und Trieben nicht befassen, scheiden für sie alle tiefenpsychologischen Erklärungsversuche aus. Gestörte Entwicklung des Sexualtriebs, Abwehrmechanismen oder Minderwertigkeitsgefühl kommen nach dieser Auffassung für die Genese der Störung nicht in

Frage. Jedes unerwünschte Verhalten wird auf unglückliche Konditionierung zurückgeführt. Dabei interessiert nur das Verhalten und nicht irgendwelche innerseelischen Hintergründe. Es wird nicht zugestanden, daß Neurosen Ausdruck oder Folge innerseelischer Störungen sein können.

Die Tiefenpsychologen erklären: Das neurotische Symptom ist die Oberfläche. Die Ursache liegt tiefer und muß individuell ergründet werden; dauerhafte Heilungen sind am ehesten von einer Beseitigung der Ursache zu erwarten. Orthodoxe Behavioristen dagegen sagen kurz und bündig: Das Symptom ist die Neurose. Sie halten diese Aussage für naturwissenschaftlich.

Da Behavioristen Neurose mit Symptom gleichsetzten, entwickelten sie Methoden einer rein symptomatischen Behandlung. Im Zuge der weiteren Entwicklung wurde jedoch dieser starre Ansatz weitgehend überwunden. Die meisten Behavioristen sind nicht mehr orthodox; die Lerntheorie ist nicht mehr identisch mit Behaviorismus. Die Gleichsetzung von Symptom mit Neurose wird auch von Vertretern der Verhaltenstherapie kritisiert. Dessen ungeachtet haben sich viele Methoden, die in der Absicht konsequenter Symptombehandlung entwickelt wurden, als sehr wirksam erwiesen.

Es geht also in der Verhaltenstherapie bzw. Verhaltensmodifikation darum, mit lernpsychologischen Methoden unerwünschte Verhaltensweisen abzubauen. Zunächst sollen einige Prinzipien genannt werden, die sich Heilpädagogen ohne weiteres zu eigen machen können. Der Hauptgrundsatz lautet: Erwünschtes Verhalten wird verstärkt. »Positive Verstärker« sind solche Reize, deren Darbietung die Wahrscheinlichkeit einer Reaktion erhöhen. Sicher sind es Reize, die als angenehm erlebt werden, jedoch würde diese Bewertung nicht in die zugrunde liegende Theorie passen; was als positiver Verstärker wirkt, muß nach *Skinner* erprobt werden. Die Ergebnisse der Erprobung überraschen kaum. Lob und Belohnung sind in diesem Sinne Verstärker, ebenso soziale Beachtung und oft sogar schon bloßer Blickkontakt. Durch Verstärkung erwünschten Verhaltens bei Nichtbeachtung unerwünschten Verhaltens lassen sich gute Erfolge erzielen. Erfolgt liebevolle Zuwendung auf ein Fehlverhalten, so kann gerade dieses Fehlverhalten verstärkt werden. Die Zuwendung soll also in diesem Augenblick unauffällig bleiben, um bei Ansätzen zu erwünschten Verhaltensweisen um so intensiver in Erscheinung zu treten. Besonders dauerhaft (»löschungsresistent«) wird gelernt, wenn bei erwünschtem Verhalten nicht jedesmal, sondern nach festgelegtem Plan in variierenden Abständen Verstärkung erfolgt. Verstärkt wird auch, indem Reize, die an sich vermindernd auf die Reaktionstendenz wirken, weggenommen werden. Dies ist das Prinzip der »negativen Verstärkung«, die nicht mit »Bestrafung« verwechselt werden darf. »Strafe« im Sinne dieser Theorie ist ein Reiz, der vermindernd auf eine Reaktionstendenz wirken müßte. Es kann sich hierbei auch um den Entzug eines positiven Verstärkers handeln. Oft führt Strafe nur zu einem Strafvermeidungsverhalten, oder sie ist sogar erwartungswidrig ein Verstärker; es müßte also anstelle des »bestraften« Verhaltens ein erwünschtes Verhalten aufgebaut werden. »Strafe« und »Belohnung« werden wertfrei betrachtet, decken sich also nicht mit gleichlautenden Bezeichnungen im herkömmlichen Sinn.

Soweit Grundsätze, die nicht völlig neu sind, aber unter Verwertung neuer Erkenntnisse wirkungsvoller angewandt werden können. In diesem Zusammenhang ist noch ein Verfahren zu erwähnen, das gewissermaßen wiederentdeckt und verfeinert wurde: Abnorme Ängste können dadurch »abgewöhnt« werden, daß gefürchtete Gegenstände oder Situationen in einem gerade noch erträglichen Maße und kombiniert mit positiven Verstärkern herangebracht werden; unter allmählicher Steigerung der Anforderung soll dann die unangemessene Angst »verlernt« werden. Diese Methode wird *Desensitivierung* genannt. Im einzelnen können verhaltenstherapeutische Verfahren so raffiniert ausgeklügelt sein, daß eine voll wirksame, oder auch nur sinnvolle Anwendung gründliches Fachwissen und intensive Schulung voraussetzt. So massive Einwirkungen wie etwa die *»Reizüberflutung«* können bei unsachgemäßer Anwendung sogar gefährlich sein.

Soweit Neurosen und Verhaltensstörungen auf Verhaltenstherapie ansprechen, hilft sie schneller als analytisches Vorgehen. J. H. *Schultz* (230) hat als *»Randneurosen«* Störungen beschrieben, die nicht auf einem inneren Konflikt beruhen, sondern angewöhnt sind. Man kann sich vorstellen, daß sie den lerntheoretischen Methoden zugänglich sind. Bei tiefenpsychologisch verstehbaren Neurosen kommt es oft vor, daß der innere Konflikt durch eine Therapie beseitigt wird, das Symptom aber sosehr eingeschliffen ist, daß es nicht verschwinden will. Hier bietet sich die Verhaltenstherapie als zusätzliches Training neben oder nach der Analyse an.

Bei den Störungen, die wir als kindliche Schwierigkeiten insbesondere auch bei lern- und geistigbehinderten Kindern bezeichnen, mehren sich die Erfolgsberichte. Da vielfach nur alte Erziehungsweisheit in methodischer Vervollkommnung vorliegt, ist mit Erfolgen durchaus zu rechnen. Die Verstärker des Verhaltens bestehen nach den Erziehungsvorschlägen der Verhaltenstherapeuten in Erfolgen für das Kind, und nur die dogmatische Voreingenommenheit verhinderte den Behavioristen, darin ein *Erfolgserlebnis* für das Kind zu sehen. Die herkömmliche Psychologie und Pädagogik weiß aber, daß Erfolgserlebnisse in der Erziehung wichtig sind und einem schwierigen Kind helfen können. Besonders die *Ermutigungspädagogik* im Sinne *Adlers* stützt sich darauf, dem Kind Erfolgserlebnisse zu ermöglichen. Ermutigung und Verstärkung sind vom theoretischen Ansatz her nicht dasselbe, aber oft wird in der Praxis Verstärkung gleichzeitig Ermutigung sein. So scheint es, daß von ganz verschiedenen Voraussetzungen her Tiefenpsychologie und Verhaltenstherapie zu ähnlichen Grundsätzen gelangen. Neuere Ansätze der »kognitiven« Verhaltenstherapie sind auch von der Theorie her mit tiefenpsychologischen Positionen vergleichbar. Der Mensch wird nicht mehr nur als ein sich verhaltendes, sondern als handelndes Wesen aufgefaßt, das zielstrebig inneren Plänen folgt; man achtet auch auf die Genese des Symptoms und erklärt dieses im Bezugsrahmen des Gesamtverhaltens. Dies gilt z. B. für die *»sozial-kognitive Lerntheorie«* (*Bandura*: 64). Darüber hinaus ist zu sagen, daß die Befolgung der verhaltenstherapeutischen Anweisungen eine starke Zuwendung zum Kind verlangt und nur durchgehalten werden kann, wenn auch die passende *pädagogische Haltung* (vgl. S. 100 ff.) vorhanden ist.

Auch wer den theoretischen Grundannahmen nicht zustimmt, kann die Verhaltenstherapie an ihren praktischen Erfolgen messen. Als Verdienst muß noch hervorgehoben werden, daß sie ihre Erfolge und Mißerfolge in einer objektiven Weise registriert, wie dies von anderen Methoden nicht behauptet werden kann. Die Wirkung wurde bisher in Hinblick auf das Symptom untersucht. Wir wissen aber nichts über Auswirkungen auf die Gesamtpersönlichkeit des Kindes.

Vielfach wird auf die Gefahr einer unbeschränkten Manipulation des Menschen in dem vom Therapeuten oder Heilpädagogen gewünschten Sinn hingewiesen. Das Unbehagen kann schon durch den häufigen Gebrauch der Worte »Verhaltenssteuerung« oder »Verhaltenskontrolle« ausgelöst werden. Im erzieherischen Bereich wird auf die Möglichkeit der Übersteuerung durch Verhaltensmodifikation aufmerksam gemacht.

Die Überlegenheit gegenüber der Psychoanalyse besteht in der wissenschaftlich exakten Erprobung der Methoden und deren Wirksamkeit. Wie schon angedeutet, wird aber die Frage nach etwaigen unerwünschten Nebenwirkungen bisher nicht hinreichend gestellt. Es steht ferner nicht fest, ob wirklich nur das gemessen wird, was gemessen werden soll: die Wirkung von Persönlichkeitsmerkmalen des Therapeuten oder Heilpädagogen wird nicht erfaßt, denn nur sein beschreibbares Verhalten geht in die Untersuchung ein; die »erzieherische Atmosphäre« bleibt unberücksichtigt. Noch herrscht häufig die Ansicht vor, daß alles »machbar« ist, wenn nur die entsprechende Technologie beherrscht wird.

Neuerdings wird die universelle Wirkung von Lerngesetzen in Zweifel gezogen; menschliches Lernen in seiner Komplexität kann nicht durch mechanistisch formulierte Gesetzmäßigkeiten hinreichend erklärt werden. Diese Tendenz hat Konsequenzen für die Verhaltenstherapie, welche sogar auf die starre Fundierung durch Lerntheorien zunehmend verzichtet und bereit ist, alle Methoden aufzunehmen, deren Effekt erfahrungswissenschaftlich nachprüfbar ist. Gelegentlich sind bereits

Begriffe, die aus der Erlebnispsychologie stammen, zu vernehmen, z. B. »*Ermutigung*«. Dieser Wandel vollzieht sich mit enormer Geschwindigkeit. So wird sich in Zukunft der Abstand zu den tiefenpsychologischen Methoden noch weiter verringern und sich auch mancher kritische Einwand erübrigen.

Abschließend sei hierzu das *Modellernen* (Lernen am Modell, beobachtendes oder nachahmendes Lernen) kurz angeführt. Günstige Bedingungen für das nachahmende Lernen sind u. a. große Ich-Nähe des Modells, Identifikationsmöglichkeit mit dem Modell und das Gefühl der Freiwilligkeit, die am Modell beobachteten komplexen Handlungsweisen anzunehmen oder abzulehnen. Diese Bedingungen weisen auf die emotional gestimmte positive Atmosphäre hin, in der sich sozial erwünschte Verhaltensweisen durch nachahmendes Handeln ausbilden können.

Lit.: 64, 105.

2.6.2.14 Klient-zentriertes (nicht-direktives) Verfahren

Der Amerikaner Carl *Rogers* hat ein Psychotherapieverfahren entwickelt, in dem es auf soziale und verbale Kommunikation des Therapeuten mit dem Ratsuchenden (= Klienten) bzw. Patienten (daher »klient-zentriert«) ankommt, wobei Verhaltensanweisungen vermieden werden (daher »nichtdirektiv«). Die Methode ist Gegenstand ausgiebiger wissenschaftlicher Forschung. In Deutschland ist sie vor allem durch *Tausch/Tausch* bekannt geworden.

Im Gegensatz zu behavioristisch-lerntheoretischen Auffassungen geht es beim nichtdirektiven Verfahren wesentlich um das subjektive Erleben des Klienten. Untersuchungen haben ergeben, daß bestimmte Verhaltens- bzw. Persönlichkeitsmerkmale des Therapeuten für den Erfolg besonders wirksam sind; hierzu gehören persönliche *Wertschätzungen* des Klienten und emotionale Wärme, Einfühlung/ Verstehen und Echtheit (vgl. auch S. 111 f.).

Die Einfühlung befähigt zu verbalisieren, d. h. in Worten auszudrücken, was gerade im Klienten emotional vorgeht. Ohne die richtige Einfühlung würde oft Unzutreffendes ausgesprochen. Das Verbalisieren erfolgt gleichbleibend freundlich, ohne moralische Vorwürfe, ohne Informationen, ohne Verhaltenslenkung. Diese Methode wird *Gesprächspsychotherapie* oder kurz *Gesprächstherapie* genannt. Ein konsequentes Durchhalten solcher Gespräche, die sich von einem »normalen« Dialog deutlich unterscheiden, kann nur mit spezieller Ausbildung gelingen.

Das nicht-direktive Verfahren bedient sich nicht ausschließlich des Gesprächs, ist folglich nicht voll identisch mit Gesprächstherapie, sondern bezieht in der *Kindertherapie* das *Spiel* mit ein. In der nichtdirektiven Spieltherapie hat *Axline* (59) Pionierarbeit geleistet.

Sowohl die Kinder- als auch die Erwachsenentherapie nach der Rogers-Schule kann einzeln und in Gruppen erfolgen.

Die Verhaltens- und Erlebnisänderung ohne Anleitung dazu, ohne Interpretationen und Erklärungen wird zurückgeführt auf ein dem Menschen innewohnendes Streben nach *Selbstverwirklichung.*

Dem Klienten wird zugetraut, daß er selbst den für ihn persönlich richtigen Weg findet, wenn er sich vom Therapeuten in so intensiver Weise angenommen und verstanden fühlt. Der nicht-lenkende Therapeut hat natürlich auch nichts »Autoritäres«, versucht z. B. nicht, seine Schwächen« zu verbergen (Therapeutenvariable *»Echtheit«).*

Gegen das Konzept der Selbstverwirklichung wird vorgebracht, dies sei eine Aufforderung zum Egoismus. Hinter der Theorie von *Rogers* steht aber ein durch und durch optimistisches Menschenbild: Der Mensch gilt als von Natur aus »gut«, so daß er, wenn er sich selbst verwirklicht, auch altruistisch werde.

Die Merkmale dieses Verfahrens sind kein Alleinbesitz der Therapie neurotisch Kranker, sondern lassen sich mehr oder weniger ausgeprägt im Alltag auffinden. Sie können deshalb auf die Heilpädagogik übertragen werden. Wie sie sich allgemein für die Erziehung nutzbar machen lassen, wurde besonders vom Ehepaar *Tausch* herausgearbeitet (248).

Ähnlich wie die Verhaltenstherapie kann auch die klient-zentrierte Therapie ihre Erfolge beweisen. Allerdings enthält auch sie mindestens ein »Glaubensbekenntnis«: Ob es das Streben nach Selbstverwirklichung in diesem gewaltigen Ausmaß gibt, dürfte schwer zu beweisen sein. Bezüglich der wissenschaftlichen Kontrolle besteht zweifellos ein Vorsprung vor den tiefenpsychologischen Schulen, der allerdings durch das Unberücksichtigtbleiben komplizierter psychischer Konflikte erleichtert wird. Die Tiefenpsychologie sieht und erforscht im Verhalten und Erleben des Einzelmenschen sosehr das Ergebnis einer unwiederholbaren Lebensgeschichte, daß sie sich schwer tut, wenn sie ihre Grundannahmen und Erfolge beweisen will.

Trotz deutlicher Unterschiede wurden vielfach Vermutungen geäußert, daß es einige Gemeinsamkeiten zwischen Tiefenpsychologie und klient-zentriertem Verfahren gibt. Hier kann nur angedeutet werden, wo etwa Ähnlichkeiten zu suchen sind. So ist der persönliche, nichtautoritäre Kontakt zwischen Therapeuten und Patient bzw. Erzieher und Kind für beide Richtungen bedeutsam. Auch an eine Selbstverwirklichung wird in der Tiefenpsychologie gedacht, nicht in allen Schulen in gleichem Maße, und sicher nirgends sosehr wie bei den *Rogers*-Anhängern. Das Verbalisieren führt ohne Zweifel zu einem Gefühl des Verstanden- und Angenommenseins und könnte in individualpsychologischer Sicht als eine Methode der

Ermutigung angesehen werden. Darüber hinaus ist beiden Richtungen eigen, daß die eigentliche Substanz ihrer Therapie im zwischenmenschlichen Bereich angesiedelt ist.

Schließlich sind noch die *Gestalt-Therapie* von Fritz *Perls* (201) und die *Themenzentrierte Interaktion* (TZI) von Ruth *Cohn* (87) zu erwähnen. Beide Therapieformen gewinnen in der Heilpädagogik zunehmend an Bedeutung. In *Perls'* gestalttherapeutischem Konzept geht es um ein Wiederbeleben des Selbst, um Lebensfreude und ganzheitliche Persönlichkeitsentfaltung. Das TZI-Konzept von *Cohn* versteht sich als therapeutische Erziehung, als Um- und Nacherziehung, damit das Kind zu sich selbst und zum andern einen besseren Zugang findet. Auf die grundlegende Einführung in die Gestalt-Therapie unter analytischen und systemischen Gesichtspunkten von *Hansen/Hansberg-Schröder* (132) ist hinzuweisen, ebenso auch auf die *Integrative Bewegungstherapie* (*Petzold:* 204), die insbesondere in den Fritz-Perls-Instituten (FPI) gerade bei psychosomatischen Störungen erfolgreich praktiziert wird.

Lit.: 35, 59, 87, 88, 132, 201, 202, 204, 215, 220, 221, 222, 248, 250.

3. Die wichtigsten Faktoren und Mittel der heilpädagogischen Arbeit

3.1 Die Haltung des Erziehers

Die Heilpädagogik hält nur wenige »Rezepte« bereit. Im Grunde stellt jedes Kind den Heilpädagogen vor eine neue, umfassende und oft auch sehr schwierige Erziehungsaufgabe. Er muß – allein oder im Team – immer wieder nach Mitteln und Wegen der Erziehung suchen, bis sich auch wirklich ein nachhaltiger Erfolg einstellt. Hier sind heilpädagogische Kenntnisse notwendig, genügen aber nicht.

Entscheidend wichtig ist die erzieherische Haltung, die hinter dem jeweiligen Verhalten steht. Der Erzieher kann sich im Einzelfall einmal ungeschickt verhalten; das ist nicht so schlimm, wenn im Ganzen gesehen seine Haltung in Ordnung ist. Fehlhaltungen des Erziehers wirken sich in der heilpädagogischen Praxis naturgemäß noch weit nachteiliger aus als in der allgemeinen pädagogischen Arbeit. Einzelne Haltungseigenschaften haben sich als besonders wichtig erwiesen.

Die vom Heilpädagogen in besonderem Maße geforderten Merkmale der *pädagogi-*

schen Haltung lassen sich schwer in wenigen Worten skizzieren. Wir wollen einige wesentliche Punkte hervorheben.

Als erstes sei die *Geduld* genannt. Man drängt oft allzu schnell auf Erfolg. Z. B. ist dies auf dem Gebiet der Leistung immer wieder zu beobachten. Man bemängelt, daß die Kinder keine Freude an der Arbeit haben, und vergißt, daß ihnen mit Nörgeleien nur noch der letzte Antrieb genommen wird. Das gleiche gilt für kindliche Unarten. In der Normalerziehung gewöhnt man den Kindern ihre Unarten ab, in der Heilpädagogik mißlingt dies häufig. Hier müssen wir dann nicht nur warten können, sondern auch daran denken, daß die Unarten vielleicht nur vordergründige Zeichen einer hintergründigen Fehlentwicklung sind. Abgewöhnungsmethoden sind dann oft nur Fassaden-Verschönerungsmethoden. Dem Heilpädagogen aber geht es um die Renovierung des ganzen Hauses, und dazu gehört oft viel Geduld. Sie steht in engem Zusammenhang mit Vertrauen zum Kind und pädagogischem Optimismus. Geduld hat ihre Wurzeln in der Liebe. Es ist jene Liebe, die nicht eigenen Zwecken dient. Das meint wohl auch der Kinderpsychotherapeut und -analytiker Hans *Zulliger*, der bei seiner deutungsfreien Therapie erkannte: »Es sind Liebe und die daraus geborene Geduld, die heilen« (*Zullinger*: 279, S. 118). Deshalb müssen alle Menschen, die schwierigen Kindern helfen wollen, egal, ob sie als Professionelle einer Fachdisziplin angehören oder nicht, in diesem Sinne »kinderlieb« sein.

Als zweites ist der *Abstand* zu nennen. Wir dürfen allerdings Abstand nicht mit Kühle und Lieblosigkeit verwechseln. Die Verbindung stärkster menschlicher Hingabe und Zuwendung mit sachlicher Besonnenheit ist hier notwendig. Ein Beispiel soll das veranschaulichen: Nehmen wir an, ein Kind sei gegen seinen Erzieher aggressiv. Dies, so nehmen wir an, rühre von der Fehlerziehung eines Vaters her, der unbewußt ständig an dem Kind für die Demütigungen seiner eigenen Kindheit Rache nimmt. Das Kind antwortet seinerseits mit Aggressionen oder Aufsässigkeit. Ihretwegen ist vielleicht das Kind in ein Heim gekommen. Prompt setzt es nun beim Erzieher seiner Angriffshandlungen fort *(Übertragung!)*. In einem solchen Augenblick ist es wichtig, den nötigen Abstand von der aktuellen Situation zu finden. Der Erzieher muß wissen, daß eigentlich nicht er gemeint ist, sondern die Eltern; daß er nur gewissermaßen als Stellvertreter der Eltern dasteht. Weiß er dies, so wird er seinerseits nicht in Gegenübertragung verfallen, er wird sein Selbstbewußtsein behalten, nicht das Verlangen haben, seine Rolle als Autoritätsperson verteidigen zu müssen. Was er im einzelnen tun wird, das bleibe dahingestellt. Er wird aber seine Maßnahmen aus einer heilpädagogischen Haltung heraus ergreifen. Er wird damit gleichzeitig ein Vorbild für die Kinder sein, denn die innere Freiheit und Wahrhaftigkeit verleiht ihm mehr Stärke als verkrampfte und nutzlose Versuche, die

Rolle einer Respektsperson auszufüllen; eine Respektsperson nämlich ist am allerwenigsten die, die sich fortwährend als solche aufspielen muß.

Als drittes sei die »*kritische Aufgeschlossenheit*« genannt. Neue Vorschläge und neue Methoden soll der Heilpädagoge weder unbesehen ablehnen, noch blindlings nachahmen. Er bewahre sich seine Aufgeschlossenheit, füge aber die Kritik eines reifen Menschen hinzu. Das verleiht ihm die nötige weitestmögliche Vorurteilsfreiheit, deren er nicht nur im Umgang mit Kindern und Eltern bedarf, sondern auch in der Beurteilung der wissenschaftlichen Grundlagen seines Berufs.

Das Bemühen um möglichste Vorurteilsfreiheit gegenüber den Mitmenschen ist eine Voraussetzung jeglichen heilpädagogischen Wirkens. Viele Fehlurteile entstehen daraus, daß für richtig nur gehalten wird, was »man« denkt und tut, obwohl doch viele Maßstäbe lediglich zeitgeistbedingt sind. Oder der Erzieher hat auf Grund einer Erinnerungsverklärung ein idealisiertes Bild seiner eigenen Jugend und kommt so zu einer Abwertung der »heutigen Jugend«. Solche Befangenheiten machen den Zugang zum Verständnis kindlicher Schwierigkeiten unmöglich. Wer urteilt, ohne zu überlegen, ja wer schon geurteilt hat, ehe ein anderer seine Meinung sagen kann, der ist nicht um weitestmögliche Vorurteilsfreiheit bemüht. Urteilen und Verurteilen sind nahe beieinander. Der Heilpädagoge verurteile weder Kinder noch Eltern.

Geduld, Abstand und *kritische Aufgeschlossenheit* sind Bestandteile einer heilpädagogischen Haltung, wie man sie von einem »Normalerzieher« in diesem Maße nicht verlangt und nicht erwarten kann. Zweifellos wäre es gut, wenn manche heilpädagogischen Gesichtspunkte auch in die allgemeine Erziehung übergingen. Dadurch könnte vielen Störungen vorgebeugt oder drohenden Auffälligkeiten direkt begegnet werden.

Die geeignete pädagogische Haltung ist Voraussetzung für eine positive *Erwartungseinstellung.* Hier sei erinnert an die tatsachenschaffende Macht der düsteren Prophezeiungen (s. S. 61 f.). Aber nicht erst die verbale Prophezeiung ist wirksam, es genügt bereits eine bezüglich des Erziehungserfolgs pessimistische Einstellung, um eine erzieherische Atmosphäre zu schaffen, welche die negativen Erwartungen weitgehend Wirklichkeit werden läßt. Analog führt auch eine positive, optimistische Erwartungseinstellung zu einer höheren Wahrscheinlichkeit der Erfüllung dieser Erwartungen. In einem Experiment wurde gezeigt, daß sogar die Schulleistungen weitgehend dem entsprechen, was Lehrer von ihren Schülern erwarten (223). Für eine erfolgreiche heilpädagogische Praxis ist eine positive, optimistische Erwartungseinstellung unbedingt erforderlich. Allerdings muß der pädagogische Optimismus durch eine realistische Sicht der Tatsachen begrenzt sein; das ergibt sich auch aus der kritischen Aufgeschlossenheit. Ein unkritischer Optimismus könnte zu Enttäuschungen und zur Resignation des Erziehers führen; schließlich könnte sich auch ein Gefühl der inneren Leere und des Ausgebrannt-Seins breit machen. Ein die Erziehungsarbeit beeinträchtigender emotionaler Dauer-Streß kann entstehen. Daher ist eine realitätsbezogene und zugleich optimistische pädagogische Grundhaltung eine wesentliche Voraussetzung für das Gelingen der heilpädagogischen Arbeit in erschwerten Situationen. Diese innere Haltung kann der Heilpädagoge erlernen, indem er seine Erfolge und Mißerfolge immer wieder kritisch hinterfragt. Hier bleibt er auf dem Weg der *Selbsterziehung*, des Fragens, Suchens und Reifens (*Moor:* 187). Er benötigt sie ebenso auch bei der Verwirklichung der Idee der Normalisierung (*Thimm:* 253), der Praxis der integrativen Kooperation (*Kreie:* 161), der Lebensrechtsdebatte eines aufkommenden Neosozialdarwinismus (*Mürner:* 192) und bei der Begleitung krebskranker und sterbender Kinder (*Klemm:* 156, *Kübler-Ross:* 161).

Lit.: 156, 161, 164, 186, 187, 188, 192, 223, 233, 235, 253.

3.2 Umgebung

3.2.1 Milieugestaltung ohne Wechsel

3.2.1.1 Umgang mit Eltern und Erziehern
Nach allem, was wir über das Entstehen kindlicher Fehlhaltungen und Fehlentwicklungen gesehen haben, wird es einleuchten, daß es oft von geradezu entscheidender Bedeutung ist, wie der Heilpädagoge mit Eltern oder Erziehern umzugehen versteht. Die Eltern sind häufig in besonderer Weise schwierig.

Dies gilt auch dann, wenn die kindlichen Schwierigkeiten von *organischen Fehlern* oder *anlagebedingter* geistiger Schwäche herrühren. Körperliche oder geistige Schwäche gelten bedauerlicherweise allgemein als minderwertig, so daß die Eltern schwachsinniger Kinder häufig bestrebt sind, den Schwachsinn vor sich und anderen zu vertuschen. Sie weisen auf das gute Gedächtnis des Kindes oder auf irgendeine Einzelbegabung hin, um darzutun, daß hier keinesfalls Schwachsinn vorliegen könnte. Oft berufen sie sich auf angebliche Äußerungen von Ärzten oder Psychologen.

Als besondere Schande scheint zu gelten, wenn irgendeine Fehl- oder Mangelentwicklung als anlagebedingt bezeichnet wird.

Man vermeide deshalb den Hinweis auf die Erblichkeit eines Fehlers oder Mangels. Es lohnt sich in solchen Fällen immer, auf die Möglichkeiten unbekannter Ursachen hinzuweisen.

Oft tragen auch die Eltern geistesschwacher Kinder schon unbewußt Schuldgefühle mit sich. Es kann sich z. B. um die Erinnerung an Abtreibungsversuche oder fahrlässige Unfallverschuldung handeln. Häufig liegen Gefühle des Gestraftseins für Verfehlungen vor, besonders auf sexuellem Gebiet (Ehebruch!).

Fast regelmäßig müssen wir auf elterliche Schuldgefühle gefaßt sein, wenn die Kinder *seelisch fehlentwickelt* sind. Wie jeder Mensch, der etwas verdrängt, sind Eltern schwieriger Kinder meist erpicht zu hören, daß es an ihnen nicht liege, wenn das Kind Schwierigkeiten bereitet. Jede Anspielung auf elterliche Schuld führt zunächst zu heftigem Widerstand.

Hier braucht der Heilpädagoge gerade in diesen Fällen viel Geduld und Zeit. Hin und wieder wird er empfehlen müssen, einen Psychologen oder Psychotherapeuten aufzusuchen, was oft zunächst einmal als Beleidigung empfunden wird. Es bedarf sorgfältiger Vorarbeit und wirklichen Vertrauens. Wenn aber eine eigentliche Behandlung der Eltern nicht erforderlich ist, dann freilich fällt die Verantwortung dem Heilpädagogen zu. Seine Kenntnisse über die Natur des »Widerstandes« werden ihm dabei zugute kommen.

Geschickte Eltern leisten diesen Widerstand ganz unauffällig. Sie geben sich überraschend vernünftig, sparen nicht mit selbstkritischen Äußerungen und scheinen sehr bereit, alle Ratschläge zu befolgen. In Wirklichkeit werfen sie damit aber nur Ballast ab, um desto sicherer den eigentlichen Konflikt vor sich selbst und anderen zu verbergen. Im allgemeinen allerdings ist der Widerstand sehr deutlich als solcher zu spüren, besonders häufig in Form von Kritik an den Maßnahmen und Ratschlägen des Heilpädagogen selbst. Oft gehört schon eine gute Menge innerer Festigkeit dazu, um recht massiven Anwürfen gegenüber wohlwollend zu bleiben.

Angesichts der zu erwartenden Schuldgefühle und Empfindlichkeiten hat es keinen Sinn, den Eltern irgendwelche Vorhaltungen zu machen, welche nur überfordern, wenn nicht sogar verletzen oder abstoßen würden. Ein Berater darf zu den Eltern sagen: »Versuchen Sie doch einmal für einige Zeit, sich durch nichts von ihrem Kind herausfordern zu lassen und auch auf Beleidigungen weder mit Zorn noch mit Unruhe zu reagieren.« Er sollte aber nicht sagen: »Sie hätten sich niemals herausfordern lassen dürfen, denn man darf auf Beleidigungen seitens des Kindes niemals mit Zorn oder Unruhe reagieren.«

Ganz allgemein neigen die Eltern dazu, Rezepte und Verhaltensanweisungen zu verlangen. Selbst wenn sie zunächst zu begreifen scheinen, daß es einer inneren Umstellung bedarf, nehmen sie nicht selten auch diesen Rat als Rezept. Sie verhalten sich dann vielleicht zwei Monate lang »streng nach Vorschrift«, warten gleichsam mit angehaltenem Atem auf die Wirkung und verkünden uns schließlich tief enttäuscht, aber nicht ohne Genugtuung, daß auch »diese Methode« versagt habe. Eltern und Erzieher fehlentwickelter Kinder halten oft krampfhaft an einem Irrtum fest. Die Kunst des Heilpädagogen liegt hier also darin, einen Menschen zur Wahrheit zu führen, der zu ihm kommt, um in einem Irrtum bestärkt zu werden.

Die Ablehnung einer Rezeptpädagogik hat ihren Hauptgrund darin, daß sie dazu verführt, es sich leicht zu machen. Sie könnte davon abhalten, an der Korrektur der pädagogischen Haltung zu arbeiten, was ja viel schwieriger ist als die bloße Rezeptanwendung. Vor allem in der Tiefenpsychologie herrscht die Meinung vor, daß die rechte Haltung wichtiger ist als die Methode. Hinzu kommt, daß verschiedenartige Erziehungsstile erfolgreich sein können, wenn sie zu dem jeweiligen Erzieher passen, und es nicht zweckmäßig wäre, durch ein System von Rezepten das schöpferische Selbstfinden der passenden Erziehungsweise zu behindern. Um dieses Selbstfinden anzuregen, ist es vordringlich, Geduld, Liebe und Verständnis für das Kind zu wecken. Andrerseits wird die Rezeptfeindlichkeit nicht so weit gehen, daß eklatante Erziehungsfehler unkorrigiert bleiben. Es wäre ferner zu erwägen, ob nicht sehr verunsicherten Eltern ausnahmsweise einmal ein Erziehungsrezept erteilt werden soll, wobei aber das Ziel einer Haltungsbeeinflussung nicht aus dem Auge verloren werden darf.

Eine Grundregel für den Heilpädagogen lautet: Ehe die Eltern eine unangenehme Wahrheit ertragen und vielleicht sogar eigener Schuld ins Auge blicken können, müssen erst verfehlte und verzerrte Schuldgefühle abgebaut sein. Ein fruchtbares Gespräch mit den Eltern ist erst dann möglich, wenn diese spüren, daß der Heilpädagoge weder innerlich noch äußerlich verurteilt. Er muß sich vielmehr als ein Mensch zeigen, der durch sein reiches Fachwissen nur bescheidener geworden ist. Stets soll er versuchen, das Gespräch mit Geschick so zu leiten, daß die Eltern von sich aus auf ihre Fehler aufmerksam werden und den richtigen Weg finden. Beschreiten sie diesen mit dem Gefühl eigener Initiative, so ist dadurch sehr viel gewonnen. Oft wirkt es Wunder, wenn der Berater über ähnliche Schwierigkeiten berichten kann, die er vielleicht mit seinen eigenen Kindern durchzustehen hatte. Allerdings ist auch in dieser Hinsicht alles Sache des rechten Maßes. Gibt der Heilpädagoge sich allzu freudig und schnell in die Hände seiner Gesprächspartner, so wird dies manchmal ausgenützt. Zuweilen auch geraten Eltern unter dem Eindruck eines solchen befreienden Gesprächs in eine rührende, aber gefährliche Bekenntnisfreude. Oft folgt schon auf dem Heimweg die Ernüchterung mit dem Selbstvorwurf, auf den Leim gegangen zu sein.

Insgesamt zeigt sich, daß der Heilpädagoge den Eltern gegenüber genauso die heilpädagogische Haltung verkörpern muß wie den Kindern gegenüber. Vor allem muß er jede *Gegenübertragung* vermeiden. Die Versuchung dazu liegt nahe. Ja manchmal scheinen die Eltern das ideale Objekt zu sein, auf das man allen Ärger über das Kind abladen kann. Man richtet seine ganze Wut auf die Eltern: »Der muß ja auch eine ganz schöne Erziehung zu Hause gehabt haben ...« Es ist also begreiflich, wenn sich in vielen Heimen und Kliniken eine Art Elternfeindlichkeit breitmacht.

Oft bestehen Konkurrenzgefühle. Da möchte die eine Erzieherin mütterlicher sein als die Mutter selbst. Die andere wünscht, daß das Kind sich in der Einrichtung wohler fühlt als zu Hause. Sie fragt in das Kind so lange hinein, bis es die Antwort gibt, die sie hören will. Überhaupt rächt sich gerade im Verhältnis zu den Eltern oft ein allzu großer Erziehungsehrgeiz. Die Eltern ärgern sich über die Konkurrenz. Um so mehr sperren sie sich gegen alle Ratschläge und lehnen sie ab.

Ein Fehler ist es auch, wenn der Heilpädagoge im Streit zwischen Erwachsenen Partei ergreift. Beklagt sich eine Großmutter über ihre Schwiegertochter, so genügt oft schon ein verständnisvolles Kopfnicken des Heilpädagogen zur späteren Behauptung, er habe »es ja auch gesagt«. Auch für seine eigene Urteilsbildung ist es gut, wenn er sich in solchen Fällen beide Seiten anhört.

Genau so schwer ist die Frage zu beantworten, bis zu welchem Grade man den Eltern hinsichtlich der Prognose reinen Wein einschenken soll. Auch hier muß zwar der Grundsatz gelten, daß Klarheit und Wahrheit immer erstrebenswert sind, aber auch die Wahrheit muß gemeinsam erarbeitet werden.

Medizinische und besonders psychiatrische Fachausdrücke wirken weniger schmeichelhaft. Begriffe wie beispielsweise Schwachsinn, Geisteskrankheit, Hysterie, Psychopathie, Verwahrlosung oder Vernachlässigung sind zu vermeiden. Dies gilt nicht nur im Interesse des guten Kontaktes, sondern auch wegen der schon mehrfach erwähnten »Abstempelung« des Kindes.

Die Wahrheit allerdings muß mit den Eltern schon aus dem Grunde recht eindeutig erarbeitet werden, weil sie sonst geneigt sind, große Teile ihres Vermögens an Kurpfuscher zu verschwenden, die mit leeren Versprechungen aus der beklagenswerten Lage solcher Familien noch Profit ziehen.

Bei allen Ratschlägen, die man den Eltern gibt, ist es günstig, auf den Spezialcharakter der Heilpädagogik hinzuweisen. Ein aufsässiger Vater, der auf den Tisch schlägt und seine erzieherischen Fähigkeiten betont, ist sofort umgestimmt, wenn wir ihm bedeuten, daß es sich bei seinem Jungen jetzt nicht mehr um Erziehung, sondern um Heilpädagogik, also eine besondere und vorübergehende Methode handeln wird. Bewährt haben sich in der Erziehungsberatung die Elterngruppen. Was als Belehrung dargeboten nur Widerstand weckt, wird zum unmittelbaren Bestand elterlicher Kenntnisse und Erfahrungen, wenn es in einer Gemeinschaft erarbeitet wurde.

Wenn es sich auf irgendeine Weise ermöglichen läßt, bestelle man zur Beratung auch den Vater. Gelingt es, das männliche Interesse an den hintergründigen Problemen der Kinder erst einmal zu wecken, hat dies zuweilen eine grundsätzliche und wirklich heilsame Wandlung der gesamten häuslichen Atmosphäre zur Folge.

3.2.1.2 Sonstige Möglichkeiten der Milieugestaltung

Auf sie sei nur kurz hingewiesen. Hier beginnt das große Feld der Sozialarbeit. Oft ist sehr viel gewonnen, wenn es gelingt, den Eltern eine eigene Wohnung zu besorgen, oder wenn die Mutter sich davon überzeugen läßt, daß sie nicht mehr zur Arbeit gehen soll. Manchmal genügt es auch schon, den Besuch eines Kinderhortes oder Kindertagesheimes anzuregen. Schulwechsel und Berufswechsel beseitigen oft schlagartig alle Schwierigkeiten. Gerade unter diesen Gesichtspunkten ist es wesentlich, daß im heilpädagogischen Arbeitskreis ein Sozialpädagoge/Sozialarbeiter mitwirkt.

3.2.2 Milieuwechsel

Liegt ein dauerndes Ungenügen der Umgebung vor, so muß für das Kind eine neue Umgebung geschaffen werden. Allgemein bekannt ist dabei der Grundsatz, daß das Kind nach Möglichkeit wieder in eine Familienatmosphäre gelangen sollte. Nur wo dies nicht möglich ist, wird die Aufnahme in ein Heim nötig. Auch hier ist das Familienprinzip anzustreben.

An dieser Stelle ist es nun erforderlich, die speziellen Möglichkeiten und Gefahren des Milieu-Wechsels selbst ins Auge zu fassen. Zunächst ist mit Nachdruck darauf hinzuweisen, daß das Kind die Aufnahme in ein Heim oder den Heimwechsel nicht als Strafe erleben soll.

Am besten wäre es, es wäre dem Kind zuvor niemals mit dieser »Strafe« gedroht worden. Gerade bei Jugendlichen aber war eine solche Drohung oft nicht zu vermeiden. Hier sollte wenigstens dafür gesorgt werden, daß der Jugendliche auf dem Weg zum Heim von allen Schatten der Vergeltung befreit wird. Gewiß darf er wissen, daß er sich diese Umstellung selbst zuzuschreiben hat (wenn es wirklich der Fall ist!). Er darf damit auch merken, daß es im Leben Dinge gibt, über die sich der Mensch nicht einfach hinwegsetzen kann. Nun aber geht es darum, das Bewußtsein eines neuen Anfangs zu vermitteln und zu zeigen, daß das Heimleben neue Chancen bietet. Der Jugendliche soll spüren, daß die Erzieher vielleicht strenge, aber doch liebevolle Freunde sind.

Dementsprechend sollte man auch Äußerlichkeiten nicht unterschätzen. Der Erzieher befindet sich in seiner gewohnten Umgebung. Für den Neuankömmling dagegen ist es ein großer Unterschied, ob der Erzieher ihn freudig begrüßt oder ob er die Hände über dem Kopf zusammenschlägt.

Von besonderer Bedeutung ist es, daß ihn die Kameraden möglichst zutraulich und ohne Umschweife in ihre Gemeinschaft aufnehmen. Das Fremdkörpergefühl gegenüber dem Neueindringenden wird um so schwerer überwunden, je größer die Schwierigkeiten der einzelnen Alteingesessenen sind. Ihre Schuldgefühle, Minderwertigkeitskomplexe und Aggressionen gegenüber sich selbst projizieren sie auf den hin, der sich mangels Kenntnis der Bräuche und der Ordnung noch nicht wehren kann. Ehe es sich der Erzieher versieht, steht der Neuling einer Abwehrmauer gegenüber.

Den Schwierigkeiten des Eintritts in das Heim stehen später die nach dem Austritt gegenüber. Die Kinder bzw. Jugendlichen sind in vieler Hinsicht unselbständig. Sie können ihr Leben kaum »führen«, weil sie immer nur geführt wurden. Sie erwarten von allen Erwachsenen eine fürsorgliche Haltung und können nicht begreifen, plötzlich erwachsenen Konkurrenten gegenüberzustehen, denen das weitere Wohlergehen gleichgültig ist. Daher unterwerfen sie sich schnell falschen Autoritäten. Andererseits stellen sie Ansprüche und Erwartungen an ziemlich fernstehende Menschen, die diese beim besten Willen nicht befriedigen können. Nach flüchtiger Bekanntschaft laden sie sich, scheinbar ohne Taktgefühl, bei fremden Familien selbst für ganze Tage oder über Nacht ein. In wirtschaftlicher Hinsicht sind sie manchmal völlig ahnungslos. Auch mit ihrer Freizeit wissen sie oft nichts Rechtes anzufangen, weil ihnen niemand mehr deren Gestaltung abnimmt. Nach wenigen Wochen haben fast alle der Entlassenen erst einmal ein Studium der Enttäuschung und Ernüchterung durchzustehen. Es ist daher eine wichtige Aufgabe des Heilpädagogen, allen diesen Gefahren schon rechtzeitig im Heim entgegenzuwirken. Der beste Weg dazu ist eine in jeder Hinsicht möglichst lebensnahe Gestaltung des Tagesablaufes. Auf das wohldosierte Taschengeld sei ausdrücklich hingewiesen!

3.2.3 Vorübergehender Milieuwechsel

Ist das Ungenügen der Umgebung nur vorübergehend, so genügt auch ein vorübergehender Milieuwechsel. Allerdings gibt es noch andere Gründe, die uns zu diesem Mittel greifen lassen.

Am wenigsten sollte der Gesichtspunkt der *Strafe* oder gar des »Schocks« Anlaß eines vorübergehenden Milieuwechsels sein. Ein wesentlicher Grund zu vorübergehender Heimaufnahme liegt vor, wenn es möglich und nötig ist, einen »Teufelskreis« zu durchbrechen. Fehlhaltungen sind meist gemeinschaftliche Fehlhaltungen von Kindern *und* Eltern. Eines treibt das andere immer tiefer hinein. Wird dieser Kreis einmal gesprengt, so gewinnen oft beide Teile ihr Gleichgewicht wieder; ja selbst wenn nur einer von beiden es wiedergewinnt und genügend stabilisiert, kann der Erfolg für beide Teile von Nutzen sein.

Eine weitere Wirkung des vorübergehenden Milieuwechsels – und damit ein Aufnahmegrund – liegt darin, daß alte *Verhaltensmuster* verschwinden und neue an ihre Stelle treten können. Mit der andersartigen Umgebung bilden sich gerade beim Kind oft schnell andersartige Gewohnheiten aus. Vieles, was in Fleisch und Blut übergegangen war, wird in andersartiger Umgebung plötzlich in Frage gestellt. Haben sich hier die neuen Verhaltensmuster gebildet, so verläuft alles wieder reibungslos. Ähnlich verhält es sich mit kindlichen Unarten und Funktionsstörungen.

Sie sind oft nicht nur personengebunden, sondern auch umgebungsgebunden. In neuer Umgebung verschwinden sie dann häufig. Allerdings ist eine solche Verhaltensmuster-Wirkung dadurch beeinträchtigt, daß die Kinder zu Rückfällen neigen, wenn sie wieder in die alte Umgebung kommen. Oft spielen aber doch Übungsfaktoren eine solche Rolle, daß eine Dauerwirkung möglich ist.

Lit.: 11, 22; 62, 87, 201, 222.

3.3 Das Kind selbst

3.3.1 Gemeinschaft und Gruppe

Die erzieherische Wirkung der Gemeinschaft und Gruppe ist unumstritten. Das Kind lernt hier von kleinauf Rücksicht zu nehmen. Auch später ist es die Gemeinschaftsfähigkeit, auf die alle Erziehungsmittel gerichtet sind. Rivalitätsgefühle halten sich bei gelungener Gemeinschaftsfähigkeit im rechten Maß, ein übergroßes Verlangen nach Bevorzugung macht sich nicht erst breit, das Bedürfnis, anderen zu helfen und das Vertrauen auf Hilfe seitens der anderen, alles das kann sich in einer Gemeinschaft von kleinauf entwickeln. Das Urbild jeder Gemeinschaft ist die Familie. In der Heimerziehung wird daher das Familienprinzip angestrebt. Dazu gehört, daß die Kinder nicht gleichaltrig, sondern nach dem Orgelpfeifenprinzip gruppiert werden, daß in der Erzieherschaft das weibliche und das männliche Element vertreten sind und daß die Gruppen genügend klein gehalten werden, damit die Erzieher für die Kinder etwas wie Vater- und Mutterfiguren sein können.

Besonders für unverheiratete Erzieherinnen entsteht eine schwere Belastung überall da, wo den Kindern ein Anschluß an ihre wirkliche Mutter erhalten bleiben soll. Einerseits können wir nicht eindringlich genug an Mütterlichkeit aller Erzieherinnen appellieren, andererseits müssen wir aber doch die schwere Forderung an sie stellen, auf die letzte Erfüllung der Mütterlichkeit zu verzichten, die darin liegt, daß die Mutter für das Kind der am innigsten geliebte Mensch ist. Die Erzieherin muß sich dessen bewußt sein, um die Gefahren zu erkennen, denen sie ausgesetzt ist. Unwillkürlich kann sie in Versuchung geraten, ein Kind von der Mutter weg und an sich heran zu ziehen, oder sie kann den Wert der leiblichen Mutter in unbewußter Eifersucht unterschätzen.

Wie in einer größeren Familie muß der Heimerzieher immer darauf achten, daß sich die Kinder und Jugendlichen auch richtig »verschwistern«. Verschwisterung besteht darin, daß die Kinder sich zusammengehörig fühlen, Freuden und Leiden jedes einzelnen gemeinsam erleben und daß selbst bei Streit und Mißgunst dieses ursprüngliche »Wirgefühl« nie in Frage gestellt wird.

Gruppe ist etwas anderes als Masse. Während der Mensch in der Masse meist primitiver sich verhält als seiner Persönlichkeit entspricht, kann es in der Gruppe durchaus gelingen, daß gerade seine wertvolleren Züge die Oberhand gewinnen. Dazu ist aber nötig, daß die Gruppe in einem langsamen Prozeß *Struktur* annimmt. Man wird bei der Kleingruppe, von der man eine heilpädagogische Wirksamkeit erwartet, einige Grundvoraussetzungen fordern müssen:

a) Eine begrenzte Anzahl. Die heilpädagogische Gruppe sollte entsprechend ihrer Familienähnlichkeit nicht mehr als 5–6 Kinder und Jugendliche umfassen.

b) Persönliche Überschaubarkeit. Sie ist nicht nur eine Frage der Zahl, sondern auch der Möglichkeiten, die dem Gruppenleiter zu Gebote stehen.

c) Die Möglichkeit für jedes Mitglied, mit jedem anderen in Beziehung zu treten.

d) Eine relative Dauer.

e) Ein Wirbewußtsein. Dieses wird sich zwar erst im Laufe des Gruppenprozesses entwickeln, die Bereitschaft muß aber vorhanden sein. In der freien Gruppe von Jugendlichen und Erwachsenen ist es meist schon dadurch vorausgegeben, daß ein bestimmtes »Anliegen« besteht, um dessentwillen die Mitglieder zusammenkommen. In der Heimgruppe ist es deshalb sehr wichtig, ein solches Anliegen entstehen zu lassen.

Zu den wesentlichsten Aufgaben des Gruppenleiters gehört es, möglichst viel dem Gruppenwachstum zu überlassen und möglichst wenig selbst einzugreifen. Wenn die Gruppenmitglieder von sich aus ein Ziel erblicken und Wege finden, die zu ihm hinführen, so ist dies besser, als wenn der Leiter einfach anordnet. Hier wird die Gruppe – und damit jeder einzelne in der Gruppe und für die Gruppe selbst aktiv. Auch in allen sonstigen Belangen muß der Grundsatz gelten, daß die Gruppe mehr und mehr aus sich selbst heraus lebt und vom Gruppenleiter mit sicherer Hand gesteuert wird.

Besondere Beachtung hat er dabei auf einen Ausgleich der Führungs- und Unterwerfungstendenzen zu richten. In jeder Gruppe entsteht sehr bald eine Tendenz zur Über- und Unterordnung. Es gibt ausgesprochen dominierende Individuen und andere, die mehr dazu neigen, sich beherrschen zu lassen. Außerdem gibt es Außenseiter. Nicht zuletzt das »schwarze Schaf«. Man wird die meisten Entwicklungen dieser Art nicht völlig unterdrücken, aber aufmerksam registrieren und je nach Reifestufe die Kinder zum Ausgleich solcher Gegensätze hinzuführen versuchen. Sie müssen den Wert des Außenseiters kennenlernen und ihm Möglichkeiten zur Teilnahme an der Gemeinschaft bieten. Alle Versuche, ein Kind zum schwarzen Schaf zu stempeln, sind von vornherein zu unterbinden.

Zur Erleichterung des Überblicks über die Gruppe hat man spezielle Methoden entwickelt, z. B. das *»Soziogramm«*. Man läßt alle Kinder auf Zettel schreiben, wen sie am liebsten haben und wen sie am wenigsten mögen. Graphisch lassen sich dann Sympathien und Antipathien innerhalb der Gruppe übersichtlich darstellen. Ähnliche Soziogramme entstehen dadurch, daß der Gruppenleiter während des Gesprächs jeweils mittels eines Pfeiles auf seiner Gruppenkarte einzeichnet, wer mit wem gesprochen hat. Dies sind zwar nur Hilfsmittel, die das erzieherische Feingefühl nicht ersetzen können, sie sind aber oft doch überraschend aufschlußreich. Subjektive Eindrücke erfahren hier eine Korrektur.

Eine besondere Kunst ist es, »Cliquen« gegenüber die richtige Einstellung zu finden. Sie entstehen oft in Opposition zu einem bestimmten Erzieher. Für ihn liegt daher die Versuchung nahe, solche Cliquen zerschlagen zu wollen. Bisweilen ist dies auch die einzige Möglichkeit, akute Gefahr abzuwenden, z. B. wenn bei der Cliquenbildung starke sexuelle Motive mitspielen. Auch in solchen Fällen ist es ratsamer, durch geschickte Umbesetzung die Cliquen aufzulösen, anstatt sie frontal zu attackieren und ihre Mitglieder damit in einem ausweglosen Kleinkrieg um so fester aneinander zu ketten. Vielfach aber sind solche »Cliquen« weitaus harmloser, als der Erzieher – der häufig gerade in sie seine eigene Not hineinprojiziert! – gefürchtet hatte; gelingt es ihm, frei und unbekümmert mit der »Clique« Kontakt aufzunehmen, erweist sie sich oft als dankbares Betätigungsfeld wirklicher Gemeinschaftserziehung. Gerade in schwierigen Situationen kann der Heilpädagoge mit seiner einfühlend-verstehenden Haltung Gutes bewirken.

Lit.: 11; 88, 97, 189, 197, 274.

3.3.2 Hilfreiche Einzelgespräche

Im heilpädagogischen Heim sollte immer wieder die Möglichkeit bestehen, daß der Erzieher mit dem Kind oder Jugendlichen ein ruhiges, persönliches Gespräch führen kann. Dabei ist auf eine halbwegs gerechte Verteilung der Zeit zu achten, die der Erzieher dem einzelnen widmet. Ein strenges Schema ist nicht angebracht; die Gespräche sollten sich besser aus bestimmten Gelegenheiten ergeben, und zwar nicht nur aus solchen, bei denen Strafen drohen, sondern auch aus Anlässen zum Lob, am besten aber gelegentlich irgendwelcher gemeinsamer Aufgaben oder Pläne. Beim ersten Gespräch mit einem Kind oder Jugendlichen ist große Vorsicht geboten. Es gilt, möglichst schnell ein Vertrauensverhältnis zu schaffen und dabei noch alle wunden Punkte zu vermeiden, die ein solches Vertrauensverhältnis gefährden könnten. Das Thema des Aufnahmegrundes wird der Erzieher im ersten Gespräch noch nicht anschneiden, es sei denn, das Kind lenkt ihn bewußt dorthin. Auch sonst wird er jeglichen Eindruck von Neugier vermeiden und versuchen, dem Gespräch eine Richtung auf die Interessen des Kindes zu geben, bei dem es aus sich herausgehen kann.

In späteren Gesprächen wird man auf einer persönlichen Basis auf die einzelnen Schwierigkeiten hinlenken und versuchen, das Bedürfnis zu wecken, daß das Kind von sich aus über seine Probleme spricht. Niemals darf es sich dabei unverstanden fühlen, auch dann nicht, wenn der Erzieher gezwungen ist, sein Verhalten zu mißbilligen.

Wichtig ist aber, daß das Gespräch unabhängig von solchen Belastungen weitergeführt wird, gewissermaßen »weiterlebt«. Die Sprache ist das eigentliche Medium der menschlichen Verständigung, ja des Menschseins. Jeder Mensch hat ein Recht auf »Aussprache«. Wo die Sprache nur noch Mitteilungs- und Aufforderungscharakter hat, wird dem Kind oder Jugendlichen ein Menschenrecht vorenthalten. Sprache ist nicht nur Mitteilung, sondern Ausdruck. Was »zur Sprache gebracht« ist, ist schon in eine menschliche Atmosphäre gebracht. Jeder, der einmal in seelischer Not war, weiß was es heißt, sich aussprechen zu können. Wer einem anderen Menschen so zu einer Aussprachemöglichkeit verhilft, muß auch die Fähigkeit haben, zuzuhören.

Fundament jeder hilfreichen Beziehung im allgemeinen und der Gesprächsbeziehung im Sinne einer pädagogischen Beratung im besonderen sind nach Carl Rogers drei Haltungsmomente *(Kongruenz, Akzeptanz, Empathie)* des Erziehers und Beraters. Sie werden nun abschließend idealisiert skizziert.

Der Erzieher ist in der Beziehung zum Kind oder Jugendlichen *kongruent* (echt, real); hier stimmen sein eigenes Bild von sich selbst und seine Art zu kommunizieren mit dem eigenen unmittelbaren Erleben überein.

Darüber hinaus bringt der Erzieher dem anderen *Wertschätzung* (emotionale Wärme, akzeptierendes Verständnis) entgegen; hier schätzt er das Kind oder den Jugendlichen als eigenständige Person – ohne Vorbedingungen, Einschränkungen oder Bewertungen. Solange der Erzieher dem andern *Echtheit* und *Akzeptanz* entgegenbringt, kann er durchaus sagen, daß er mit diesem oder jenem nicht einverstanden ist, ohne die Beziehung zu gefährden.

Schließlich fühlt sich der Erzieher in die innere Welt des Kindes oder Jugendlichen verstehend ein. Er bewegt sich hier *empathisch* gleichsam in die Welt des anderen, weiß aber zugleich, daß er sich mit ihm nicht identifizieren darf. Würde dies geschehen, so wäre keine hilfreiche Beziehung mehr möglich; eine hilfreiche Beziehung benötigt Abstand.

Kongruenz, Akzeptanz und *Empathie* sind also drei tragende Haltungsmomente für das gelingende Einzelgespräch. Echtheit, Wertschätzung und Wärme sowie sensibles und präzises einfühlendes Verstehen sind freilich Qualifikationen für ein hilfreiches Gespräch, die man nicht hat, sondern um die sich der einzelne fortwährend bemühen muß.

Lit.: 2, 24, 29; 81, 133, 220, 221, 222, 248.

3.3.3 Spiel

Das Spiel ist von fundamentaler Bedeutung für die kindliche Entwicklung (*Einsiedler:* 37). Im Spiel erobert, ja schafft sich das Kind Welt und eignet sich die Formen des Umgangs mit Menschen und Dingen an.

Über das Spiel gibt es unendlich viele Theorien. Der Tierpsychologe Wolfgang *Köhler* konnte bei seinen berühmten Affenversuchen folgende Beobachtung machen, die den Wert des Spiels anschaulicher herausstellen, als gelehrte Abhandlungen: Eine Banane lag neben dem Käfig. Ein Schimpanse bekam zwei Stangen, von denen jede einzelne zu kurz war, die Banane zu erreichen. Die Banane war nur dann erreichbar, wenn man die beiden Stangen zusammensteckte. Der Schimpanse machte lange Zeit vergebliche Versuche mit den zwei kurzen Stangen. Schließlich war er so frustriert, daß er resignierte. Er ging zum Spiel über. Dabei steckte er zufällig die beiden Stangen zusammen. Plötzlich ging geradezu ein Aufleuchten über sein Gesicht, denn er sah blitzartig ein, daß er sich jetzt die Banane angeln konnte (und er tat dies auch).

Es gibt keine Leistung der Kultur und Technik, die nicht letzten Endes dem Spieltrieb zu verdanken wäre. Im Spiel drücken sich die schöpferischen Kräfte des Menschen aus. Ein Kind, das nicht spielt, lernt auch nicht. Es macht keine Spiel-Lern-Erfahrungen. Und ein Mensch, der nicht mehr spielt, ist eigentlich kein Mensch im vollen Sinn: »Der Mensch spielt nur, wo er in voller Bedeutung des Wortes Mensch ist, und er ist nur da ganz Mensch, wo er spielt« (Friedrich *Schiller*).

Was die Welt an Farbe, Wärme, Schönheit und Liebe zu bieten hat, verdankt sie dem Spiel und der Freiheit spielerischen Hingegebenseins an das Schwebende, an das, was sich darbietet, ohne zu zwingen. In der freien Gestaltung offenbaren sich Seele und Welt.

Für das Kind ist die Spielwelt wirkliche Welt. Ein Holzstück kann ein Schiff sein, ein Fetzen Stoff verkörpert die Prinzessin. Dabei kann das Kind aber längst mit dem gegebenen Material umgehen. Die Prinzessin geht vom Schiff an Land, und das Kind betrachtet es weder als Betrug noch als Selbstbetrug, daß es in Wirklichkeit seinen Stoffetzen selbst an Land trägt. Es ist also nicht so, als könnte das Kind nicht zwischen Spielwelt und Realwelt unterscheiden.

Und damit kommen wir zur wichtigsten Aufgabe des Spiels. Das Kind spielt Vater, Mutter, Prinzessin und Teufel. Es überläßt sich seiner Rolle und bleibt doch es selbst. Das Kind hält also eine Balance, welche die Balance des menschlichen Daseins überhaupt ist. Jedem Menschen sind verschiedene Rollen aufgegeben. Er muß seine Berufsrolle ausfüllen, muß z. B. Vater sein, gleichzeitig Schwiegersohn und nicht zuletzt: er selbst. Allenthalben also ist er gezwungen, »eine Rolle zu spielen«.

Im Namen von Echtheit, Wahrheit und Eigentlichkeit auf sie verzichten zu wollen, wäre ebenso unecht und uneigentlich wie das Verfallensein an die Rolle. Nur die Freiheit des Spiels verbindet die Widersprüche, die das Dasein unserem rechnenden Verstand allenthalben präsentiert, zu jener »Einheit in der Mannigfaltigkeit«, in der sich das Wesen jeglicher Schöpfung bekundet. Jedes Zeremoniell, jede Umgangsform, ja jede Form überhaupt tritt spielerisch zutage und will gespielt sein. Aus alledem ergeben sich Folgerungen für die Heilpädagogik. Zunächst schon für die Haltung des Erziehers selbst: Er muß z. B. Autorität »spielen« können ohne zu heucheln, aber auch ohne in der Rolle der Autoritätsperson restlos aufzugehen. Er muß aber auch den ihm anvertrauten Kindern und Jugendlichen in ähnlicher Weise Spielmöglichkeiten bieten. Manche Situationen müssen sie erst einmal durchspielen können, um damit fertig zu werden.

Nun aber zum spielerischen Gestalten selbst. Immer, wenn der Mensch frei in seiner und mit seiner Welt umgehen darf, und wenn er dabei nicht in ein allzu starres Ordnungsschema eingezwängt ist, gestaltet er im spielerischen Gestalten auch sich selbst. Deswegen legen Pädagogen heute allgemein den größten Wert darauf, daß Kinder spielen lernen. Gelingt es nun, ein seelisch fehlentwickeltes Kind zu solcher spielerischen Gestaltung anzuregen, so zeigt es uns obendrein oft schnell seine Probleme, und es findet Gelegenheit, diese Probleme in der spielerischen Wirklichkeit zu verarbeiten.

Hierauf beruht auch ein großer Teil der *Kinderpsychotherapie*. Bekannt ist das *Scenospiel (von Staabs)*. Mit Puppen, Tieren, Häusern und Bäumen dürfen die Kinder frei gestalten und zeigen dabei nicht selten unmittelbar, was sie bedrückt. Wenn die Familie geschlossen in der Puppenküche sitzt und nur ein einzelnes Kind abseits in der Ecke steht, so ist selbst für den Ungeübten die Situation, wie das Kind sie sieht, offenkundig. Weiterhin ist das Weltspiel von Charlotte *Bühler* bekannt. Recht instruktiv ist das Beispiel von *Erikson*:

Ein kleines Kind baut einen Turm, möchte aber um keinen Preis, wie die Mutter es anregt, diesen Turm stehen lassen (damit ihn auch der Vater bewundern könnte). Es gibt dem Turm einen Stoß und bringt ihn zum Einsturz. Immer wieder vergnügt es sich auf diese Weise scheinbar zerstörerisch. »Wie nun das Kind lernt zu machen, daß sein Turm steht, freut es sich darüber, daß es ihn auch schwanken und fallen lassen kann: es tut einem anderen das an, was ihm selbst geschehen ist; man fühlt sich ja stärker, wenn man auf einen Schwächeren trifft – und Türme können auch nicht weinen und nach der Mama rufen wie kleine Schwestern. Aber da die so bewiesene Bemeisterung des Raumes noch fragwürdig ist, so ist es verständlich, daß das Kind, wenn es sieht, wie jemand anders seinen Turm umstößt, sich eher mit dem Turm als mit dem Zerstörer identifiziert – und der Spaß ist aus.«

Dieses Eins-Sein seiner selbst oder gewisser Bereiche seines Innenlebens mit Spielfiguren oder Spielvorgängen ist für das Kind so wichtig und wesentlich, daß auch der

Heilpädagoge ein wenig die Geheimschrift des kindlichen Spieles lesen und anwenden lernen sollte. Er wird sich zwar keine eigentliche Therapie zutrauen dürfen, aber er wird lernen, Fehler zu vermeiden. Um beim obigen Turm-Beispiel zu bleiben: Er wird das Kind weder wegen seiner »Zerstörungswut« rügen, noch wird er aktiv eingreifen und selbst den Turm umwerfen.

Die starke Verhaftung in der Wirklichkeit des Spieles ermöglicht es dem Kind, weitaus vollkommener als später, die »nur symbolische« Erfüllung seiner Wünsche als wirkliche Erfüllung zu erleben. Viele Strebungen und Bedürfnisse des Menschen sind darauf angewiesen, in der Kindheit symbolisch erledigt und dadurch überhaupt erst zu einer *»Sublimierung«*, d. h. zur Höherentwicklung auf die geistige Ebene befähigt zu werden. Man erschrecke also nicht, wenn das Kind im Spiel Hexen und schwarze Männer ermordet, und man erschrecke auch nicht allzu sehr, wenn Kinder Tiere quälen. Tierquälerei ist kein Vorzeichen späterer Lustmorde, sondern Ausdruck aggressiver Tendenzen, wie sie in jedem Kind schlummern. Sache der Anleitung ist es, solche Tendenzen beim Kasperltheater und sonstigen Spiel ausleben und damit erledigen zu lassen. Daß bei krasseren Übersteigerungen der Fachmann zu Rate zu ziehen ist, versteht sich von selbst.

Einzelausführungen darüber, was den Kindern an Spielzeug geboten und nicht geboten werden soll, würden hier zu weit führen. Das Spielzeug soll der jeweiligen Altersstufe entsprechen, es soll einfach, stabil, nicht zu kostspielig sein und die Phantasie des Kindes anregen. Es gibt in Deutschland einen eigenen Ausschuß (33), der Spielzeug begutachtet (s. auch Anh. III). Für Gemeinschaftsspiele ist die *Schwalbacher Spielkartei* zu empfehlen. Sie gibt Aufschluß über immer neue Spiele und weist gleichzeitig auf ihren Gewinn und ihre Gefahren hin (vgl. auch Anhang III, S. 204 f.).

Der Pflege des Spiels beim kleineren Kind entspricht die musisch-rhythmische und Gestaltungserziehung beim größeren Kind und beim Jugendlichen. *Der Mensch, der es lernt, formend zu gestalten, gewinnt damit selbst an Form und Gestalt.* Mit Recht versucht man daher heute, durch diese Erziehung der allgemeinen Phantasie-Verarmung entgegenzuwirken.

Um so größer ist der *heilpädagogische* Wert künstlerischen Gestaltens und Werkens. Manches Kind, das auf dem Gebiet sachlicher Leistungen nicht konkurrenzfähig ist, findet im Gestalten zu sich selbst und wird sich seines Wertes sicher. Es findet hierbei endlich jenen Anklang bei der Welt, den es seither mit verfehlten Mitteln erstrebt hat. Kunsterziehung ist daher für die Ausbildung des Heilpädagogen unentbehrlich.

Lit.: 278.
Vgl. 18.4: Literatur für die heilpädagogische Spielpraxis und ihre Grundlegung; S. 209.

3.3.4 Arbeit

Je älter das Kind wird, desto stärker erwacht in ihm das Verlangen, seine spielerischen Kräfte nutzbringend zu verwenden. Besonders in unserem Kulturkreis wird
der Leistungswille früh gefördert, und die Leistung wird damit – leider – weitgehend zum Maßstab des persönlichen Wertes. Kinder und Jugendliche fühlen sich
unbefriedigt, wenn sie nicht eine ihrem Alter gemäße Arbeit leisten können. Selbstverständlich sollten sie nicht überfordert werden, aber sie brauchen Anforderungen,
die genau bis zur Grenze ihrer Fähigkeiten reichen. Berücksichtigt werden müssen
dabei die individuellen Begabungen, Neigungen und Talente, damit das Kind auf
seinem eigenen Gebiet Erfolge erlebt. Wesentlich ist, daß die Arbeit nicht angeord-
net wird, damit Zeit totgeschlagen ist.

Hier ist noch auf die Begriffe *Arbeitstherapie* und *Beschäftigungstherapie* kurz hinzuweisen: Wenn man in psychiatrischen Krankenhäusern den Wert der Arbeit für
die Geisteskranken erkennt und unter »*Arbeitstherapie*« wesentliche Besserungen,
ja sogar unerwartete Heilungen sieht, so sind solche Erfolge eigentlich nicht als Erfolge einer Therapie zu werten, sondern als Erfolge der Schaffung eines natürlichen
Lebens, bei dem das menschliche Grundrecht auf Arbeit berücksichtigt wird. – Zu
einem Spezialbereich hat sich auf ähnlicher Basis die *Beschäftigungstherapie* entwickelt, die insbesondere auch chronisch Kranken und Rekonvaleszenten zugute
kommt und in eigenen Fachschulen erlernt wird. Sie dient u. a. der Wiedereingliederung *(»Rehabilitation«)* Kranker und Behinderter ins Sozial- und Berufsleben.

3.3.5 Übung

Zeitweilig wurde unter dem Einfluß bestimmter psychologischer und tiefenpsychologischer Richtungen der Wert der Übung *unterschätzt.* Um dies zu verstehen,
müssen wir bedenken, daß bei der Erziehung jahrzehntelang der Übungsgesichts-
punkt *überschätzt* worden war, so daß man später nicht ganz zu Unrecht die
Methoden jener Zeiten als »Dressur«-Methoden bezeichnete. In dieser Gegenüber-
stellung von »Übung« und »Dressur« liegt auch der Schlüssel zu einer richtigen Bewertung der Übung.

Wenn einem Kind über seine Fähigkeiten und Interessen hinaus Handgriffe, kognitive Leistungen oder überspitzte Umgangsformen andressiert werden, ohne daß es
dabei noch selbst als frei handelnde Person in Erscheinung träte, so ist dies men-
schenunwürdig. Zumindest schädlich ist aber auch, Kindern ein Fehlverhalten ab-
und ein Wohlverhalten anzudressieren, wo dieses Fehlverhalten Ausdruck innerer

Nöte ist. Richtig und nützlich dagegen ist, wenn bei einem kindlichen Fehlverhalten die Ursprünge solcher Nöte aufgedeckt und nach Möglichkeit beseitigt werden, und wenn gleichzeitig mit Hilfe bestimmter Übungen der Umwandlungsprozeß beschleunigt wird.

Nehmen wir z. B. ein Kind, das in der Schule selten still sitzt, mit den Beinen schaukelt, Federhalter kaut und nicht aufpaßt. Zu Hause lebt es räumlich sehr eingeengt, die Mutter ist halbtags berufstätig, mit Arbeit überlastet und fordert vom Kind ein Übermaß an Rücksicht und Sauberkeit. »Mit Zuckerbrot und Peitsche« wird es vielleicht gelingen, dieses Kind zur Ruhe und Aufmerksamkeit zu zwingen. Damit ist aber wenig gewonnen, denn im allgemeinen wird ein solches Kind unter »Dressur« nur noch verklemmter, und die angestauten Kräfte können eines Tages an anderer Stelle hervortreten.

Gelingt es dagegen, die häuslichen Verhältnisse grundlegend zu ändern, stellt sich die Mutter anders zum Kind ein, lernt der Lehrer die Ursachen seiner Unruhe verstehen, so ist es durchaus angebracht, mit Besserung der Verhältnisse gleichzeitig dieses Kind zu Übungen des Wohlverhaltens einfühlend anzuleiten.

Richtig angewandte Übungen sind noch immer das ABC jeder Erziehung. Nicht zuletzt läßt sich auch freiwilliges Verzichten üben. Was in Fleisch und Blut übergegangen ist, tut sich leichter. Ein Kind, das einen festen Tagesablauf hat und weiß, um welche Stunde es mit den Hausaufgaben zu beginnen hat, braucht sich nicht täglich zu überwinden, um die unliebsame Pflicht zu erledigen. Wer rechtzeitig Umgangsformen gelernt hat, braucht später nicht immer auf sich selbst zu achten, sondern kann sich seinen Mitmenschen widmen. Übung schafft also nicht Unfreiheit, sondern Freiheit.

Harte und schwierige Übungs- und Trainingsmethoden – z. B. im Sport – können einen enormen Gewinn für das Selbstvertrauen bedeuten, wenn sich beim Üben der Erfolg einstellt. Man wird freilich dafür sorgen, daß sich motorisch Unbegabte nicht bloßgestellt fühlen. – Besonders erwähnt sei das Schwimmen als Sportart, die sich für viele behinderte Kinder eignet, sowie ganz allgemein angstüberwindende, vertrauens- und selbstvertrauensfördernde Wirkung hat. »Therapeutisches Reiten« wird empfohlen für verschiedenartige körperliche, psychische und geistige Behinderungen.

Ähnliches wie für den Sport gilt für das Üben eines Musikinstruments (bei dem gleichzeitig noch die Möglichkeit künstlerischen Ausdrucks geboten ist!). Das Orffsche Schulwerk, welches zusätzlich die Gemeinschaft und Kreativität fördert, hat einen festen Platz in der Heilpädagogik, ebenso auch die rhythmisch-musikalische Erziehung von Mimi *Scheiblauer*.

Nicht zu vergessen sind auch Entspannungs- und Konzentrationsübungen. Auf den Zusammenhang von Konzentration und Entspannung – Konzentration ist streng genommen nur in der Entspannung möglich! – hat besonders J.H. *Schultz* hingewiesen. Neurose ist immer Verkrampfung, und die Entspannung ist gleichzeitig Methode und Ziel der Psychotherapie. Auch hier zeigt sich der Wert der Übung. Entspannungsübungen allein (etwa das autogene Training) führen oft nicht zum Ziel, ohne daß die sonstigen Probleme mit bearbeitet werden.

Neben den vielfältigen Entspannungsübungen haben sich in der heilpädagogischen Praxis die Bewegungsübungen im allgemeinen und die rhythmischen sowie musikalischen Übungen im besonderen bewährt.

Lit.: 141, 193.

3.3.6 Ermutigung, Lob

Zweifellos sollte von echter *Ermutigung* so reichlich wie möglich Gebrauch gemacht werden. Alle positiven Erziehungsmaßnahmen haben einen ermutigenden Effekt. Besonders wirksam sind *Erfolgserlebnisse* (vgl. S. 94 ff.). Ermutigung im weitesten Sinne wirkt dem Minderwertigkeitsgefühl entgegen und hilft somit, der Neurose vorzubeugen. Es ist also ratsam, Situationen zu schaffen, in denen wir das Kind ermutigen *können*. Nicht nur auf einzelne ermutigende Maßnahmen kommt es an, sondern die ganze pädagogische Atmosphäre soll ermutigend sein. In der Heilpädagogik gilt dies besonders, denn irgendwie sind alle Kinder, die ihrer bedürfen, entmutigt. Richtig verstandene Ermutigung ist gerade dann nötig, wenn ein Kind versagt hat.

Lob ist nur eine von vielen ermutigenden Maßnahmen. Es wirkt manchmal Wunder, besonders bei Kindern, die es zu wenig erfahren haben. Zu viel Lob aber stumpft ab. Falsches Lob ist geradezu ein Kunstfehler (und ein Unrecht). Zumindest gerät dadurch ein Kind unter den Druck, den Lobenden nicht enttäuschen zu dürfen. Es bewirkt auch ein recht fragwürdiges Überlegenheitsgefühl über andere Menschen. Mit dem Loben soll man also sparsam umgehen und dabei weniger die Person herausstellen, sondern vielmehr die Aktivitäten an sich, das (erfolgreiche) Tun, das Werk. Werkvollendungserlebnisse können Mut machen. Besser als viel zu loben ist es, ein freundschaftliches Wohlwollen zu verbreiten, damit die Kinder sich sicher fühlen können, daß sie – mit allen ihren Fehlern – persönlich akzeptiert sind.

3.3.7 Tadel, Drohung

Tadel und *Drohung* gehören zu den sogenannten »negativen« Erziehungsmaßnahmen. Für sie gilt, was im folgenden Abschnitt über Strafe zu sagen sein wird. Immer liegt in ihnen etwas von Abweisung, und daher muß in ihnen auch stets sowohl der Appell als auch die Ermutigung spürbar sein. Ein Tadel, in dem nicht wenigstens durchschwingt: »Du kannst es besser!« ist kein erzieherischer Tadel. Vernichtende Urteile, Herabsetzungen, sarkastische Bemerkungen, Schimpfwörter oder Anprangerungen haben in der (Heil-)Pädagogik keinen Platz.

Die Drohung ist, genau genommen, überhaupt kein Erziehungsmittel, sondern nur ein gebräuchliches Instrument, reelle Notwendigkeiten durchzusetzen. Da in der Gewöhnung an solche Realitäten ein wesentlicher Erziehungsfaktor liegt, ist es falsch, Drohungen, die ausgesprochen, aber vom Kind in den Wind geschlagen wurden, nicht in die Tat umzusetzen. Schon darin liegt ein Grund, sich jede Drohung zweimal zu überlegen.

In was für eine Lage der Erzieher unversehens geraten kann, zeigt folgendes Beispiel: Ein sehr schlauer, aufsässiger Jugendlicher möchte, da es kalt ist, am Werktag statt der kurzen Lederhose seine lange Sonntagshose anziehen. Der Erzieher befürchtet Beanstandungen der Mutter, die sich über die Degradierung der Sonntagshose gewiß beklagt hätte, und fordert den Jungen auf, die Lederhose anzuziehen. Der Junge – vaterlos und gewöhnt, von der Mutter zu hören: zieh dich warm an! – wirft sich in die Brust, er lasse seine Gesundheit nicht ruinieren…Nun führt der Erzieher gegen diesen Widerstand eine massive Drohung ins Feld: »Wenn du die kurze Hose nicht anziehst, darfst du nicht mehr am Schwimmkurs teilnehmen.« Der Junge spielte den Trumpf, der ihm zugefallen war, sofort aus: er weigerte sich nach wie vor. Die Drohung mußte wahrgemacht werden, und alles ärgerte sich über den Erzieher, der Chef des Hauses, weil es einen großen Wirbel gab, der Initiator des Schwimmkurses, weil sein mühsam eingefädeltes Werk gefährdet wurde, und die Gruppe der Jugendlichen, weil dieser Erzieher »nur wegen einer Hose« einem Buben die Möglichkeit verdarb, schwimmen zu lernen.

3.3.8 Strafe

Sicherlich wird in der Erziehung viel zuviel gestraft. Manche Strafe ist eine indirekte Folge des Versagens des Erziehers. Niemand bezweifelt, daß so selten wie möglich gestraft werden soll, daß der Strafgeist wichtiger ist als die Strafart, daß die Strafe den Bestraften nicht ausstoßen, sondern im Gegenteil über die Sühne zur Wiederaufnahme verhelfen soll. Dies alles unter der Voraussetzung, daß Erziehungsstrafe überhaupt erlaubt ist. Ist ihre Berechtigung an sich schon umstritten, so ist durch das unter dem Einfluß der Psychotherapie entstandene Leitwort »Heilen statt Strafen« ein besonders schwieriges heilpädagogisches Problem artikuliert worden.

3.3.8.1 Vom Wesen der Strafe

Wir nähern uns dem Wesen der Strafe nur wenig, wenn wir nach den vordergründigen Zwecken fragen. Ein Zweck ist z. B. die Abschreckung. Wenn die Tat nur wegen der Strafdrohung unterlassen wird, ist dies zwar für die Gesellschaft und für den potentiellen Täter nützlich, aber mit Erziehung hat das wenig zu tun. Die Kriminalstatistik läßt den Schluß zu, daß bei schweren Delikten die Abschreckung versagt. Man kann dies so verstehen, daß bei Kapitalverbrechern Kräfte am Werk sein müssen, die stärker sind als die Abschreckungskräfte. Direkte Schlüsse auf alltägliche Erziehungssituationen ergeben sich hieraus nicht. Es ist sehr wohl möglich, daß im Normalfall die Strafdrohung das Verhalten beeinflußt. In der Heilpädagogik haben wir es aber nicht mit einem Normalfall zu tun, womit die Abschätzung der Drohungswirkung viel schwieriger wird.

Näher kommen wir an den Sinn der Strafe heran, wenn wir die Erfordernisse der Wertordnung ins Auge fassen. Die Aufrechterhaltung einer höheren Ordnung rechtfertigt freilich die Strafe noch nicht, denn der Zweck könnte auch durch »*Maßnahmen*« erreicht werden. Daß Maßnahmen (z. B. Notwehr, Sicherheitsverwahrung) streng von Strafen zu unterscheiden sind, sei ausdrücklich betont. Viele Erzieher behaupten zu strafen, wo sie in Wirklichkeit Maßnahmen der Notwehr oder Ordnung vollziehen. Es ist ungeschickt und schädlich, eine Maßnahme als Strafe auszugeben, wie es umgekehrt unehrlich und zynisch ist, einen Erziehungsakt als Maßnahme zu deklarieren, wenn in Wirklichkeit der Strafcharakter unverkennbar ist.

Wodurch unterscheidet sich nun aber die Strafe von einer Maßnahme? Nicht durch die Härte, denn Maßnahmen können härter sein als Strafen. Der Unterschied liegt darin, daß sich eine *Maßnahme an der Notwendigkeit orientiert, nicht aber an der Schuld*. Strafe dagegen setzt Schuld voraus. Nur bei schuldhaftem Verstoß gegen die Wertordnung ist Strafe erlaubt. Einsicht in die Schuld mag quälend sein, ist aber noch nicht Strafe. Diese ist vielmehr die Quittung. *Meinertz* definiert in der 1. Auflage dieses Buches (1962): »*Strafe ist Spürbarmachen von Schuld zur Wiederherstellung der Ordnung und der liebevollen Gemeinsamkeit.*«

3.3.8.2 *Erziehungsstrafe und Rechtsstrafe*

Der Schuldbegriff spielt auch in der Rechtsstrafe eine Rolle. Der Gesetzgeber hat mit dem jeweiligen Strafrahmen für die verschiedenen Delikte eine Bewertung der Schwere der Schuld vorgenommen und die Gerichte versuchen, den Grad der Verwerflichkeit einer Tat im Strafmaß zu berücksichtigen. Mit der Frage der Resozialisierung befassen sich Rechtspolitik und Strafvollzug. Das Strafurteil aber muß sich am verletzten Rechtsgut orientieren, auch wenn von der Strafe kein Erziehungseffekt zu erwarten ist. Nur im Jugendstrafrecht hat der Erziehungsgedanke Eingang gefunden, aber auch hier streng im Rahmen der Rechtsgesichtspunkte.

Der Rechtsvorwurf betrifft den Verstoß gegen die Rechtsordnung, der Erziehungsvorwurf betrifft Störungen im sozialen Miteinander. Der Rechtsvorwurf trifft jeden gleich, wenn der Tatbestand der gleiche ist. Der Erziehungsvorwurf hingegen ist eine personale Angelegenheit; ein Erzieher, der ihn erhebt, erhebt ihn gleichzeitig auch gegen sich selbst. Er erhebt den Vorwurf nur, wenn er entschlossen ist, alle erzieherischen Konsequenzen zu ziehen, und wenn er erwartet, daß der Vorwurf im Zusammenhang mit der Erziehungsstrafe wirksam ist.

Es geht also darum, Klarheit zu schaffen, ob es sich bei einer Strafe innerhalb des Rechtsrahmens um eine Erziehungsstrafe handelt, oder um eine reine Vergeltungsstrafe ohne nennenswerten erzieherischen Wert. Dies gilt in der Erziehung wie im Rechtsleben. Um Folgerungen daraus ziehen zu können, müssen wir einige weitere Begriffe klären.

Doch zunächst ist informierend darauf hinzuweisen, daß das deutsche Jugendgerichtsgesetz 3 Altersstufen unterscheidet: (a) Kinder bis zum vollendeten 14. Lebensjahr sind strafunmündig; ihre strafrechtliche Verantwortung beginnt erst mit dem vollendeten 14. Lebensjahr. Die Anordnung einer Ersatzerziehung trifft der Vormundschaftsrichter. (b) Jugendliche vom 14. bis zum vollendeten 18. Lebensjahr, die eine Straftat begangen haben, werden durch den Jugendrichter nach dem Jugendstrafrecht beurteilt. (c) Heranwachsende zwischen dem 18. und vollendeten 21. Lebensjahr können Jugendlichen gleichgestellt werden, wenn ihre seelisch-geistige Entwicklung dieser Altersstufe entspricht. Andernfalls tritt das Erwachsenenstrafrecht in Kraft.

3.3.8.3 Klärung weiterer Begriffe

Vier Gesichtspunkte werden oft nicht genügend auseinandergehalten: die Gesichtspunkte der *Schuldfähigkeit* (Zurechnungsfähigkeit), der *Straffähigkeit*, der *Heilbehandlungsbedürftigkeit* und der *Heilbehandlungsfähigkeit*.

Wenn wir von *Schuldfähigkeit* sprechen, denken wir meist an das Recht; wenn wir von *Straffähigkeit* sprechen, an die Erziehung. Ganz gewiß ist rechtliche Schuldfähigkeit nicht gleichbedeutend mit erzieherischer Straffähigkeit. Der Unterschied zwischen beiden ist also (zumindest) im Unterschied zwischen Rechts- und Erziehungsbelange begründet.

Strafunfähigkeit (im erzieherischen Sinne) liegt vor, wenn der Täter in der Strafe (zwar vielleicht seine Rechtsschuld), hingegen aber nicht seine »Wir-Schuld« wegen Störungen im sozialen Miteinander zu spüren bekommt, wenn er also den berechtigten erzieherischen Vorwurf nicht zu spüren bekommt, sondern allenfalls den Vorwurf enttäuschter Selbstgerechtigkeit – was gleichzeitig heißt, daß ihm die Hoffnung auf Wiederversöhnung nicht wahrhaft spürbar wird. Damit wird auch die Abschreckungswirkung der Strafe höchstens bemerkbar in Form des guten Vorsatzes, sich nie mehr erwischen zu lassen. Mit einem kurzen Wort gesagt: *Strafunfähigkeit* im Sinne der Erziehung liegt vor, *wenn die Strafe* – im Rahmen der Gesamterziehung und auch auf längere Sicht – *voraussichtlich nichts hilft.*

Strafunfähigkeit in diesem Sinn ist sehr viel häufiger als gemeinhin angenommen wird. Verdrängungen und Projektionen verhindern oft die Schuldeinsicht. Wir können es z. B. bei Übertretungen im Straßenverkehr beobachten, oder bei alltäglichen

Streitereien, wie rechthaberisch viele Menschen auftreten, die Wahrheit verdrehen und handgreifliche Tatsachen, die gegen sie sprechen, nicht zur Kenntnis zu nehmen. Dies gilt schon für Erwachsene, die landläufig nicht als neurotisch gelten. So dürfen wir erst recht von schwierigen Kindern nicht zuviel Einsicht in ihr Fehlverhalten erwarten. Wenn die Schuldeinsicht fehlt, wird die Strafe nicht in den richtigen Zusammenhang gebracht, sie wird fälschlicherweise als erneute Bestätigung für die Feindseligkeit der Mitwelt aufgefaßt und führt u. U. zu noch gemeinschaftswidrigerem Verhalten. Das sind genau die Bedenken, welche die *Adlersche* Individualpsychologie gegen die Strafe hegt.

3.3.8.4 Antworten des Erziehers auf Strafunfähigkeit

Der Erzieher kann, statt ausdrücklich eine Strafe auszusprechen, dafür sorgen, daß das Kind die Folgen seines Fehlverhaltens spürt. Dieses Verfahren ist unter dem Namen »natürliche Strafe« allgemein bekannt. Der Vorteil ist, daß nicht der Erzieher selbst das Leid zufügt, die Beziehung zum Kind also nicht gestört wird. Die natürlichen Folgen müssen übrigens oft vom Erzieher abgeschwächt werden; man kann nicht zuschauen, bis ein Kind von einem hohen Baum herunterfällt oder von einem großen Hund, den es quält, gebissen wird.

Von den natürlichen Strafen unterscheidet *Dreikurs* (96) die »logischen Folgen«. Sie stehen zwar in sinnvollem Zusammenhang mit dem Fehlverhalten, treten aber nicht von selbst ein, sondern werden arrangiert und bereits vor Eintreten des »Ernstfalles« mit den Kindern vereinbart. Sie sind somit nicht Ausdruck von Macht und Stärke; wegen des vorweggenommenen Einverständnisses des Kindes sind die Chancen der Einsicht günstig.

Eine Strafe im vollen Sinn, bei der an vorhandenem Schuldgefühl angeknüpft wird, ist in der heilpädagogischen Situation oft unmöglich. Es kann aber der Fall eintreten, daß trotz Strafunfähigkeit im Interesse des Rechts, der Ordnung und der Gemeinschaft eine Strafe verhängt werden muß. Sogar im unmittelbaren Interesse des Kindes kann dies erforderlich sein, weil die Gruppe im Strafverzicht eine unberechtigte Bevorzugung erblicken und zu Sanktionen greifen könnte, die schlimmer wären als die Strafe. Nur muß man sich darüber klar sein, daß die Chancen erzieherischer Wirkung gering sind. Diese Strafe ist dann insofern der Rechtsstrafe vergleichbar, als sie vom Tatbestand ausgeht und nicht von der erwarteten Besserungsfähigkeit. Selbstverständlich ist auch hier Schuldfähigkeit, d. h. Einsicht in das Verbotene der Handlung vorauszusetzen. Trotz der geringen Wirkungschancen sind solche Strafen nicht ganz aussichtslos: Das Kind kann schon etwas von dem Ordnungsfaktor spüren, der sich in der weiteren Entwicklung bemerkbar machen soll; es können sich auch nachträglich Einsicht und Schuldgefühl regen.

Die Strafunfähigkeit selbst beruht auf Ichhaftigkeit, geschwächtem Gemeinschaftsgefühl, sozialen Ängsten, und im Zusammenhang damit auf Verdrängungen, Fernhaltungen und Projektionen, gehört in den Bereich der Abwehrmechanismen und Sicherungstendenzen (s. S. 79 ff.). Sie kann nicht durch Strafe beseitigt werden, sondern bedarf insbesondere der Psychotherapie.

3.3.8.5 Strafen im einzelnen

Die positive Wirkung der Strafe wird immer noch sehr überschätzt. Vielleicht würde viel weniger gestraft werden, wenn sich die Erzieher nicht stets ihrer Strafgewalt bewußt wären, von der sie notfalls Gebrauch machen können, auch wenn sie selbst es waren, die versagt haben.

Wenn Strafe für notwendig erachtet wird, soll sie prompt erfolgen. Je jünger das Kind ist, desto stärker lebt es im Augenblick, desto weniger versteht es eine verspätete Strafe. Jede Strafe muß begründet, dem Alter und der Eigenart des Kindes angepaßt sein. Seine Verletzbarkeit muß berücksichtigt werden. Ein Kind, das über alles gern Eis ißt, wird durch Eisentzug härter gestraft sein als ein anderes, das sich aus Eis nichts macht. Dem einen wird man also Eis entziehen, wenn man es sehr empfindlich strafen will, dem anderen, wenn eine äußerst milde Strafe am Platz ist.

Die Prügelstrafe ist indiskutabel. Man denke aber auch daran, daß mit anderen Strafarten das Kind ebenfalls gedemütigt und entmutigt werden kann.

Anprangerung und Brandmarkung sind in jeder Erziehung verboten. Wenn ein Kind vor die versammelte Mannschaft gestellt wird, so ist darin keinerlei erzieherischer Vorteil zu erblicken.

Ebenso schädlich ist der *persönliche* Vertrauensentzug. Zu unterscheiden ist zwischen Tätervertrauen und Tatvertrauen. Wir dürfen einem Jugendlichen, der zweimal verspätet heimgekommen ist, durchaus vorhalten: »Nachdem dir das zweimal passiert ist, wage ich es nicht, dich ein drittes Mal in Versuchung zu führen. Du bleibst also nächsten Sonntag zu Hause, vielleicht geht es hinterher besser.« Wir zeigen hier also Skepsis gegenüber seiner Standhaftigkeit und Disziplin, entziehen ihm aber nicht persönlich das Vertrauen. Im Gegenteil, er muß spüren, daß er als Person unser Vertrauen genießt, und wir ihm nur über bestimmte Schwächen hinweghelfen wollen. In ganz entsprechender Weise verhalten wir uns gegenüber Jugendlichen, die uns häufig anschwindeln. Hier ist die Trennung zwischen Tatvertrauen und Tätervertrauen zwar noch schwieriger, grundsätzlich liegt aber gerade in ihr der fruchtbarste Ansatz zur Besserung des Fehlverhaltens.

Kollektivstrafen darf man nie verhängen! Die Mitbestrafung Unschuldiger ist ein Terrorakt, verstößt gegen unsere Rechtsordnung und bringt erzieherisch nur Nachteile.

Nie darf der Eindruck entstehen, daß Strafe beziehen das Los der Schwachen und Strafen erteilen das Vorrecht der Mächtigen ist. Erzieher und Zöglinge stehen unter einem gemeinsamen Gesetz. Ein Erzieher, der durch Ungerechtigkeit, Verhängen einer nicht erlaubten Strafe und fehlender Bereitschaft, eine irrtümlich erteilte Strafe zurückzunehmen, sich von unserer Rechtsordnung entfernt, verliert seine Glaubwürdigkeit.

Die Versetzung in ein anderes Heim ist keine Strafe sondern eine Maßnahme der Notwehr, der Sicherung, der Heilung. Sie sollte als solche gekennzeichnet sein.

Mit Essensentzug sei man gerade in der Heilpädagogik vorsichtig. Niemals darf der Eindruck entstehen, als bekomme das Kind dadurch zu wenig. Die menschliche »Oralität« bedingt manchmal unerwartet heftige oder untergründige Reaktionen. Allgemein soll die Strafart Beziehung zur Straftat haben; man wird also nicht für schlechte Arbeit eine Lieblingsspeise entziehen und für Naschhaftigkeit eine Strafarbeit verordnen. Grundsätzlich halte sich der Heilpädagoge vor Augen: Je schwerer und unverständlicher die Tat, desto sorgfältiger muß die Frage der Straffähigkeit geprüft und die Strafweise überlegt werden.

Lit.: 117, 227.

SPEZIELLER TEIL

Bewußt wird in diesem Teil auf jegliche »Einteilung« verzichtet. Schemata- und seien sie noch so fein ausgeklügelt- zerreißen Zusammengehöriges und verbinden Auseinanderstrebendes. Dies ist zwar auch hier der Fall, aber wir vermeiden mit dem unsystematischen Vorgehen langatmige Erwägungen über Einteilungsfragen. Das Schema erhält durch solche Erörterungen leicht eine überragende Bedeutung; wir glauben dann, natürliche Gebilde vor uns zu sehen, wo es sich um künstliche Schnitte handelt, die nur nach Verpackungsgesichtspunkten angelegt wurden. Dies wenigstens wird hier vermieden. An exemplarischen Beispielen werden Ursachen und Bedingungsfaktoren der Störung oder Fehlhaltung im Hinblick auf die heilpädagogische Arbeit angesprochen.

Nachdrücklich ist noch darauf hinzuweisen, daß eine organische Schädigung (z. B. Hirnverletzung) in der Regel nicht nur eine einzige Beeinträchtigung hervorruft. Das Problem der *Mehrfachbehinderung* rückt zunehmend in den Vordergrund des heilpädagogischen Interesses.

4. Schwachsinn (intellektuelle Schwäche)

Die Bezeichnung *»Schwachsinn«* ist häßlich, aber z. Zt. wohl noch unersetzlich. Wir umschreiben sie nach Möglichkeit. In der früheren DDR waren Schwachsinn und *Oligophrenie* austauschbare Begriffe; man sprach auch von erziehungsunfähigen Schwachsinnigen (*Baudisch:* 67).

Man versteht unter Schwachsinn eine angeborene oder erworbene intellektuelle (kognitive) Schwäche. Ist das Gehirn erst geschädigt worden, als schon verschiedene Verstandestätigkeiten entwickelt waren, so nennt man die resultierende Minderung der intellektuellen Fähigkeiten *Demenz* (Verstandesminderung); der alte Ausdruck »Verblödung« sollte verschwinden.

Schwierig ist die Unterscheidung zwischen ererbtem und früherworbenem Schwachsinn, wenn weder die Vorgeschichte noch die körperlich-neurologischen Befunde einen Anhaltspunkt in der einen oder anderen Richtung ergeben.

Beim ererbten Schwachsinn bleiben oft Begabungen erhalten, z. B. Gedächtnis, Musikalität, Handgeschicklichkeit usw. Im allgemeinen ist aber die körperliche, seelische und kognitive Gesamtentwicklung erheblich beeinträchtigt.

Vom Schwachsinn müssen wir die Minderbegabung unterscheiden. Darunter verstehen wir unterdurchschnittliche Begabung. Es gibt Unterschiede der Intelligenz und Begabung in der Bevölkerung. Die Mehrzahl wird nahe am Durchschnitt liegen, starke Abweichungen vom Durchschnitt nach unten und oben wird man selten treffen, je stärker um so seltener. Ausgeprägte Schwachsinnsformen sind nie mit Minderbegabung zu verwechseln. Bei den leichteren Formen ist aber eine Unterscheidung oft unmöglich.

Von Schwachsinn *und* Minderbegabung zu unterscheiden ist der geistige Entwicklungsrückstand (Retardierte, »Spätentwickler«). Von ihm sprechen wir, wenn wir annehmen, daß die Entwicklung nur verlangsamt ist, aber noch aufgeholt werden kann.
Je augenscheinlicher ein Kind seiner körperlichen, seelischen und intellektuellen Entwicklung nach »harmonisch« jünger wirkt, als es seinem Alter entsprechen würde, und je deutlicher es dabei Entwicklungsansätze zeigt (Verwerten von Erfahrungen!), desto eher dürfen wir, wenn die Abweichung nicht allzu stark ist, die Diagnose eines Entwicklungsrückstandes stellen. Je weniger Entwicklungsansätze sichtbar sind, und je mehr körperliche Auffälligkeiten, Widersprüche in der Begabung und Störungen der Motorik (z. B. Stereotypien) hervortreten, desto mehr spricht für Schwachsinn.
Alle Einflüsse, die zu Hirnschädigungen führen können, kommen, sofern sie das Hirn nur geringfügig treffen, auch als Ursachen des Entwicklungsrückstandes in Frage. Darüber hinaus kann der Entwicklungsrückstand auf erzieherische Vernachlässigung, Hospitalismus (bes. Säuglingshospitalismus) und wohl auch auf neurotische Regressionen bzw. Fixierungen zurückzuführen sein.

Als weitere Hirnleistungsstörung ist die *Alzheimersche* Krankheit zu erwähnen. Es handelt sich hier um eine organische Hirnerkrankung im höheren Lebensalter mit progredientem (fortschreitendem) Verlauf: Die intellektuelle Schwäche, Verringerung der Willenskraft, Aufmerksamkeit und Konzentration und Verlangsamung der Bewegung sind einige Symptome. Eine wirksame medikamentöse Therapie gibt es nicht (212).
Einzelheiten zur Diagnostik der intellektuellen Retardierung gehören nicht hierher. Es gibt zahlreiche Intelligenz- und Entwicklungstests, von denen der Heilpädagoge sich aus den einschlägigen Lehrbüchern zur Diagnostik *(Bundschuh:* 84) einen Eindruck verschaffen soll, wenn auch schwierige psychodiagnostische Verfahren nicht in seine Zuständigkeit gehören. Die sonderpädagogische Diagnostik wird kontrovers diskutiert *(Hansen:* 131).
Neben der geringen Test-Intelligenz fallen Unbeholfenheit und Ungeschliffenheit der Motorik auf, und es gibt noch spezielle motorische Äußerungsformen schwachsinniger Kinder, insbesondere die *Stereotypien*. Darunter verstehen wir ständig wiederkehrende Bewegungen, die bruchstückweise den Charakter von Ausdruck, Verhalten oder Triebhandlungen zeigen, wie Schütteln, Drehen, Wackeln, Klopfen, Schlagen oder Zupfen. Sie gehen weit über die übliche Wiederholungs- und Nachahmungslust bei kleinen Kindern hinaus. Häufig zeigt sich in den stereotypen Bewegungen ein unbefriedigtes (frühkindliches) Kontaktbedürfnis.
Auf Verzögerung des Sitzen- und Gehenlernens, der Reinlichkeitsgewöhnung und Sprachentwicklung sei nur kurz hingewiesen.

Bei leichteren Schwachsinnsgraden spricht man seit *Binet* (1857–1911), dem Begründer des Intelligenz-Tests, von *Debilität* (IQ etwa von 55–80), bei mittleren von *Imbezillität* (IQ von 20–55), bei schweren von *Idiotie* (IQ unter 20).
Es gibt auch einen neurotischen »Schein-Schwachsinn« *(Pseudodebilität).* Er ist jedoch seltener als der diagnostisch Unerfahrene vermutet.
Die *Behandlung* des Schwachsinns ist medizinisch aussichtslos. Von Vitaminen, Zellpräparaten und Stärkungsmitteln ist nur eine Linderung evtl. zusätzlicher körperlicher Störmomente zu erwarten. Die vielgerühmte Glutaminsäure ist ein ziemlich harmloses (weil körpereigenes) Anregungsmittel.
Anregung und Übung sind – neben der heilpädagogischen Haltung! – wesentliche Faktoren der *Heilpädagogik* für Kinder mit (starken) kognitiven Beeinträchtigungen. Ihre Didaktik und Methodik ist hoch entwickelt. Mit viel Geduld sind Fähigkeiten zu Fertigkeiten zu entfalten, tragfähige Kompensationen auszubilden. Methoden der Psychotherapie (*Görres/Hansen:* 121) und auch der Verhaltensmodifikation bieten wertvolle Hilfen. Da die Schwachsinnigen zusehr allen Eindrücken passiv ausgeliefert sind, muß die Sinnestätigkeit angeregt und geübt werden. Zur Aktivierung bewähren sich Bewegungsübungen und rhythmisch-musische Übungen verschiedenster Art. Auch auf die Sprecherziehung ist großer Wert zu legen. Zuverlässige Beziehungen, Rhythmisierung und Strukturierung des Tages sind ebenso haltgebende Momente wie die strukturierte vorbereitete Umgebung der *Montessori*-Pädagogik (*Biewer:* 75).
Leicht Schwachsinnige vom Schuleintritt zurückzustellen, hat keinen Sinn. Sie sollten in Sonderkindergärten oder integrativen Kindergärten rechtzeitig gefördert und dann der für sie geeigneten schulischen Förderung zugeführt werden. In letzter Zeit wurde versucht, Kinder mit mittelschwerem Schwachsinnsgrad, die bis 1960 oft überhaupt nicht eingeschult wurden, obwohl sie »praktisch bildbar« und schulbildungsfähig sind, in Sonderklassen und Sonderschulen für »geistig Behinderte« mit besonderen Methoden zu unterrichten. Die Erfolge sind überzeugend. Im berufsfähigen Alter können sie in Werkstätten für Behinderte (WfB), einzelne sogar auf dem freien Arbeitsmarkt in einer beschützenden Umgebung arbeiten.
In der Heilpädagogik kann, insbesondere wegen der Zusammenarbeit mit Ärzten, auf medizinische Bezeichnungen nicht verzichtet werden. In der Praxis stehen jedoch oft andere Kriterien im Vordergrund, insbesondere solche, die den Institutionen (außer Krankenhäusern) gerecht werden. »Lernbehinderte« werden häufig debil sein, die Behinderung kann aber auch andere Gründe haben. Wichtig ist es natürlich, Schüler mit normaler oder hoher Intelligenz, die trotzdem lernbehindert sind, heilpädagogisch oder psychotherapeutisch zu fördern, daß ihnen die Sonderschule erspart bleibt. »Geistigbehindert« wird sich oft mit »imbezil« decken, aber

eine allgemein anerkannte Eingrenzung des Begriffs gibt es nicht. Schulpädagogisch gesehen handelt es sich bei diesen Kindern um solche, die in Lernbehindertenschulen nicht mehr gefördert werden können. Zu den sogenannten Geistigbehinderten zählen auch die schwerst Schwachsinnigen; als obere Grenze gilt meist ein IQ von 50 bis höchstens 60, eine untere Grenze gibt es nicht.

In der Schwachsinnigenerziehung und -fürsorge ist noch viel nachzuholen. Die Fortschritte, die insbesondere der 1958 gegründeten Elternselbsthilfe-Organisation »Lebenshilfe für geistig Behinderte« mit ihren Landes- Orts- und Kreisvereinigungen zu verdanken sind, können nicht übersehen werden. Auch das Bundessozialhilfegesetz, das Kinder- und Jugendhilfegesetz (1992) und das Betreuungsgesetz (1992) werden weitere positive Auswirkungen zeigen.

Inzwischen ist die schematische IQ-Klassifizierung- Debilität (leichter Schwachsinn), Imbezillität (mittlerer Schwachsinn), Idiotie (schwerer Schwachsinn) – aus der heilpädagogischen Praxis nahezu vollständig verschwunden. Man erkannte die Gefahr der diagnostischen »Festschreibung« und Typologisierung dieser Kinder, die mit der Reduktion der Intelligenzentwicklung auf Anlagefaktoren gegeben sind. Hier wurde die entwicklungsbedeutsame Um- und Mitwelt nicht berücksichtigt. Gerade in der Schule für Lernbehinderte sind mehr als 80 % der Kinder aus soziokulturell benachteiligten Familien; auch in der Schule für geistig Behinderte sind Kinder aus sog. sozialen Unterschichten überrepräsentiert. Bei diesen Kindern ist primär die Um- und Mitwelt zu sehen und rechtzeitig zu verbessern. Dann könnten sie sich weitgehend »normal«, zumindest aber wesentlich günstiger entwickeln. Obwohl in der psychiatrischen und psychologischen Praxis die Begriffe Debilität, Imbezillität und Idiotie noch verwendet werden, sollte daher der Heilpädagoge darauf hinwirken, daß diese mit Vorurteilen behafteten und damit einen diffamierenden Charakter tragenden Begriffe in Zukunft nicht mehr gebraucht werden. Kinder mit einer Lernbehinderung, Kinder mit einer sog. geistigen Behinderung oder Kinder mit einer anderen Behinderung dürfen nicht als »Menschen zweiter Klasse« gesehen und auf ihr Intelligenzvermögen reduziert werden. Gerade die Früherziehung und Vorschulerziehung behinderter und von Behinderung bedrohter Kinder (vgl. auch S. 22 f.) haben u. a. zur Einsicht geführt, daß es nicht richtig ist, wenn ein Kind mit einer festschreibenden Diagnose – wie beispielsweise »mongoloide Idiotie« – abgestempelt wird. Dadurch kann ein pädagogisch-therapeutischer Nihilismus um sich greifen und das Kind wird lediglich versorgt und gepflegt, aber nicht mehr bewußt und gezielt gefördert. Hier wird es um seine Entwicklungschancen gebracht. Das ist im Grunde eine leise Euthanasie.

Noch finden wir häufig Menschen mit starken kognitiven Beeinträchtigungen als Dauerpatienten (›chronische Fälle‹) in den Oligophrenenabteilungen der Psychiatrischen Krankenhäuser. Es gibt andererseits ermutigende Ausgliederungsprojekte.

In Zukunft wird der *Pflegepädagogik* bei schwer- und mehrfachbehinderten Menschen erhöhte Beachtung zu schenken sein (*Pfeffer:* 205).

Lit.: 61, 67, 75, 84, 113, 120, 121, 126, 131, 134, 143, 149, 177, 190, 194, 195, 205, 212, 236, 251.

Beispiele: *Down-Syndrom und Phenylketonurie*

Ist der Schwachsinn Folge einer der vielen im Allgem. Teil aufgeführten Ursachen, so hängt sein Ausprägungsgrad und seine Art weitgehend von diesen Ursachen selbst ab. Sie können sehr wechselnd sein, aber einige besondere Erscheinungsformen lassen sich doch abgrenzen. Dies soll nun am Beispiel des *Down-Syndroms* und der *Phenylketonurie* skizziert werden.

Eine der besonderen Erscheinungsformen ist das *Down-Syndrom (Mongolismus),* benannt nach dem englischen Nervenarzt Langdon *Down* (1828–1896), der es 1866 erstmals beschrieb. Es war schon lange aufgefallen, daß es sich überdurchschnittlich oft um Kinder relativ alter Mütter handelt, so daß man das Leiden nicht zu den Erbkrankheiten rechnete. Jetzt ist bekannt, daß es sich um eine *Chromosomenanomalie* handelt: In den *Körperzellen* der Gesunden sind Chromosomen paarig. Die *Keimzellen* haben auf Grund der vorangegangenen Reifungsteilung nur einen einfachen Chromosomensatz. Die Verschmelzung von Ei- und Samenzelle stellt den paarigen Chromosomensatz wieder her. Es kann gelegentlich vorkommen, daß in einer Eizelle durch einen Fehler in der Reifungsteilung ein einzelnes Chromosom nun doch paarig vorhanden ist. Nach der Befruchtung ist dieses Chromosom dann dreifach da, was sich auf alle sich bildenden Körperzellen überträgt. So ist dies u. a. beim Down-Syndrom, auch »*Trisomie 21*« genannt.

Das Down-Syndrom gehört innerhalb der großen Gruppe der Chromosomenanomalien zur Untergruppe der *Trisomie-Syndrome,* die durch eine Vermehrung der genetischen Substanz bedingt sind. Die Genetik kennt inzwischen neben der Trisomie 21 die *Trisomie 18 (Edward-Syndrom),* die *Trisomie 13 (Pätau-Syndrom),* die *Partielle Trisomie 22 (Katzenaugen-Syndrom),* die *Trisomie 8* und viele andere chromosomale Störungen.

Die Trisomie 21 (inzwischen gibt es weitere Unterteilungen: *Mosaik-* und *Translokations*-Form) kommt insbesondere bei älteren Müttern häufiger vor. Nach dem 40. Lebensjahr ist das genetische Risiko ein Kind mit Down-Syndrom zu bekommen 50-fach größer als mit 20 bis 30 Jahren. Bei Müttern im 45. Lebensjahr trifft auf 30 Geburten ein Down-Kind. Auch Mütter mit mehreren Geburten in kurzen Abständen hintereinander können ein Down-Kind eher bekommen. Schließlich wurde beobachtet, daß bei Vätern nach dem 55. Lebensjahr ein erhöhtes Risiko gegeben ist. Auf welche Ursachen der Zellteilungsfehler letztlich zurückzuführen ist, ist weitgehend unklar.

Unter ca. 660 geborenen Kindern ist ein Kind mit Down-Syndrom. Etwa jedes siebte Kind der Gruppe der sog. geistig Behinderten ist ein Down-Kind. Auch unter den lernbehinderten Kindern kann man Down-Kinder antreffen.

Kinder mit Down-Syndrom stellen keine einheitliche Gruppe dar und weisen erhebliche interindividuelle Unterschiede auf. Sie sind meist verhältnismäßig klein, sie haben u. a. überstreckbare Gelenke, schrägstehende Lidachsen, breite Nasenwurzel, kleine Nase und Ohren, einen kurzen Hals, kleine Hände und Finger und eine Vierfingerfurche auf der Handinnenfläche. Ihre Stimmung ist im Grunde stets fröhlich und ausgeglichen; sie zeigen sich sehr ordnungsliebend und hilfsbereit. Ihr »Herzensquotient« wird allenthalben hervorgehoben.

Dank der medizinischen Fortschritte besteht die Frühsterblichkeit nun nicht mehr. Die erhöhte Infektanfälligkeit stellt kaum mehr ein Gefahrenrisiko dar. Die Lebenserwartung entspricht – sofern kein inoperabler Herzfehler vorliegt – eher dem allgemeinen Durchschnitt. Männer mit Down-Syndrom sind nach bisherigen Erfahrungen *infertil* (unfruchtbar). Bei Frauen mit Down-Syndrom ist eine Fortpflanzung möglich; das Wiederholungsrisiko liegt bei 50 %.

Eine pränatale (vorgeburtliche) Diagnose ist möglich. Sie wird insbesondere empfohlen, wenn ein Kind mit Down-Syndrom in der Familie bereits geboren wurde und bei Müttern, die älter als 35 Jahre sind (vgl. auch S. 41).

Da beim Down-Syndrom keine ursächliche Behandlung möglich ist und die Chromosomenstörung die gesamte Entwicklung des Kindes determiniert, sind dem heilpädagogischen Bemühen Grenzen gesetzt. Diese Grenzen sind jedoch im voraus nicht annähernd bestimmbar. Die Frühförderung und vielseitige therapeutische und heilpädagogische Maßnahmen beeinflussen in der Regel die Entwicklung entscheidend. Die medizinische Fachliteratur unterschätzt häufig die allgemeine Lernfähigkeit dieser Kinder. Daraus resultiert dann auch eine Schonhaltung ihnen gegenüber: Sie werden gepflegt und betreut, aber nicht angemessen gefordert. Ein sog. Kindchen-Schema entsteht: der arme, kranke Kleine – er bleibt ja immer ein Kind. Dadurch wird einem realitätsangemessenen Erziehungsoptimismus der Boden entzogen. Ihr spezifisches Lernvermögen, nämlich ihre spontane Nachahmungsfreude, wird unterschätzt oder nicht erkannt und nicht in den Dienst der Erziehung gestellt. Untersuchungen zeigen, daß Down-Kinder im Vergleich mit gleichaltrigen anderen Kindern vermehrt imitieren. Dieses Ergebnis ist dahingehend zu deuten, daß die Nachahmungsfähigkeit nicht Ausdruck einer Intelligenzhöhe ist, sondern vielmehr ein besonderes Lernhandeln. Dieser Fähigkeit muß das heilpädagogische Handeln entsprechen: Komplexe Inhalte sind so aufzugliedern, daß sie das Kind ganzheitlich wahrnehmen und nachahmen kann. Auf Vortun und Mittun kommt es

hier an. Das Down-Kind lernt durch Vortun und Mittun das Auch-Tun-Können. Dies führt dann zum Selbst-Tun-Wollen.
Inzwischen gibt es viele Arbeitskreise ›Down-Syndrom‹ mit Informationsdiensten.
Eine Kontaktadresse: 4800 Bielefeld 14, Hauptstraße 19.

Lit.: 93, 94, 145, 207, 213.

Bei *Phenylketonurie* (»Brenztraubensäure-Schwachsinn«), die bereits 1934 beschrieben worden ist, handelt es sich um eine *metabolisch-genetisch* bedingte Form des Schwachsinns; etwa 160 derartiger Formen sind bekannt. Bei rund 60 ist inzwischen der Stoffwechseldefekt aufgedeckt worden, was eine kausale (ursächliche) Behandlung ermöglicht.

Die Phenylketonurie ist also eine angeborene Stoffwechselstörung (genauer: Aminosäurestoffwechselstörung). Sie wird in der Regel autosomal-rezessiv vererbt. Hier besteht für weitere Kinder ein Wiederholungsrisiko von 25 %. Die Phenylketonurie ist am bekanntesten und zugleich am besten aufgeklärt.

Aufgrund eines Enzymumwandlungsdefektes kommt es zu einem 10- bis 30-fachen Anstieg von *Phenylalanin* im Blut und in den Geweben. Die Häufigkeit der Erkrankung beträgt 1 : 10 000 bis 20 000 Neugeborene.

Wird dieser angestiegene *Phenylalaninblutspiegel* nicht behandelt, so kommt es zu erheblichen Beeinträchtigungen der intellektuellen Fähigkeiten, oft auch zu epileptischen Anfällen und anderen Störungen insbesondere im Wahrnehmungs- und Motorikbereich.

Durch den *Guthrie-Test* (mikrobiologische Untersuchung des Blutes zum Nachweis des vermehrten Phenylalaningehaltes), der im Rahmen der Neugeborenen-Basisuntersuchung U2 durchgeführt wird (vgl. S. 42), kann die Störung erkannt und sofort diätetisch behandelt werden, indem eine phenylalanin-freie, später phenylalanin-arme Kost gegeben wird. Die Diät muß durch den Facharzt überwacht werden; die Zusammensetzung der Diät richtet sich nach dem kontrollierten Phenylalanin-Blutspiegel.

Setzt diese medizinische Frühestbehandlung ein und wird sie mindestens bis zum 12.–14. Lebensjahr fortgeführt, so ist eine weitgehend ungestörte Entwicklung gewährleistet. Ein normaler Entwicklungsstand kann erreicht werden. Entscheidend ist jedoch die frühzeitige Diagnose, da sich die wichtigsten Entwicklungsprozesse in der ersten Lebenszeit abspielen. Wenn man mit der Behandlung erst nach dem 5. Lebensjahr beginnt, nachdem also die Hirnentwicklung schon sehr weit fortgeschritten ist, so ist keine Besserung mehr möglich.

Intellektuelle Schwäche kann also auf chromosomale Ursachen (Beispiel Down-Syndrom) oder metabolisch-genetische Ursachen (Beispiel Phenylketonurie) zurückgehen. Schließlich gibt es auch noch eine sehr große Zahl exogener, d. h. durch äußere Einwirkungen prä-, peri- oder postnatal verursachter Formen der Störung oder Verminderung der Intelligenz. So können beispielsweise pränatale, also vor der Geburt verursachte Störungen durch Bestrahlung, Medikamenten- oder Alkoholkonsum entstehen. Eine *Strahlenembryopathie, Medikamenten-* oder *Alkoholembryopathie* kann sich in intellektueller Schwäche und freilich auch in anderen Störungsbildern äußern (siehe auch S. 43 ff.).

Lit.: 16, 18, 27; 157, 194, 195.

5. Fehl- bzw. Mangelentwicklung als Ausdruck oder Folge von vorwiegend körperlichen Krankheiten und Schäden

Im Kap. 2.5 des Allgem. Teils wurden schon die körperlichen Ursachen seelischer Schwierigkeiten abgehandelt. Hier folgt nun eine Ordnung nach Erscheinungsbildern und heilpädagogischer Bedeutung.

5.1 Zustand nach Hirnschädigung im allgemeinen

Das Gehirn ist die Zentrale aller körperlichen und psychischen Vorgänge; zwischen den körperlichen und psychischen Vorgängen besteht eine enge Wechselbeziehung. Schädigungen können sich daher in mannigfacher Weise äußern. Willkürliche und unwillkürliche Bewegungen, Koordination der Bewegungen, Haltung, Gleichgewicht, Steuerung, die Sinnesempfindungen des Sehens, Hörens, Riechens, Schmeckens, die Berührungs-, Druck-, Schmerz-, Temperatur- und Bewegungsempfindung, Einzelleistungen wie Sprechen, Lesen, Rechnen, Gestaltauffassung, Begriffsbildung, schließlich auch die sog. vegetativen Funktionen (Tätigkeit der inneren Organe, Kreislauf, Schlaf-Wach-Rhythmus, Fettstoffwechsel, Wasserstoffwechsel, Wärmehaushalt) – alles dies u.v.a.m. ist vom Gehirn abhängig und kann bei Hirnschädigungen gestört sein. Mit einer gewissen Regelmäßigkeit aber, wenn auch in den verschiedensten Graden der Ausprägung, finden wir bei Hirnschädigungen bestimmte Auffälligkeiten auf geistig-seelischem Gebiet; dies um so deutlicher, je weniger die Schädigung nur ein eng begrenztes Gebiet betroffen hat, d. h. je mehr es sich um eine »diffuse« Hirnschädigung handelt.

Die dabei entstehende körperlich-psychische Veränderung äußert sich durch ein Zusammenwirken typischer, für sich allein jedoch uncharakteristischer Symptome. Besonders leiden Konzentrationsfähigkeit, Aufmerksamkeit, Antrieb, Motivation, Stetigkeit, Ausdauer und Kritikfähigkeit. Häufig sinkt das gesamte Persönlichkeitsniveau, es tritt eine Verarmung der Reaktionsmöglichkeiten ein, die Auffassung ist erschwert und verlangsamt, dafür verstärkt sich die allgemeine Erregbarkeit und Labilität: Die Menschen werden aufbrausend, ja unbeherrscht und hemmungslos, oft auch taktlos und distanzlos; dies alles aber häufig bei Verminderung des Antriebs. Erworbener Schwachsinn bzw. Demenz (je nach Alter zur Zeit der schädigenden Einwirkung) kann hinzukommen. Aber auch Symptomfreiheit trotz erwiesener Substanzschädigung kommt vor.

Die Folgen von Hirnverletzung und Hirnprellung fehlen bei bloßer Gehirnerschütterung. Ihre Symptome (s. S. 48) gehen in der Regel wieder ganz zurück und es ist eine pädagogische Aufgabe, deren psychogene Fixierung zu verhüten, indem unangemessene Beachtung und übertriebene Schonung vermieden werden. Welche Belastung vor der vollständigen Genesung zumutbar ist, muß mit dem Arzt abgestimmt werden.

Zunehmende Beachtung findet die *leichte frühkindliche Hirnschädigung.* Es wird geschätzt, daß ein Fünftel bis ein Viertel der mit Erziehungs- oder Schulschwierigkeiten behafteten Kinder daran leidet. Ursachen können sein u. a. intrauterine Schäden, z. B. infolge schwerer Blutungen während der Schwangerschaft, verspätetes Einsetzen der Atmung nach der Geburt, Ernährungsstörungen im Säuglingsalter. Die Diagnose ist oft nicht mit vollkommener Sicherheit zu stellen, weil keines der Symptome für sich allein beweisend ist. Im EEG (= *Elektroenzephalogramm* = Aufzeichnung der im Gehirn entstehenden feinsten Aktionsströme) finden sich oft keine Veränderungen. Im *Computertomogramm*, bei dem erstmalig die Hirnstruktur direkt dargestellt werden kann, können Veränderungen in der Regel schon festgestellt, d. h. lokalisiert werden. Die Kinder sind vielfach motorisch unruhig, leiden unter Konzentrationsschwäche und ermüden rasch bei geistiger Anstrengung. Häufig findet sich eine Ungeschicklichkeit, die auf Störung der Feinmotorik beruht. Um so mehr wird dann von der Grobmotorik Gebrauch gemacht, z. B. in Form wilden Herumrennens oder Radfahrens, ohne kindliche Grazie. Affekte werden schwer beherrscht. Oft kommen intellektuelle *Teilleistungsschwächen* vor, z. B. *Lesen-Rechtschreib-Schwäche* (LRS). Die allgemeine Intelligenzentwicklung kann durchaus normal sein. Entwicklungsverzögerungen kommen vor (»Spätentwickler«). Im sozialen Bereich fällt auf, daß es oft am rechten Gespür für die Gefühle und Belange der Mitmenschen fehlt. Sehr häufig kommen neurotische Überlagerungen hinzu, weil diese Kinder wegen ihrer Eigenart Schwierigkeiten mit anderen Menschen haben, vor allem bereits in der Familie ungeeigneten Erziehungsmaßnahmen ausgesetzt sind und in ungünstige Geschwisterpositionen geraten können. Bei über 90 % aller erziehungsschwierigen Kinder wird die frühkindliche Hirnschädigung als Ursache angegeben *(Lempp: 167).*

Formen im Umfeld von leichten frühkindlichen Hirnfunktionsstörungen

In den letzten Jahren ist von Pädiatern, Kinderpsychiatern, Psychologen und (Heil-)Pädagogen über die leichte frühkindliche Hirnschädigung viel geforscht worden. Inzwischen bezeichnet man diese Schädigung als *leichte Hirnfunktionsstörung* oder *minimale cerebrale Dysfunktion* (abgekürzt *MCD).* Es wird regelrecht von MCD-Kindern gesprochen. Wesentlicher Teil der Diagnose ist das Adjektiv *leicht (leichtgradig)* bzw. *minimal.*

Man versucht das auffällige Verhalten, das ja keine groben körperlichen oder intellektuellen Ausfälle zeigt, mit gestörten Hirnfunktionen zu erklären und beobachtbare Symptome bzw. Erscheinungsbilder zu beschreiben. Dies führte zu teilweise synonymen bzw. verwandten Syndrombeschreibungen wie beispielsweise *minimale Hirndysfunktion, frühkindliches exogenes Psychosyndrom, psychoorganisches Syndrom, neuropsychologische Teilfunktionsstörung* oder *psychoneurologische Lernschwäche.*

Die MCD-Kinder zeigen eine Vielfalt von Störungsbildern, die in unterschiedlichsten Kombinationen vorkommen und insbesondere in Extremsituationen (sehr starke Belastung, erhöhte kognitive Daueranforderung, Ermüdungszustand) deutlich hervortreten. Es werden drei MCD-Formen unterschieden: (a) Das *hyperkinetische Syndrom* mit starken Konzentrationsstörungen (Die Kinder sind hyperaktiv, ständig in Bewegung, können nicht bei einer Sache/Aufgabe bleiben ...). (b) *Teilleistungsstörungen* (Die Kinder können das Gesehene und Gehörte innerlich nicht verarbeiten und koordinieren, sie zeigen visuelle und auditive Schwächen und können beispielsweise das Wort nicht richtig analysieren oder synthetisieren ... Ihre senso-motorische Integrationsfähigkeit ist gestört. Dies kann zur Legasthenie führen). (c) *Minimale Cerebralparese* (Die Kinder sind motorisch ungeschickt, sei es beim Sport, beim Zubinden der Schuhe oder Zuknöpfen der Jacke; sie haben bei handwerklich-manuellen Aufgaben oft große Schwierigkeiten). Darüber hinaus können alle Symptome bzw. Syndrome sekundär überformt sein. So können z. B. drastische und überfordernde Erziehungsmaßnahmen zum Einkoten oder Einnässen, zum Lügen oder Stehlen führen. Es handelt sich hier um eine *reaktive* oder *sekundäre Neurotisierung.*

Erschreckend ist u. a. die Begriffsverwirrung in den Köpfen der Eltern. Sie kommen bereits mit der fertigen und abgekürzten Diagnose in die Sprechstunde des Arztes, Heilpädagogen oder Psychologen: Unser Kind hat eine MCD, ein POS (Psychoorganisches Syndrom) oder eine HA (Hyperaktivität).

Obwohl es sehr schwierig ist, auffälliges Verhalten mit gestörten Hirnfunktionen zu erklären, werden MCD-Diagnosen häufig gestellt. Durch diese *Kausaldiagnose* kann wohl das Entstehen einer sekundären Neurose reduziert oder gar vermieden werden, denn der Erzieher wird sein Verhalten stärker an den individuellen Möglichkeiten und Störungen orientieren und weniger an den geforderten Verhaltens- und Leistungsnormen. Andererseits können Hirnschadendiagnosen bei Eltern, Ärzten, Therapeuten und Erziehern – u. a. auch im Sinne der *»Self fulfilling prophecy.«* (s. S. 61 f.) – leicht eine negative Eigendynamik entwickeln, indem das Fehlverhalten gleichsam auf den Hirnschaden abgewälzt wird. Dadurch wird der Blick auf andere verursachende oder bedingende psychosoziale Faktoren eingeengt oder verstellt. Es können aber auch Veränderungen des Selbst- und Fremdbildes und damit der Interaktionen auftreten. Sehr leicht kann eine *»organische Minderwertigkeit« (Adler)* geschaffen werden; hier können dann Erzieher bzw. Kind bei ihren Erziehungs- bzw. Lernaktivitäten leicht aufgeben und das Nichtgelingen auf die Störung abwälzen. Aus all diesen Gründen sollte die Diagnose offen, nicht festschreibend und etikettierend, sondern eher eine Verdachtsdiagnose sein: »Es besteht Verdacht auf ...«. Sobald der Heilpädagoge ein Kind mit leichter Hirnschädigung vermutet, ist es dem Facharzt vorzustellen, denn es kann durchaus sein, daß z. B. ein zu niedriger Blutdruck, eine Schilddrüsenunterfunktion oder sogar eine epileptische Bewußtseinsstörung vorliegt, die der MCD-Symptomatik täuschend ähnlich ist.

Im Zusammenhang mit der minimalen zerebralen Dysfunktion werden oft auch die Entstehung und Behandlung der *Teilleistungsschwächen (Teilleistungsstörungen)* und der *Lese-Rechtschreib-Schwäche* erörtert. Viel seltener als die *Legasthenie* ist eine isolierte Rechenschwäche *(Dyskalkulie).* Die Neuropsychologie *(Beaumont:* 68) unterscheidet verschiedene Aphasieformen. So wird z. B. die *Entwicklungsdyslexie* (Lesefähigkeit nicht ausgebildet) von der erworbenen *Dyslexie* (Verlust der bereits vorhandenen Lesefähigkeit, oft als Folge einer zerebralen Läsion) unterschieden (vgl. auch *Gaddes:* 116).
Freilich ist nicht jede Teilleistungsstörung, die ja bei allen Intelligenzgraden vorkommen kann, durch frühkindliche Hirnschädigung erworben. Man kann aber sagen, daß jede frühkindliche Hirnschädigung mit einer Teilleistungsstörung einhergeht. Diese Störung wird *auch psychoneurologische Lernschwäche* genannt und kann mit entsprechenden Tests relativ gut erfaßt werden.

Die Teilleistungsstörung kann sich u. a. als optische und/oder akustische Erfassungs- und Differenzierungsschwäche, als taktil-kinästhetische Schwäche, als Legasthenie oder Dyskalkulie, als Linkshändigkeit, als Hörstummheit, als *Apraxie* (Unfähigkeit, Handlungen auszuführen) oder *Agnosie* (Unfähigkeit, Wahrgenommenes zu erkennen) äußern. Darüber hinaus gibt es Kombinationen von Teilleistungsstörungen unterschiedlichen Ausmaßes.

Die Bezeichnung *Legasthenie,* 1916 von dem Arzt *Ranschburg* für das Leseversagen geprägt, steht heute für nahezu alle Formen einer Lese- und Rechtschreibstörung. *Lempp* (168) und andere fassen die Legasthenie als eine spezielle Form der Teilleistungsstörung auf; sie kann wohl auch erblich bedingt sein, sie ist aber vermutlich vor allem durch eine frühkindlich erworbene leichtgradige Hirnschädigung hervorgerufen. Die dispositionelle Grundlage spielt offenbar doch eine nicht zu unterschätzende Rolle (*Schenk-Danziger:* 226). So will es scheinen, daß nach der *Anti-Legastheniebewegung* der vergangenen Jahre nun wieder eine vor allem mit Hirnfunktionsstörung begründbare Legasthenieforschung in Gang kommt. Es zeigt sich, daß die Legasthenie, die ganz allgemein als Schwäche im Aufnehmen, Durchgliedern, Verarbeiten, Speichern und Wiedergeben optischer oder akustischer Sprachgestalten charakterisiert werden kann, Folge einer frühgestörten Wahrnehmungsentwicklung sein kann, bei der eben leichtgradige Hirnschäden nicht auszuschließen sind. Diese Störungen können aber auch durch *unbiologische Lehr- und Lernstrategien* (*Vester:* 260) begünstigt oder gar hervorgerufen werden. Daher sind bei der Behandlung legasthenischer Kinder viele grundlegende Tast-, Hör- und Sehübungen notwendig. Dadurch kann die Wahrnehmungsfähigkeit nach-ausgebildet und gestörte Hirnfunktionen können (weitgehend) kompensiert werden. Eine nahezu unübersehbare Zahl von sensomotorischen Wahrnehmungs- und Integrationsübungs-Programmen liegt vor.

Unter erwachsenen Straffälligen befindet sich ein erschreckend hoher Prozentsatz von Legasthenikern, die zu ihrer Schulzeit nicht als solche erkannt wurden, da damals diese Teilleistungsstörung noch nicht genügend erforscht war. Nicht nur des Schulerfolgs willen, sondern darüber hinaus wegen der Gefahr seelischer Fehlentwicklungen ist die rechtzeitige Diagnose und Behandlung der Teilleistungsschwächen wichtig.

In Einzelfällen kann zwischen Legasthenie und *Linkshändigkeit* ein direkter hirnorganischer Zusammenhang angenommen werden. Auch gleichzeitiges Vorkommen von Linkshändigkeit und Sprachstörungen, insbesondere Stottern, ist überdurchschnittlich häufig. Vor allem tritt Stottern relativ oft dann auf, wenn forciert auf Rechtshändigkeit umtrainiert wird.

Früher wurden Linkshänder ohne Rücksicht zum Rechtsschreiben gezwungen. Heute wird Linksschreiben von vornherein gestattet. Dazu ist zu bemerken, daß uneingeschränktes Gewährenlassen der Linksbetonung im Alltag Nachteile bringen kann. So sind beispielsweise Maschinen so zu bedienen oder Haltegriffe so angebracht, als gäbe es nur Rechtshänder. In realistischer Abwägung des Für und Wider dürfte es zweckmäßig sein, vom Ausprägungsgrad auszugehen. Ist dieser gering, so daß die Umgewöhnung auf keine nennenswerte Widerstände stößt, wird das Rechts-training vorteilhaft sein. Am besten wird dies schon vor der Einschulung in spieleri-scher Form begonnen, wobei sich einfache Ballspiele und Auffangübungen bewährt haben. Manuelle Ungeschicklichkeit ist in diesen leichten Fällen dann kaum zu befürchten, es besteht im Gegenteil sogar die Chance einer im Alltag vorteilhaften Beidhändigkeit. Bei starker Ausprägung hingegen ist der Schaden der Rechtsdressur größer als der etwaige Nutzen; die Linkshändigkeit soll daher mit allen Konsequen-zen toleriert werden. Schwierig und nur individuell zu treffen ist die Entscheidung bei mittelschwerer Ausprägung. Ein Versuch, frühzeitig Beidhändigkeit zu üben, ge-zielter als es im Sport ohnehin für alle erfolgt, ist sicher angezeigt, wobei jedoch alles zu vermeiden ist, was zu Mißerfolgserlebnissen und Entmutigung beitragen kann.

Insbesondere bei Kindern mit fachärztlich *und* fachpsychologisch diagnostizierter leichter frühkindlicher Hirnschädigung oder Hirnfunktionsstörung muß der Erzie-her den im Einzelfall genau zu beschreibenden zentralnervös bedingten Schwierigkei-ten zu entsprechen versuchen. Zur Vermeidung von sekundären Neurosen hat er zunächst zu sehen, daß diese Kinder sozialen und kognitiven Erwartungen nicht ent-sprechen können. Sie können offenbar die Sinneseindrücke und Umwelterfahrungen nicht angemessen integrieren. Daher sind sie zunächst so zu verstehen und zu akzep-tieren wie sie sind. Darauf aufbauend ist auf ihre abweichenden Verhaltens- und Erle-bensweisen behutsam einzugehen. Diese Arbeit erfordert einen sehr sensiblen und geduldig-abwartenden Erzieher. Bei einer liebevoll-konsequenten Haltung darf er die MCD-Kinder nicht überfordern. Ihre Wutanfälle lassen sich nicht brechen; sie klin-gen ohnehin meist rasch ab. Teilleistungsstörungen können durch eine entsprechend basale Übungsbehandlung gebessert oder behoben werden. Heilpädagogische Bewe-gungs-Erziehung (z. B. nach *Frostig:* 115), rhythmisch-musikalische Übungen (z. B. nach *Scheiblauer:* 193) und sensomotorische Integrationsbehandlung (z. B. nach *Ayres:* 58) fördern Sensorik, Motorik, Sprache, Kognition, Sozialverhalten und Moti-vation, aber auch Selbstkontrolle, Selbstvertrauen und Konzentrationsfähigkeit. Die Verhaltensstörungen werden nach den allgemeinen heilpädagogischen Grundsätzen angegangen. Eine sekundäre Neurotisierung kann Psychotherapie erforderlich machen. Bei extremen Formen der Aufmerksamkeits- und Konzentrationsstörung ist eine vorübergehende unterstützende *Psychopharmakotherapie* zu erwägen (16). Sehr wichtig ist die Elternberatung. Die Prognose ist nicht ungünstig. Während der Puber-tät kann es gelegentlich kürzere Rückfälle geben.

Lit. über leichte frühkindliche Hirnschädigung/Hirnfunktionsstörung: 16, 18, 23, 27; 68, 116, 124, 167, 168, 231, 260.
Lit. über heilpädagogische Übungsbehandlung: 34, 44, 58, 112, 115, 193.
Lit. v.a. über Legasthenie-Behandlung: 52, 125, 183, 226, 234, 260.

5.2 Zustand nach Geburtsschädigung am Beispiel der zerebralen Bewegungsstörung

Wie nach jeder Hirnschädigung sind auch nach der Geburtsschädigung alle nur denkbaren Störungen und Ausfälle der körperlichen und geistigen Entwicklung möglich. Bei einer Schädigung des motorischen Steuerungssystems des Gehirns kommt es zu einer zerebralen Bewegungsstörung mit verschiedenen Erscheinungsformen, deren durchgängiges Hauptmerkmal die Beeinträchtigung der Willkürmotorik ist. Vor allem bei frühgeborenen Kindern mit einer *perinatalen Schädigung* gibt es eine typische Form: die *spastische Diplegie* der Beine oder *Paraspastik* der Beine, die auch unter dem Namen »*Littlesche Krankheit*« bekannt ist. Diese Paraspastik gilt als klassische Form der zerebralen Bewegungsstörung (synonyme: *infantile Zerebralparese* (Parese = Schwäche, Cerebrum = Gehirn) oder *zerebrale Kinderlähmung* mit einer Vielzahl körperlicher Auffälligkeiten (Verlangsamung der Bewegung, Streckdefizit im Hüftbereich, Einwärtsrotation der Oberschenkel, Neigung zum Spitzfuß).

Unter *Spastik* (Synonyme: *Spastizität, zerebrale spastische Parese*) verstehen wir eine Erhöhung der *Muskelspannung (Muskeltonus)*. Für jeden Muskel sind bestimmte Nervenzellen innerhalb des Rückenmarks zuständig. Diese Nervenzellen erhalten ihre »Befehle« vom Gehirn. Der Muskeltonus kann vermindert, schlaff *(hypoton)* oder gesteigert, angespannt *(hyperton)* sein. Die zentrale Bewegungsstörung kann beide Beine und Arme, also alle Extremitäten betreffen; hier wird von *Tetraspastik* oder *Tetraplegie* gesprochen. Ist von der spastischen Lähmung eine Körperseite betroffen, z. B. die Rechte, so spricht man von rechtsseitiger *Hemiplegie, Hemiparese* oder *Hemispastik*. Wenn beide Arme oder (weitaus häufiger) beide Beine spastisch gelähmt sind, so spricht man von einer *Paraspastik* oder *spastischer Diplegie* der Arme oder Beine. Die Beschränkung auf eine Extremität und das Gesicht *(Monoplegie)* ist selten.

Der Gang diplegisch gelähmter Kinder ist recht typisch. Sie bewegen ihre federnd starren Beine aus den Hüften heraus mehr oder weniger kreisförmig, schleifend nach vorne (»Scherengang«). Krankengymnastik (hier gibt es sehr verschiedene Methoden, am bekanntesten ist die *Bobath*-Methode) und rhythmisch-musische Übungsbehandlung sind – möglichst vom ersten Auftreten der Störung an – unerläßlich. Wegen der Gefahr der Muskelschrumpfung mit Erstarrung und Skelettverbiegung ist ein Orthopäde rechtzeitig hinzuzuziehen.

Neben dieser spastischen Erscheinung treten auch *ataktische Störungen* auf, jedoch nicht so häufig. Darunter versteht man Störungen der Koordination einzelner Muskelgruppen, z. B. Wackeln beim Fingerdeuten oder beim Aufsetzen der Füße. Das

Gehen erfolgt wie auf Stelzen (»Stelzengang«). Auch die Sprache ist häufig verlangsamt und die Artikulation ist oft undeutlich. Beim Ataxie-Syndrom ist das Kleinhirn überwiegend oder ausschließlich geschädigt.

Nicht selten zeigen sich auch Bewegungsstörungen nach Art der *Chorea* (s. S.140 f.) oder (häufiger) in Form von *Athetose.* Die sogenannten *Athetotiker* sind nicht in der Lage willkürlich Bewegungen in ganz normaler Weise zu lenken, Muskelgruppen zu spannen und zu entspannen, also harmonische Muskelbewegungen durchzuführen. Alle Bewegungen, eventuell auch des Gesichts (hier teilweise nur halbseitig oder an einem Körperteil) können im Sinne bizarrer Verdrehungen und Verzerrungen entstellt sein und langsam-»wurmförmig« ablaufen. Im Laufe der Zeit treten oft schwere Deformierungen ein, sofern keine rechtzeitige orthopädische Behandlung erfolgt. Häufig ist die Sprache gestört. Auch die vegetativen Funktionen sind oft in Unordnung (Wachstum, Schlaf-Wach-Rhythmus, Infekt-Abwehr, Kreislauf, Verdauung, Sexualfunktionen usw.).

Durch frühkindliche Schädigung können also verschiedene Grundformen der hauptsächlichsten Bewegungsbeeinträchtigungen *(Spastizität, Athetose, Ataxie)* auftreten. Sie sind unterschiedlich ausgeprägt. Häufig gibt es Mischformen.

Kognitiv sind die Kinder überraschend wenig beeinträchtigt, es zeigen sich aber auch mehr oder weniger schwerwiegende Mängel bis hin zu schwersten Formen kognitiver Störungen. Bei leichteren Beeinträchtigungen sind häufig mehr die Hilfsfunktionen der Intelligenz befallen, als die Intelligenz selbst: Die Kinder lassen es vor allem an Ausdauer und Antrieb fehlen; sie leiden unter Stimmungsschwankungen oder zeigen eine anhaltende Fröhlichkeit (Euphorie), ihre Gefühlsreaktionen (Lachen und Weinen) sind überschießend, Merkfähigkeit, Gedächtnis und Konzentrationsfähigkeit sind vermindert. Diese und andere Symptome können einzeln oder in den verschiedensten Kombinationen zusammen auftreten. Epilepsie nach frühkindlichen Hirnschäden ist häufig.

Hochgradige spastische Lähmungen oder Athetose haben früher oft die Einschulung verhindert. In neuerer Zeit sind Einrichtungen (z. B. Spastikerzentren) entstanden, in denen die Kinder ärztlich, krankengymnastisch, logopädisch und vor allem heilpädagogisch betreut werden und Schulunterricht erhalten. Auch integrative schulische Förderung zusammen mit Nichtbehinderten ist inzwischen möglich. Die Erfolge sind hier überraschend gut; die Kinder gewöhnen sich aneinander und lernen voneinander. Die integrative Förderung hilft auch beim Abbau der Vorurteile.

Weitere Formen der Körperbehinderung

Bei Störungen von Zentren oder Bahnen des Rückenmarks entstehen Lähmungen oder Bewegungsstörungen. Häufig ist auch die Funktion des Darmes und der Blase

mit betroffen. Die *Spina bifida* (angeborene unvollständige Schließung des Rücken-
wirbels) ist die häufigste Mißbildung des Rückenmarks mit verschiedenen Erscheinungsformen, ohne jedoch die Ursache zu kennen. Mögliche Folgen sind u. a.: Teilweise oder vollkommene Querschnittlähmung unterhalb der Öffnung, schlaffe
Lähmung der Beine, Fußdeformitäten, Sensibilitätsstörung, keine Harn- und Stuhl-
kontrolle, Hydrozephalus (Wasserkopf).

Bei *Muskeldystrophien* (genetisch bedingter Stoffwechseldefekt, der von der Mutter
auf die Söhne übertragen wird) handelt es sich um einen fortschreitenden Unter-
gang von Muskelgewebe. Am häufigsten ist die *progressive Muskeldystrophie* vom
Typ *Erb-Duchenne (Duchenne-Muskeldystrophie)*. Die Mutter ist also Überträge-
rin des defekten Gens, das kürzlich auf dem X-Chromosom gefunden wurde. Die
Bewegungsschwäche wird ab dem 5. Lebensjahr erkannt, etwa vom 10. Lebensjahr
(oder etwas später) sind die Kinder an den Rollstuhl gebunden. Im Spätstadium liegen sie bewegungsunfähig im Bett und sind infektionsanfällig. Sie sterben mit ca. 25
Jahren, häufig als Folge einer Erkältung (Atem-Schleimproblem, Erstickung). diese
Menschen mit *progredienten* (fortschreitenden) Erkrankungen konfrontieren den
Heilpädagogen mit den Fragen des Sterbens und existentiellen Grenzsituationen.
Das Todestabu im sozialen Umfeld der betroffenen Menschen erschwert die heil-
pädagogische Aufgabe zusätzlich.

Eine besondere Form der Körperbehinderung ist die *Dysmelie.* Darunter versteht
man eine angeborene Gliedmaßenfehlbildung. Diese hat es schon früher gegeben,
sie trat jedoch um 1961 sehr häufig auf. Nachdem das Schlafmittel »Thalidomid«,
das Keimschädigungen verursachen kann, aus dem Handel gezogen worden war,
ging die Zahl der Dysmeliefälle wieder drastisch zurück. – Sorgfältige Beobachtungen an Dysmeliekindern haben gezeigt, daß in der Entwicklung keine Stufe über-
sprungen werden kann. Schafft man den gliedmaßengeschädigten Kindern keinen
Ersatz für die ausgefallene motorische Funktion, so bleiben sie in ihrer Entwicklung zurück. Der Ausfall muß ausgeglichen werden durch ein Ersatzorgan (z. B.
Greifen mit den Füßen), durch Ersatzbewegungen (z. B. Rutschen statt Kriechen)
und durch prothetische Versorgungen.

Schließlich sei noch auf die *Chorea minor,* dem kleinen erworbenen »Veitstanz«
hingewiesen. Die Chorea befällt nur Kinder und Jugendliche. Sie ist als Reaktion
des Zentralnervensystems auf Infekte zu verstehen. Die Kinder beginnen zunächst
scheinbar nur zappelig zu werden, zucken bei feineren Bewegungen (z. B. beim
Schreiben) und bald steigert sich die Bewegungsunruhe ins deutlich Abnorme:
schließlich zuckt, schnalzt, wälzt und dreht es am ganzen Körper. Auch das Gesicht
ist von eigentümlichen Bewegungen befallen, ebenso die Zunge und Bauchmusku-
latur. Besondere Zuckungen in der Nabelgegend gelten als charakteristisches Unter-

scheidungsmerkmal von ähnlichen, aber seelisch bedingten Zuständen. Die choreatische Bewegungsunruhe ist durch rasche, zuckende (und nicht etwa wie bei Athetose durch intensiv ziehende, drehende) Bewegungen gekennzeichnet. Meist dauert die Chorea einige Wochen bis Monate. Der Heilungserfolg stellt sich unter medikamentöser Behandlung allmählich ein. Die Neigung zu Rückfällen ist groß. Mißbildungen, Wachstums- und Funktionsstörungen u. dgl., welche die altersgemäße Betätigung beeinträchtigen oder das körperliche Erscheinungsbild entstellen, sind ständig Quelle von deprimierenden Erlebnissen. Minderwertigkeitsgefühle sind praktisch unvermeidlich, weil sich das behinderte Kind mit den Gesunden vergleicht. Minderwertigkeitsgefühle hängen ab von der sozialen Umwelt (Mitwelt). Schweren Schaden stiftet das Wort »Krüppelseele«; es entspricht dem Vorurteil, gewisse Körperbehinderungen müßten gesetzmäßig mit bestimmten Verhaltensstörungen gekoppelt sein. Zu den an sich schon kaum vermeidbaren Minderwertigkeitsgefühlen kommt hinzu, daß die Mitwelt dem Körperbehinderten gegenüber nur selten unbefangen ist. Einerseits ist man überfürsorglich und zeigt Mitleid, was im Kind das Gefühl des Ungenügens verstärkt. Andererseits sind Körperbehinderte oft Objekte für Projektionen und Vorurteile.

Eine optimale chirurgische, orthopädische, neurologische, prothetische oder krankengymnastische Versorgung genügt noch nicht. Heilpädagogisches Bemühen ist in jedem Fall angezeigt. Es muß alles getan werden, daß sich das Kind als vollwertiger Mensch fühlen kann. Soweit irgend möglich, soll es sich am normalen Leben beteiligen und sich nicht in eine Almosenrolle drängen lassen. Auf die Erziehung zur Selbständigkeit von Beginn an und unter Einbeziehung aller denkbaren Ersatzfunktionen ist größter Wert zu legen. Das Kind soll Verständnis aber kein Mitleid zu fühlen bekommen. Es soll rechtzeitig ein so normales Leben wie nur irgend möglich führen lernen. Für echte Kompensation ist zu sorgen, damit Fehlkompensationen vermieden werden. Bei richtiger und angemessen fordernder Erziehung können Körperbehinderte durchaus ausgeglichene und lebensfrohe Menschen werden. In den glücklichsten Fällen kann es zu Überkompensation im positiven Wortsinn (s. S. 75 f.) kommen. Das kann in vielen Berichten Betroffener nachempfunden werden. Beispielhaft sind hier immer noch die Aufzeichnungen des bekannten armlosen Geigenspielers *Unthan* (259).

Lit.: 19; 52, 58, 86, 100, 137, 255, 259.

5.3 Zustand nach Hirnhautentzündung und nach Hirnentzündung

Wenn als Folge einer akuten *Hirnhautentzündung* Schädigungen zurückbleiben, so sind diese meist schwer. Sie können darauf beruhen, daß die Entzündung der Hirnhäute die angrenzenden Hirnpartien erfaßt hat (Hirnhaut-Hirnentzündung = *Meningo-Enzephalitis).* Außerdem können narbige Verklebungen oder Verdickungen der Hirnhäute einen Zug oder Druck an den angrenzenden Hirnpartien bewirken. Schließlich führen Verklebungen der Hirnhäute zu Verengungen oder Verschlüssen der Hirnflüssigkeitskanäle. Die Hirnflüssigkeit *(Liquor),* die dann nicht mehr abzufließen vermag, erzeugt einen Druck im Schädelinneren, der zum Wasserkopf *(Hydrozephalus)* führen kann. Der Wasserkopf kann aber auch andere Ursachen haben.

Alle Grade des Schwachsinns können Meningitisfolgen sein. Auch Ausfälle einzelner Hilfsfunktionen der Intelligenz (Antrieb, Hemmungen, Merkfähigkeit usw.) sind häufig. Motorische Störungen stehen meist nicht im Vordergrund.

Vor allem als Folge der epidemischen *Enzephalitis* (s. S. 47) treten vorzugsweise Schädigungen des unwillkürlichen Bewegungssystems auf im Sinne von *Chorea* oder *Athetose,* manchmal aber auch ähnlich dem »*Parkinson*«-Zustand des Erwachsenen.

Letzterer Zustand zeigt sich bei Erwachsenen nach bestimmten Enzephalitisformen, aber auch u. a. infolge von Arterienverkalkung: Starre der Muskulatur, grobschlägiges Zittern, vornübergeneigte Haltung, tippelnder Gang, starres Gesicht, Speichelfluß u. a.

Beim Kind sehen wir davon *meist* nur den Speichelfluß und das Maskengesicht. Die Störung der geistigen Funktion ist gekennzeichnet durch besonders scharf ausgestanzte Ausfälle. Fähigkeiten und Unvermögen stehen hinsichtlich nahe verwandter Leistungen schroff nebeneinander. Bisweilen beobachtete man auch Schreianfälle und nicht zuletzt epileptische Symptome. Gerade wenn die Enzephalitis nur zu leichten Schäden geführt hat, kommt es vor, daß ein Kind oder auch ein Erwachsener plötzlich unerklärliche Reaktionen oder Anwandlungen zeigt, die erstmalig auf die durchgemachte Krankheit hinweisen (Tierquälerei, Exhibitionismus, Davonlaufen, u.v.a.m.). Auf vegetativem Gebiet sind besonders Störungen des Schlaf-Wach-Rhythmus zu nennen.

Vor die schwierigsten Aufgaben ist der Heilpädagoge gestellt, wenn Postenzephalitiker durch Impulshandlungen, die sie kaum oder auch gar nicht unterdrücken können, sich selbst und andere schädigen oder sogar ausgesprochen gefährlich werden. Die üblichen heilpädagogischen Grundsätze gelten hier auch. Selbstverständlich hilft es nicht, diesen Kranken moralisierend und verurteilend zu begegnen. Aber auf konsequente Beobachtung und straffe Führung kann hier nicht verzichtet werden.

Elemente der Verhaltensmodifikation (s. S. 92 ff.) können bei den hier erforderlichen heilpädagogischen Maßnahmen hilfreich sein.

5.4 Epilepsie

Der griechische Denker *Demokrit* (geboren um 460 v. Chr.) bezeichnete die *Fallsucht (Epilepsie)* als »Heilige Krankheit«, weil sie ihrem »Charakter als von Göttern verhängte Heimsuchung« entsprach. *Platon* (427–347 v. Chr.) meinte, daß die Bezeichnung »Heiligkeit« deshalb gerechtfertigt sei, weil diese Krankheit die »Vorgänge im Kopf, die doch die göttlichsten seien«, störe. U. a. Cäsar, Napoleon und Dostojewski waren Epileptiker.

Die Epilepsien (Anfallskrankheiten) beruhen auf einer Funktionsstörung der Nervenzellen im Gehirn, der »bioelektrischen Hirntätigkeit«. Sie haben viele Ursachen. Die häufigsten sind bei Kindern folgende: Störungen der pränatalen Hirnentwicklung (z. B. durch Infektion der Mutter), Hirnblutungen oder Sauerstoffmangel während der Geburt, Hirnhaut- oder Hirnentzündung (z. B. bei Masern, Keuchhusten oder Windpocken), Hirnverletzungen durch Unfall, Stoffwechselstörungen (z. B. Kalkmangel, Störungen im Eiweiß- oder Fettstoffwechsel) oder fortschreitende Gehirnerkrankungen (degenerative Hirnprozesse). Zwischen diesen ursächlichen Erkrankungen und dem Ausbruch der Epilepsie können Jahre liegen. Es gibt auch eine genetische Disposition zur Epilepsie.

Epileptische Kinder haben sehr häufig eine normale bis überdurchschnittliche Intelligenz und Schulleistung. Nur bei etwa 20 % liegen der Epilepsie schwere Hirnschädigungen zugrunde, die zur retardierten geistigen Entwicklung führen. – Unter einer chronischen *zerebralen Anfallskrankheit* leidet etwa 0,9 % der Bevölkerung. Etwa 5–6 % aller Menschen haben im Verlauf ihres Lebens mindestens einen epileptischen Anfall (Gelegenheitsanfall), weitere 5 % sind von Epilepsien bedroht. Ein Anfall bedeutet jedoch noch keine Krampfkrankheit. Bei jedem Menschen lassen sich epileptische Anfälle künstlich auslösen.

Die *Epileptologen* (Epilepsie-Forscher) haben Einteilungsschemata entwickelt; inzwischen gibt es eine international anerkannte Klassifikation der epileptischen Anfälle. Neben dem *großen Anfall*, auch *Grand mal* genannt (Kind stürzt plötzlich zu Boden, ist bewußtlos, Gesicht verfärbt sich blaurot; zuerst starke Anspannungsphase bis zu einer Minute Dauer und dann rhythmische Zuckungen, oft mit Schaum vor dem Mund und Einnässen; im Anfall starre und weite Pupillen; allmähliches Einsetzen des regelmäßigen Atems in der Entspannungsphase; danach meist tiefer Schlaf), werden insbesondere *kleine Anfälle*, auch *Petit mal* – »kleines Übel« genannt (Sonderformen: *Blitz-Nick-Salaam-Krämpfe = BNS-Krämpfe = BNS-Anfälle, Absencen* u.a.), *myoklonisch-astatische Anfälle* (mit plötzlichem Zusammensacken), und *psycho-motorische* Anfälle unterschieden. Wird halbseitig eine bestimmte Körperpartie oder auch eine ganze Körperhälfte von einem Anfall betroffen, so spricht man von *Jackson-Epilepsie*. Sie ist Ausdruck eines Herdes in der Hirnrinde und damit also *erworben*. Meist handelt es sich um zuckende Krämpfe, etwa einer Hand, eines Armes, eines Fußes, eines Beines oder einer Gesichtshälfte. Die häufigste Sonderform ist die *Absence (»Abwesenheit«)*, die in einem wenige Sekunden dauernden Bewußtseinsverlust besteht und in dem eine Serie kleinerer Anfälle oder ein sog. Dämmerzustand ablaufen. Sie ist bei Kindern viel häufiger als der große generalisierte Anfall. Die Kinder fallen nicht vom Stuhl, ja sie gehen weiter, wenn sie unterwegs sind. Man bemerkt oft lange Zeit überhaupt nichts von ihren Absencen, bis ihnen vielleicht einmal der Löffel aus der Hand oder ein Buch zu Boden gleitet. Beobachtet man sie genauer, so zeigt sich, daß der Blick für wenige Sekunden starr und ausdruckslos ist. Entsprechende Stellen des Gesprächs gehen den Kindern verloren. Manchmal ist mit der Absence schlagartige Blässe oder ein Verdrehen der Augen verbunden. – Die Absence ist streng zu unterscheiden von sonstigen Abwesenheitszuständen, wie sie uns allen unterlaufen.

Wenn ein Kind häufig geringe Bewegungsimpulse zeigt, oder plötzlich für wenige Sekunden geistig abwesend ist und verträumt wirkt, oder den Kopf oft nach vorne absinken läßt, blinzelt, die Augen verdreht, oder nickt, oder immer wieder einmal so vor sich hindämmert, oder gar ungeordnet sinnlose sprachliche Äußerungen – verbunden mit unmotivierten aggressiven Handlungen – zeigt, so kann diese Auffälligkeit auf eine Anfallsform oder eine Kombination verschiedener Anfallstypen hinweisen. Deshalb ist das Kind einem Facharzt vorzustellen, damit weitere differentialdiagnostische Abklärungen (Ableitung eines Hirnstrombildes (EEG), Computertomographie u. a.) erfolgen können.

Beim großen Anfall ist das Kind horizontal zu lagern und auf die rechte Seite zu drehen; damit ist das Herz frei, der Speichelfluß wird ermöglicht und einer drohenden Erstickung wird vorgebeugt. Das Anfallsgeschehen selbst ist nicht beeinflußbar, es ist weder zu bagatellisieren noch zu dramatisieren!

Die Anfallstherapie mit antiepileptischen Substanzen *(Antiepileptika)* wird aufgrund des klinischen Befundes durchgeführt; oft ist die medikamentöse Einstellung in einer Fachklinik unumgänglich. Regelmäßige Kontrolluntersuchungen sind bei allen Anfallsformen erforderlich. Dadurch kann einer Überdosierung vorgebeugt und die psychischen Nebenwirkungen (Müdigkeit, neuropsychologische Beeinträchtigungen, Hyperaktivität, Aggressivität u. a.) können reduziert werden. Die durch Medikation angestrebte Anfallsfreiheit darf jedoch nicht zu einer totalen Lähmung der Interessen und Initiativen führen. Das Führen eines Anfallskalenders zeigt insbesondere die Wirksamkeit der Medikamente auf. Etwa bis 65 % aller

Anfallsformen können durch eine Langzeittherapie anfallsfrei gehalten werden. Bei etwa 25 % läßt sich das Leiden entscheidend verbessern und bei etwa 10–15 % sind die Behandlungserfolge noch unbefriedigend.

Die ältere Literatur hat sich ausführlich mit der epileptischen Wesensänderung befaßt und sprach sogar von Wesenseigentümlichkeiten: Der Epileptiker wirke aufdringlich und distanzlos-klebrig, bleibe bei einem Gedanken oder Thema haften und komme nicht los davon, verharre pedantisch in alten Verhaltensweisen, sei aber auch reizbar, oft geradezu explosiv; man fürchtete die »epileptischen Wutanfälle«, die epileptische Trotzigkeit und Eigenwilligkeit. Inzwischen hat sich jedoch die Überzeugung weitgehend durchgesetzt, daß diese Verhaltensweisen *primär* eine Folge der unangemessenen Einstellung und erzieherischen Behandlung sind. Negative Beschreibungen und Erwartungen prägten ein negatives Verhaltensbild. Durch eine weitestgehend normale Erziehung kann eine sekundäre Fehlentwicklung vermieden werden!

Fachärzte weisen darauf hin, daß in Familien oft folgende Fehler gemacht werden: Häufig wird die medikamentöse Therapie eigenmächtig verändert oder gar abgebrochen. Aber auch das langjährige starre Festhalten an einem Medikamentenschema ist zu beobachten. Schließlich werden mögliche neurologische Veränderungen (Tumor!) nicht rechtzeitig genug beachtet.

Bei anfallskranken Kindern und Jugendlichen sind emotionale Konflikte und Streßzustände, aber auch zu langes Fernsehen (intermittierende Lichtreize!), zu starke Sonnenbestrahlung und Überanstrengungen im Sport zu vermeiden. Auch Alkohol, Nikotin und unzureichender Schlaf können anfallsfördernd wirken; regelmäßige Schlaf- und Wachzeiten sind einzuhalten.

Der Heilpädagoge hat krankheitsbedingte Schwankungen in der Leistung und im Sozialverhalten zu beachten. Das Kind darf jedoch nicht in einen Schonraum gebettet, überbehütet und unterfordert werden. So kann es z. B. Sport treiben, wenn es 3 Monate anfallsfrei war. Man kann zusätzlichen Schwierigkeiten am besten dadurch vorbeugen, daß man bei ihnen grundsätzlich den allgemeinen Lebensrhythmus einhält und die gleichen Erziehungsprinzipien anwendet wie bei anderen Kindern auch. Sondermaßnahmen sind nur selten angezeigt, sie schaffen allzu schnell ein übermäßiges Außenseitergefühl.

Als heilpädagogische Grundregel gilt: Sich dem anfallskranken Kind gegenüber zunächst nicht anders zu verhalten als wie zu jedem anderen Kind. Dadurch können alle erzieherischen und entwicklungsfördernden Möglichkeiten voll ausgeschöpft werden. Im täglichen Umgang mit den Anfallskranken wird sich nach und nach ergeben, daß oft ein geduldiges Abwarten und Geschehenlassen, ein sicheres und zurückhaltendes Verhalten wichtiger sind als viele äußere Aktivitäten. Diese heilpädagogische Haltung muß freilich langsam wachsen. Dabei ist das Schaffen von Sondersituationen zu vermeiden.

Es ist noch darauf hinzuweisen, daß es auch »nicht-epileptische« Anfälle gibt. Sie können psychogen bedingt sein und bei extrem belastenden äußeren Situationen, starker Beziehungsproblematik oder neurotischer Familienstruktur auftreten. Von »hysterischen Anfällen« wird in der Fachliteratur nicht mehr gesprochen.

Abschließend bleibt anzumerken, daß bereits 1909 die »Internationale Liga gegen Epilepsie« gegründet wurde; die deutsche Sektion dieser Vereinigung (mit dem Sitz im Epilepsiezentrum Kork: 7640 Kehl-Kork, Landstraße1) gibt Wegweiser »Epilepsie bei Kindern«, »Anfallskrankheiten« und »Das anfallskranke Kind. Pädagogischer Ratgeber für Eltern« heraus, die auch für den Heilpädagogen wichtig sind.

Neben dem Epilepsie-Zentrum Kork gibt es in der BRD noch das traditionsreiche Epilepsie-Zentrum Bethel (4800 Bielefeld-Bethel).

Lit.: 19. 23, 27, 32; 82, 178.

5.5 Psychische Auffälligkeiten bei Störungen der Schilddrüsen und Keimdrüsen

Es gibt Über- und Unterfunktionen der Schilddrüse. *Überfunktion* zeigt sich in allgemeiner Erregbarkeit und nervöser Unruhe, manchmal bis zur Angst gesteigert. Schweißausbrüche, Heißhunger, Durchfall, Haarausfall, Zittern, Abmagerung, Herzjagen oder Schlaflosigkeit, verbunden mit einem meist leicht geblähten Hals, aufgerissen wirkenden und etwas vorquellenden Augen sind weitere diagnostische Kriterien. In der Pubertät sind solche Zustände nicht allzu selten. Aus ihnen kann sich die *Basedowsche Krankheit* entwickeln, die ärztlicher Behandlung bedarf.
Eine *Unterfunktion* der Schilddrüse (s. S. 42) macht sich ungefähr in gegenteiliger Weise bemerkbar. Soweit sie etwa nach Kropfoperation auftritt, ist sie für den Heilpädagogen wenig wichtig. Liegt aber eine solche Unterfunktion von kleinauf vor, hängt viel von der frühzeitigen Erkennung ab, da bei längerer Dauer diffuse Hirnschädigungen unausbleiblich sind. Die infolge Schilddrüsenhormonmangel unterentwickelten Kinder bleiben körperlich zurück, sind gedrungen gebaut, haben wulstige Augen- und Mundpartien. Die große Zunge hängt meist etwas vor, die Haare sind struppig, die Haut blaß und teigig. Psychisch sind sie antriebslos, reaktionsschwach und verdrießlich, dabei zuweilen auftreiberisch. Bei Jugendlichen und Erwachsenen kommen unerwartete Erregungszustände vor.
Man unterscheidet zwei Formen frühkindlicher Schilddrüsenunterfunktion. Einmal kann aus unbekannten Gründen die Schilddrüse zu klein sein oder ganz fehlen. Die

daraus resultierende Störung ist das *Myxödem*. Wenn ganz früh einsetzend lebenslänglich mit Schilddrüsenhormonen behandelt wird, verläuft die körperliche Entwicklung normal. Auch die psychische Entwicklung ist dann meist ungestört. Die andere Form ist der immer seltener werdende *Kretinismus*, der in sog. Kropfgegenden vorkommt und mit Jodmangel des Wassers zusammenhängt. Mit jodhaltigem Salz läßt sich weitgehend vorbeugen. Im Gegensatz zum Myxödem ist die Schilddrüse nicht verkleinert, oft ist sie sogar vergrößert (Kropf), jedoch funktioniert sie mangelhaft. Gaben von Schilddrüsenhormen von Beginn an und zeitlebens ermöglichen eine normale Entwicklung. Erfolgt diese Behandlung erst zu einem späteren Alter, so können die körperlichen, psychischen bzw. kognitiven Fähigkeiten nur noch gering verbessert werden.

Neben den Störungen der Schilddrüsentätigkeit gibt es vor allem auch noch Störungen der Keimdrüsentätigkeit; aufgrund verschiedener Krankheiten kann eine vorzeitige Geschlechtsentwicklung auftreten *(Pubertas praecox)*, bei der schon Kinder Zeichen der sexuellen Reife zeigen (bei Mädchen vor dem 8. und bei Knaben vor dem 10. Lebensjahr). Häufig liegen Grundkrankheiten vor, die den Kliniker angehen. Wo sie nicht zu beseitigen sind, wird die Pubertas praecox ein heilpädagogisches Problem, ebenso wie die *ungenügende* oder *fehlende Tätigkeit* der Keimdrüsen.

Kinder, die an Pubertas praecox leiden, werden meist psychisch überfordert. Weil sie schon ziemlich reif wirken, kommen sie in ihrem Zärtlichkeitsanspruch zu kurz. Die Gemeinschaftserziehung bedarf besonderer heilpädagogischer Aufmerksamkeit (Außenseiterrolle!). – Nicht weniger problematisch als die verfrühte ist die verspätete Entwicklung. Ihre Behandlung ist insbesondere eine Sache des Hormon-Spezialisten.

6. Störungen des Sprechens und der Sprache

Schon allein bei Kindern und Jugendlichen mit durchschnittlicher Intelligenz und keinen Hörbeeinträchtigungen können Störungen der Lautbildung, des Sprechens und der Sprache auftreten, die auf verschiedene Ursachen zurückgehen. Kurz erwähnt seien Störungen der Aussprache infolge von Schäden oder Mißbildungen am Sprachapparat (Kehlkopfverletzung, Gaumenmißbildung, Hasenscharte, Wolfsrachen), Sprachstörungen aufgrund von Hirndefekten bzw. Rückenmarkserkrankungen und psychogene Sprechstörungen als Ausdruck neurotischer Fehlentwicklungen. Die Sprech- und Sprachstörungen bei Kindern mit einer kognitiven Behinderung oder einer Hörschädigung stellen ein zusätzliches Problem dar. Bereits diese wenigen Hinweise auf Ursachen und Erscheinungsformen der Sprech- und Sprachstörungen zeigen auch, daß für die Diagnostik und Therapie der Sprache verschiedene Berufe (Hals-Nasen-Ohren-Arzt, Logopäde, Neurologe, Psychotherapeut, Sprachheilpädagoge, Sprachsonderpädagoge, Hörgeschädigtenpädagoge, Geistigbehindertenpädagoge u. a.) zuständig sind.

Den Heilpädagogen interessieren hier nicht so sehr die sprachtherapeutischen Konzepte, denn seine Aufgabe ist nicht das selbständige Behandeln. Für ihn ist vor allem die Kenntnis der seelischen Probleme wichtig, die sprachbeeinträchtigte Kinder und Jugendliche entwickeln oder haben können, damit er ihnen vorbeugend oder gegenwirkend begegnen kann. Einige Grundkenntnisse über die häufigsten Störungen sind aber dabei unentbehrlich. Doch zuvor eine kurze Anmerkung über die Bedeutung der Sprache für den Menschen, für seine Entwicklung und für das Zusammenleben der Menschen.

Das Grundverständnis des Menschen in seiner Sprache läßt sich – orientierend an *Westrich* (267) – folgendermaßen skizzieren: Sprache ist *die* grundlegende Fähigkeit des Menschen, das *Erlebte* sich selbst und anderen verstehbar zu machen. Der Mensch entwickelt sich durch seine eigenaktiv gestaltete Sprache und er tritt in der Sprache mit anderen in Kommunikation. Der Mensch stellt sich also in der Sprache dar, er erlebt und versteht sich in der Sprache und er teilt sich anderen in der Sprache mit und erlebt zugleich die anderen in der Sprache. Sprache ist somit *Selbst-Erleben* und *Dialog-Erleben.* Dieses existentielle und dialogische Grundverständnis des Menschen in seiner Sprache bedeutet nun, daß bei einer Sprech- oder Sprachbeeinträchtigung der Mensch in seiner Ganzheit beeinträchtigt sein kann. Sprechangst ist beispielsweise ein Grundphänomen verschiedener Stimm-, Sprech- und Sprachstörungen und damit Ausdruck einer gestörten Beziehung zu sich selbst und zu anderen (*Lotzmann: 172*). Aus dieser Störung können weitere psychische und soziale Schwierigkeiten entstehen. Daraus ergibt sich für Sprachtherapie, Sprachheilpädagogik und allgemeine pädagogische Praxis ein Fundamentalprinzip: den Aufbau und die Pflege guter menschlicher Beziehungen durch ein dialogisches Leben und Lernen. Bei den nun folgenden Aufzählungen, insbesondere beim *Stottern, Poltern* und *Mutismus,* wird daher der Heilpädagoge seine Handlungsgrundsätze besonders zu beachten haben, sie vorsichtig und einfühlsam anwenden.

Eine häufige Störung der Lautbildung ist das *Stammeln (Dyslalie, artikulatorische Dyspraxie).* Diese Bezeichnung, die in der Umgangssprache eine ganz andere Bedeutung hat, ist für eine Sprechweise eingebürgert, bei der einzelne Konsonanten oder Lautverbindungen mangelhaft ausgesprochen werden, natürlich nur, soweit dies über die selbstverständlichen Ausspracheschwierigkeiten eines kleinen Kindes, das sog. *physiologische Stammeln* hinausgeht. Am bekanntesten ist hier das *Lispeln (Sigmatismus),* die fehlerhafte Aussprache des S-Lautes. Ähnliche Schwierigkeiten beobachten wir bei r oder g und anderen Konsonanten, außerdem bei Lautverbindungen, wie etwa bei bl oder tsch.

Die sprachheilpädagogische Übungsbehandlung erfordert neben fundiertem Fachwissen vor allem viel *Geduld* . – Der begleitende Heilpädagoge versucht sich hier nicht von Beginn an eigenmächtig in Korrekturen. Sie sind höchstens da angebracht, wo eine Selbstkontrolle schon begonnen hat und sich weiterhin einspielt. Nörgelei führt nur zu einem Verlust an Selbstvertrauen. Die wirkliche sprachheilpädagogische Behandlung bleibt dem Fachmann überlassen.

Beim *Stottern* ist bei intakten äußeren Sprechwerkzeugen der normale Redefluß gestört; im Gegensatz zum Stammeln ist hier die isolierte Lautbildung ungestört. Das Stottern äußert sich in der Regel in krampfartigen Bewegungen der Kehlkopf- und Artikulationsmuskeln; dadurch wird der stotternde Mensch gezwungen, bei einem Laut oder einer Lautgruppe längere Zeit zu verweilen. Das *klonische Stottern* äußert sich in mehrfachen Silben- oder Lautwiederholungen, das *tonische* in einem gepreßten Festhalten einzelner Laute. Jungen stottern häufiger als Mädchen. Der Beginn liegt oft zwischen dem 4. und 7. Lebensjahr. Auffallend ist, daß das Stottern beim Singen, rhythmischen Sprechen, Chorsprechen oder Vorlesen gewöhnlich nicht auftritt. Vorzugsweise zeigt es sich bei der unmittelbaren Aussage, insbesondere an hervorgehobenen Stellen der Rede, bei schwierigen Wörtern, längeren Wörtern, betonten Wörtern usw. Erwartungsvolle Blicke der anderen und Aufregung verstärken das Stottern; Ablenkung und psychische Lockerung führen zur Besserung.

Dies legt den Schluß nahe, daß das Stottern Ausdruck einer seelischen Fehlentwicklung sei. Nach der extremsten Neurose-Theorie beruht jedes Stottern auf einer echten Neurose, also einer ständig aktuellen inneren Konfliktsituation. Eine weniger extreme Theorie glaubt, daß das Stottern zwar »neurotisch« entstanden sei, dann jedoch zumindest als »eingeschliffenes« Symptom weiterbestehe, auch wenn der innere Konflikt inzwischen abgeklungen ist. Schließlich gibt es eine Theorie, welche die unbestreitbaren seelischen Auffälligkeiten des Stotterers als Folge seiner zwischenmenschlichen Schwierigkeiten ansieht. Als Ursache wird hier eine Funktionsschwäche des Sprachapparates angesehen: es handelt sich um ein neurophysiologisches Erklärungsmodell. Im Grund reicht diese Typologisierung nicht aus; es gibt häufig Übergänge und Mischungen. Zu erwähnen ist das sogenannte *Entwicklungsstottern* zwischen dem 2. und 4. Lebensjahr; hier liegt eine vorübergehende Diskrepanz zwischen vorauseilendem Denken und den sprachmotorischen Ausdrucksmöglichkeiten vor.

Die Behandlung stellt den ganzheitlichen Erlebensaspekt in den Mittelpunkt und richtet sich auch nach der Entstehungsweise des Stotterns. Die Stotterertherapie ist äußerst vielseitig. Je stärker neurotische Momente im Vordergrund stehen, desto wichtiger ist eine Psychotherapie, der es um das Aufarbeiten der inneren Konfliktsituation geht. Neben diesem Einbinden in ganzheitliche und alltägliche Erlebenssituationen und psychotherapeutisch orientierter Sprachheilbehandlung sind auch praktische Übungen wichtig: spezielle Sprechübungen, Lockerungs- und Entspannungsübungen, Atemübungen (Stotterer atmen häufig falsch!), Meditationsübungen oder rhythmisch-musische Übungen. Man wird immer wieder in entspannten Situationen unaufdringlich versuchen, das Selbstbewußtsein der Kinder zu heben und nichtstotternde Situation herbeizuführen, sie also in ihrem Können bestärken und ermutigen, z. B. auch beim Vorlesen und Singen oder beim Üben mit dem Tonband. – Der Heilpädagoge darf nicht auf eigene Faust einen Stotterer behandeln. Seine Aufgabe ist es, dafür zu sorgen, daß die Gruppe den Stotterer nicht verspottet, daß er sich in der Gemeinschaft angenommen fühlt und sein Selbstvertrauen zurückgewinnen kann. Die Bezeichnung »Stotterer« ist zu vermeiden! Bei der Unterhaltung ist *Geduld* ein erstes Gebot. Man schaue dem Kind nicht zu auffällig weg. Ein unkomplizierter und nicht auf die Störung ausgerichteter Umgang ist für den therapeutischen Erfolg ebenso grundlegend, wie eine freie und ungezwungene Atmosphäre im Lebensraum normalsprechender Menschen. Zwischenbemerkungen, wie »sprich doch langsam!«, werden zurecht übelgenommen.

Beim *Poltern* ist der Redefluß überstürzt, hastig und fahrig; die Wörter überschlagen sich gleichsam. Es handelt sich um eine sprachliche Gestaltungsschwäche. Ein wesentlicher Unterschied zum Stottern liegt darin, daß beim Poltern die Sprache mit wachsender Aufmerksamkeit in der Regel besser, beim Stotterer schlechter wird. Die Behandlung besteht u. a. in Übungen der Aufmerksamkeit, der Artikulation und Bewußtmachung; das psychotherapeutisch akzentuierte Bemühen wird sich vor allem der Lockerung und Entspannung, dem richtigen Atmen und der inneren Konzentration zuwenden.

Beim *Dysgrammatismus (Agrammatismus)* handelt es sich um eine Störung der Wortbeugung und Wortstellung im Satz. Die Kinder sprechen im Telegrammstil, konjugieren und deklinieren fehlerhaft. Sie bilden wenig Nebensätze. Fast durchwegs ist der Dysgrammatismus schweren Grades Ausdruck einer Hirnschädigung. Die Behandlungsprognose ist, wenn daneben keine kognitiven Mängel bestehen, bei Geduld und Ausdauer nicht ungünstig.

Die *verzögerte Sprachentwicklung* (Spracheintritt erst mit 3 oder gar 4 Jahren) ist manchmal ebenfalls Ausdruck einer zentralnervösen Schädigung oder einer Funktionsstörung der entsprechenden Hirnbereiche, kommt aber auch ohne bekannte Ursachen bei sonst gut entwickelten Kindern vor. Hat die Sprachentwicklung dann einmal eingesetzt, verläuft sie meist überraschend schnell. Bis zum Schuleintritt haben die Kinder das Fehlende nachgeholt. Es besteht also etwa bei dreijährigen Kindern, die überhaupt noch nicht sprechen und keine sonstigen Auffälligkeiten zeigen, kein Grund zur Panik. Dennoch sollte man ihnen besondere Aufmerksamkeit schenken, frühzeitig fachlichen Rat einholen und eine diagnostische Abklärung, insbesondere des Hörbereichs (*Kinder-Audiometrie* = Hörprüfung für Kinder) anstreben, denn ein exaktes Gehör ist eine Voraussetzung für die normale Sprachentwicklung, aber auch soziale Entwicklung.

Nun ist noch kurz auf die *Aphasie* einzugehen. Ihr begegnet der Heilpädagoge relativ oft. Wir kennen die *erworbene frühkindliche Aphasie:* Die bereits ausgebildete

Sprache verschlechtert sich aufgrund krankhafter Prozesse, die z. B. durch ein Unfalltrauma, eine Infektion oder einen Hirnabszeß hervorgerufen sein können. Hier führt eine Hirnschädigung zu einer Sprachstörung, die eine der zwei Grundformen annehmen kann: *motorische Aphasie* oder *sensorische Aphasie.* Diese Grundformen können bei älteren Kindern, Jugendlichen und Erwachsenen in reinen Formen oder in Mischformen mit unterschiedlicher Ausprägung auftreten. Dies hängt von vielen Faktoren ab. Von besonderer Bedeutung ist jedoch, welche Hirnbereiche wann und wie stark geschädigt wurden und welchen Ausprägungsgrad die Hirnfunktionsstörung hat, die ja auch andere Persönlichkeitsbereiche (z. B. die Bewegung, das Denken, die Wahrnehmung, die Merk- oder Konzentrationsfähigkeit) mit betreffen kann.

Die *motorische Aphasie* wurde erstmals von *Broca* (1861) beschrieben. Bei der *Brocaschen Aphasie* handelt es sich um eine Veränderung der »äußeren Sprache«. Die Menschen können bei gutem Sprachverständnis (sie verstehen in der Regel das Gehörte) oft nur unter größten Anstrengungen Silben, Wörter oder kleine Sätze hervorbringen. Die nichtfließende Sprechweise und artikulatorische Probleme stehen im Vordergrund *(Anarthrie)*. Ein vorgezeigter Gegenstand kann nicht benannt und ein vorgesprochenes Wort kann nicht nachgesprochen, dafür kann aber die Silbenzahl des Wortes nachgeklopft werden.

Die *sensorische Aphasie* wurde zuerst von *Wernicke* (1874) beschrieben. Bei der *Wernickeschen Aphasie* spricht der Mensch flüssig, er vergißt jedoch Wörter und kann das Gesprochene nicht verstehen. Zeigt man ihm ein Buch und benennt es richtig, so wird er in der Folge alle Gegenstände, die man ihm zeigt, ebenfalls »Buch« benennen. Oft fällt das Verständnis für das Gesprochene ganz aus (»*Worttaubheit«).* Die sensorische Aphasie ist eine komplexe Störung, ein »Verlust der inneren Sprache«. Ist der unter sensorischer Aphasie leidende Mensch unfähig, sich seiner Störung bewußt zu werden?

Abschließend sei noch der *Mutismus* erwähnt. Unter Mutismus wird ein psychogenes Schweigen verstanden. Diese Sprechscheu hindert das Kind mit anderen sprachlich zu kommunizieren. Man unterscheidet den *totalen Mutismus* (Schweigen gegenüber allen Menschen) und den *elektiven (auswählenden) Mutismus* (Schweigen gegenüber verschiedenen Menschen). Gerade beim Erscheinungsbild des Mutismus liegen erhebliche sprachliche Dialog-Defizite vor. Die Behandlung muß dem psychotherapeutisch orientierten Heilpädagogen oder Psychologen überlassen bleiben. Für das heilpädagogische Bemühen ist der behutsame und einfühlsame Aufbau guter Beziehungen von entscheidender therapeutischer Bedeutung.

Lit.: 27; 42; 172, 196, 198, 267.

7. Einnässen und Einkoten

Einnässen *(Enuresis)* liegt vor, wenn das Kind nach dem vollendeten 3. Lebensjahr noch einnäßt. Wir sprechen von *primärem Einnässen,* wenn die Sauberkeitsgewöhnung noch nicht zustande gekommen war, von *sekundärem Einnässen,* wenn das Kind schon längere Zeit sauber war, später aber wieder einzunässen begonnen hat. Außerdem werden Tagnässer, Nachtnässer sowie Tag- und Nachtnässer unterschieden.

Dem Einnässen liegen häufig mehrere Faktoren zugrunde; Einnässen ist also multifaktoriell bedingt. Beim Einnässen besteht ein Zusammenhang mit der Schlaftiefe, wobei man teilweise den Tiefschlaf, teilweise den Flachschlaf verantwortlich macht. Solche und andere Momente (wie z. B. Regulationsschwäche des Wasserhaushaltes) spielen wohl nur eine zusätzliche Rolle; ebenso auch konstitutionelle Abartigkeiten, Mißbildungen, Epilepsie oder Hirnschädigungen.

Bei den meisten Einnässer-Kindern wird man an eine Neurose denken müssen; um so mehr, je weniger körperliche Auffälligkeiten zutagetreten. Es ist auch recht einleuchtend, daß Neurosen sich im Symptom des Einnässens äußern. Über die besondere Situation des Kindes während der Sauberkeitsgewöhnung wurde schon gesprochen. Gelegenheiten zu Triebversagungen sind während dieser Zeit reichlich gegeben. Viele Mütter fangen zu früh an, das Kind auf Sauberkeit zu dressieren. Wasserlassen ist, wie jede Lösung einer Spannung, für das Kleinkind angenehm. Werden ihm anläßlich dieser Annehmlichkeiten Leistungen zugemutet, die noch außerhalb seiner Fassungskraft liegen, kann sich der gesamte Bereich mit widersprüchlichen Affekten besetzen.

Das Einnässen kann aber auch unter dem Gesichtspunkt der Regression bzw. Retardierung betrachtet werden. Das Kind verharrt damit bewußt in einem feuchtwarmen Klima mütterlicher Umsorgung; die Mutter bleibt mit dem Unterleib beschäftigt, der ihr im allgemeinen mit Beginn der Ödipusphase unter dem Eindruck der »Inzestscheu« für immer entzogen wird. Für das Kind bedeutet es ja eine schwere Enttäuschung, wenn es erst an seinem Unterleibsorgan gehätschelt und wichtig genommen wurde, um dann zu erfahren, daß dieses Gebiet »tabu« und ekelerregend sein soll. Das Paradies, aus dem der Junge meist mit einem »Pfui« vertrieben wurde, wird vom Einnässer (und Einkoter) zurückerzwungen – nicht selten übrigens im unbewußten Einverständnis der Mutter. Ob es mit dieser »Ödipusthematik« zusammenhängt, daß Einnässen bei Buben häufiger ist als bei Mädchen?

Das neurotische Einnässen und insbesondere das Tagnässen ist eine der augenfälligsten Demonstrationen des Unbewußten. Die Kinder leiden meist sehr unter ihrem Symptom, sie schämen sich, ziehen morgens heimlich das Bett ab oder wechseln unbemerkt die Hose, um ihre »Schande« zu verbergen. Trotzdem ist etwas in ihnen tätig, was dieses Einnässen hervorruft und die eigene Aufmerksamkeit ablenkt, oder besser: abdrängt. Es läßt sich neurologisch genau feststellen, daß Tagnässer das Durchtreten des Urins durch die Harnröhre spüren müssen. Ebenso spüren sie das Spannungsgefühl bei Füllung der Blase. Auch an Aufmerksamkeit fehlt es ihnen in sonstigen Dingen durchaus nicht, erst recht nicht am guten Willen. In solchen Fällen ist also wirklich das »Es« tätig und bringt zum Ausdruck, was bewußt nicht ausgedrückt werden darf.

Unbewußt drücken die Einnässer vorwiegend aus, daß sie die Annehmlichkeiten des Babydaseins noch wollen bzw. wieder herbeisehnen. Bei sekundärer Enuresis wird man danach fahnden, welche Veränderung im Leben des Kindes diesen unbewußten Wunsch herbeigeführt haben mag. Oft ist es die Entthronungssituation; oder das Herannahen der sexuellen Problematik wird als bedrohlich erlebt. Das Symptom kann ferner auch eine Opposition ausdrücken, z. B. gegen den Reinlichkeitsfanatismus der Mutter, oder es soll ganz einfach eine ungeliebte, im elterlichen Haushalt lebende Person »fortgeekelt« werden.

Zur Behandlung des Einnässens bedarf es genauer Erforschung der Ursachen und Ursprünge. Körperliche Krankheiten (einschl. Würmer) und Mißbildungen der Unterleibsgegend müssen durch sorgfältige klinische Untersuchungen festgestellt bzw. ausgeschlossen werden. Die Psychotherapie bzw. Heilpädagogik hat in erster Linie die lebensgeschichtlichen Grundbedingungen zu berücksichtigen, die zur Entstehung des Einnässens geführt haben. Elterliche Fehlhaltungen müssen durch Beratung oder gar Behandlung behoben werden. Liegt eine tiefergehende neurotische Fehlentwicklung des Kindes selbst vor, so bedarf es auch einer Kinderpsychotherapie. Nur unter Berücksichtigung dieser Gesichtspunkte sind auch »symptomatische« Maßnahmen am Platze. Zu ihnen zählt vor allem auch das große Gebiet der Suggestionsmöglichkeiten. Optimismus ist durchaus begründet, da das Nässen in weitaus den meisten Fällen mit der Pubertät verschwindet. Die Ankündigung, daß es bestimmt verschwinden wird, ist eine der besten Suggestivhilfen. Zur Suggestionsbehandlung zählen zahlreiche Arzneimittel; ebenso die Trockendiät, die man nicht allzu scharf durchführe. Sie wirkt teilweise freilich auch unmittelbar symptomatisch, da eine weniger gefüllte Blase weniger zur Entleerung drängen wird. Hat man im Heim einzelne Einnässer, so denke man daran, daß diese durch die Diät diffamiert werden könnten. Dergleichen läßt sich bei geschickter Führung vermeiden; umgekehrt läßt sich der Anfangserfolg, den eine Diät mit sich zu bringen pflegt, im Sinne der *Ermutigungstherapie* ausbauen.

Genau überlege man sich, wie weit man den Tageslauf des Kindes durch sein Einnässen bestimmen sein lassen will. Manche Kinder arbeiten begeistert mit, wenn man ihnen einen schriftlichen Plan aufstellt, in den sie eintragen, was sie gegessen oder getrunken haben, in welcher Nacht sie eingenäßt haben. Die Besserung kann oft erstaunlich sein. Man vergesse aber nicht die Gefahr, die mit einer allzu großen Aufmerksamkeitshinwendung auf das »Leiden« verbunden ist. Ähnliches gilt für das nächtliche Wecken. Nur wo sich recht genau die Zeiten des Einnässens ermitteln lassen und das Wecken selbst in einer Atmosphäre der Ordnung und Liebe erfolgt, ist nächtliches Wecken zu befürworten. Gegen Weckapparate, die auf erste Feuchtigkeit hin klingeln, ist unter Berücksichtigung der obigen Voraussetzungen nichts einzuwenden. Schließlich haben sich auch gut durchdachte verhaltenstherapeutisch orientiere Belohnungsprogramme bewährt.

Wo alles nichts nützt, bringt immer noch in etwa 50 % der Fälle der Milieuwechsel einen raschen Erfolg, der allerdings in abermals der Hälfte der Fälle nach Rückkehr in die alte Umgebung wieder hinfällig wird. Auch darin zeigt sich, wie stark das Einnässen von den Konfliktinhalten der Mitwelt abhängt. Die Erfolge des Milieuwechsels zeigen sich meist schon nach 1–2 Wochen. Sind sie nach 6 Wochen noch nicht eingetreten, so sind die Chancen, daß sie im neuen Milieu noch von selbst zustande kommen, nicht mehr groß. Es bedarf dann zusätzlicher Maßnahmen. Bei etwa 20 % der Einnässer aber versagt zunächst jede Therapie bzw. Heilpädagogik. Das Symptom verschwindet aber später.

Wesentlich ist für die Einnässer, daß Eltern und Erzieher allgemein zu diesem Problem eine vernünftige Haltung einnehmen. Es hat keinen Sinn, die Kinder verächtlich zu machen oder sie mit Strafen zur Aufgabe ihres Symptoms zu bewegen. Selbst wenn das Einnässen damit aufhört, ist der Schaden meist größer als der Nutzen. Wichtig ist es, dem Einnässer-Kind viel Liebe zu schenken.

Dührssen empfiehlt der Mutter, sich abends noch eine Viertelstunde zum Kind ans Bett zu setzen und ihm vielleicht auch ein Bonbon zuzustecken. Eine ruhige und zuversichtliche, ganz persönliche Zuwendung ist zweifellos das, was das einnässende Kind am nötigsten braucht.

Was über das Einnässen ausgeführt wurde, gilt grundsätzlich auch für das Einkoten *(Enkopresis)*, das viel seltener auftritt. Es sei deshalb hier nur noch auf kleinere *Unterschiede* eingegangen. Bei den Einnässern überwiegen die nächtlichen Bettnässer und bei den Einkotern die Tagkoter. Tiefenpsychologisch gesehen stehen bei ihnen aggressive Momente weitaus stärker im Vordergrund als bei den Einnässern, insbesondere den Nachtnässern. Der Ausdruckscharakter des Symptoms läßt vermuten, daß die Kinder sich auch in ihrer Produktivität eingeengt fühlen.

Der Kot ist nach psychoanalytischer Auffassung das erste Eigenprodukt des

Menschen. Manche Einkoter neigen obendrein zum Kotschmieren. Darin drückt sich nicht nur ein besonders inniges oder gespanntes Verhältnis zu Schmutz und Schmiere aus, sondern ein Bedürfnis zu beschmutzen oder auch etwas vom Bedürfnis, sich zu verweigern. Allgemein wühlen solche Kinder gern in Sand, Erde oder Morast.

Zu erinnern ist auch daran, daß »Analität« etwas mit Besitz zu tun hat. »Wenn ein Kind zur Unzeit und ohne es zu bemerken Kot hergibt, so hat man in psychischer Hinsicht allen Grund, danach zu fragen, wie es insgesamt mit den Anforderungen in bezug auf Hergeben und Selbstlosigkeit dem Kind gegenüber steht und gestanden hat. Man hat außerdem allen Grund, danach zu fragen, in welcher Weise Geld und Besitzverhältnisse in der Familie geregelt werden, insbesondere aber, wie dem Kind gestattet wird, Eigentum zu haben, zu behalten oder auszugeben« (Dührssen: 98, S. 302).

Entschließt man sich zu einer Einzeltherapie, so fällt beim Malen wiederum die Vorliebe für geschmierte, satte Farben, insbesondere für braun auf. Oft läßt sich der Fortschritt der Therapie daran erkennen, daß zunehmend weniger deftige Farben und Themen gewählt werden. Spieltherapie und soziale Spiele sind oft besonders hilfreich.

Stimmungsmäßig wirken enkopretische Kinder oft recht bedrückt. Dies mag teilweise auch darauf zurückzuführen sein, daß sie sich vor ihren Altersgenossen schämen.

Lit.: 6, 9, 27, 32; 34, 43; 98, 127, 154, 163.

8. Sexuelle Auffälligkeiten

Hier sind nur diejenigen sexuellen Auffälligkeiten abzuhandeln, die in das Aufgabengebiet des Heilpädagogen fallen.

Onanie (Masturbation) ist Betätigung an den eigenen Geschlechtsorganen zur sexuellen Erregung bzw. »Befriedigung«. Wesentlich dabei ist das Fehlen des Partners. Zu unterscheiden ist zwischen der Onanie des kleinen Kindes bzw. des Schulkindes und der Onanie, die mit der Vorpubertäts- oder Pubertätsphase beginnt.

Wenn kleine Kinder an ihren Geschlechtsorganen herumspielen, spreche man nicht zu schnell von Onanie. Das gleiche gilt vom Wetzen auf Stühlen und dgl. mehr. Nehmen solche Dinge auffällige Ausmaße an, so ist zunächst ärztlich zu untersuchen, ob nicht irgendein Juckreiz, wie etwa beim Auftreten von Würmern oder Ekzemen, vorliegt. Ist dies alles ausgeschlossen, und besteht dabei auch der Einduck sexueller Lust, so handelt es sich um wirkliche Onanie, die bei Buben mit einer Aufrichtung ihres Gliedes verbunden ist. Immer bedenke man, daß die kleinkindliche sexuelle Lustempfindung unbefangen ist.

Dementsprechend ist es auch erstes Gebot, dem Kleinkind seine Harmlosigkeit auf diesem Gebiet zu bewahren. Dies heißt nun nicht, daß man es munter weiter onanieren lassen soll. Man wird aber, wo solche Erscheinungen nur zufällig beginnen, nicht anders damit verfahren, wie mit sonstigen kindlichen Auffälligkeiten. Gerade in diesem Punkt liegt nun der häufigste Fehler, den Eltern und Erzieher angesichts der kleinkindlichen Onanie begehen. Sie sehen diese Sexualität mit den Augen des Erwachsenen, der oft selbst auf diesem Gebiet problembeladen ist. Damit projizieren sie ihre eigenen Probleme in das Kind hinein, das dementsprechend auf sein Fehlverhalten fixiert wird und häufig nur um so mehr onaniert, oft nun nicht mehr ganz frei von jener Zwielichtigkeit der Atmosphäre, die die Erwachsenen künstlich geschaffen haben. Häufig sind es überhaupt nur solche Projektionen, die den Beginn des Onanierens hervorrufen. Jedenfalls ist übermäßiges kleinkindliches Onanieren fast stets als Ausdruck einer neurotischen Fehlentwicklung zu betrachten und sollte uns veranlassen, die familiären Konfliktfelder zu untersuchen.

Bedenklicher ist schon die Onanie des Schulkindes. Auch sie ist zwar häufig eine vornehmlich mitweltbedingte Fehlhaltung, die bei Umgebungswechsel schnell abklingt. Es gilt aber stets zu prüfen, ob sie nicht schon auf einer fortgeschritteneren inneren Fehlentwicklung beruht. Die zugrundeliegenden Konflikte entstammen oft durchaus sexual-fernen Gebieten. Schulische Überforderung z. B. veranlaßt Kinder oft, sich onanierend ganz auf sich selbst zurückzuziehen; allerdings nur dann, wenn auch sonstige innere Voraussetzungen gegeben sind. Die Sorgfalt, die man dem onanierenden Schulkind zuwenden sollte, ist besonders deswegen sehr begründet, weil diese Kinder sonst ihre Latenzphase versäumen und damit später leicht mit ihrer Geschlechtsentwicklung und überhaupt mit ihrer Gesamtentwicklung in Schwierigkeiten geraten können. In diesem Alter spielt auch schon der Verführungsfaktor eine erhebliche Rolle.

Das Onanieren der *Jugendlichen* dagegen ist eigentlich kein heilpädagogisches, sondern ein allgemein-pädagogisches Problem. Die große Überzahl der männlichen Jugendlichen und ein erheblicher Prozentsatz der weiblichen onaniert während einer kürzeren oder längeren Phase der Pubertät. Die Onanie des Jugendlichen ist häufig mit Angst und Schuldgefühlen beladen, ja die Angstlust ist eine ihrer wesentlichen Reizfaktoren. Die alte Auffassung, daß Angst- und Schuldgefühle bereits wesensmäßig zur Onanie gehörten, ist unzutreffend. Einstellung der Mitwelt zur Sexualität und Erziehung tragen erheblich zu diesen Gefühlen bei. Wie soll der Heilpädagoge dieser Auffälligkeit begegnen? Hier ist alles Sache des richtigen

Maßes, des guten Geschmackes und der inneren Wahrhaftigkeit. Feste Regeln lassen sich kaum aufstellen. Die Frage des richtigen Maßes betrifft auch Dinge der Diskretion. So falsch es ist, daß die Sexualität bei den Jugendlichen zum »Thema 1« wird, so falsch ist es auch, wenn man sie zum *erzieherischen* Thema 1 erhebt. Der Erzieher umgehe dieses Thema nicht schamhaft, besonders nicht im Einzelgespräch und auch nicht, wenn es sich darum handelt, die Jugendlichen über die medizinische Seite des Tatbestandes klar und umschweiflos zu unterrichten; er sehe aber auch zu, daß das Geschlechtliche wirklich »Intimsphäre« bleibt, eine Sphäre, die ihren Wert in jeder Hinsicht verliert, wenn sie ins Profane und Alltägliche gezogen wird. Sexuelle Probleme einzelner Gruppenmitglieder sind daher auch kaum für Gruppengespräche geeignet, es sei denn, es ginge um die verständnisvolle Rechtfertigung eines einzelnen innerhalb der Gruppe.

Nachteilige Folgen der Onanie sind höchstens zu befürchten, wenn sie exzessiv betrieben wird, zur Sucht geworden ist. Gefahren sind ausschließlich im seelischen Bereich zu suchen. Die Leichtigkeit, mit der in der Phantasie beliebig wechselnde erotische Szenen hervorgerufen sind, können die Du-Findung erschweren. Solange während der Selbstbefriedigung die Abwesenheit des Partners schmerzlich empfunden wird, ist wahrscheinlich nicht mit nachteiligen Folgen zu rechnen. Wenn aber die Onanie keine Ersatzbefriedigung mehr ist, sondern Selbstzweck, ist eine Isolierung bereits vorhanden und zugleich ein Mittel gefunden, in der Isolierung zu verharren.

Die pädagogische Behandlung soll sich der Gefahr der Vereinsamung besonders bewußt sein und zwanglos für gute Gemeinschaftserlebnisse sorgen, ohne jedoch den Jugendlichen gewaltsam aus seinem zeitweiligen, für die Selbstfindung notwendigen Grübeln herauszureißen. Zu prüfen wäre, ob in der sexuellen Aufklärung bisher etwas versäumt wurde, um es nötigenfalls nachzuholen. Jede Drohung mit schädlichen körperlichen Folgen ist zu vermeiden. Es gibt sie auch nicht. Wenn sich ein Jugendlicher vertrauensvoll an den Erzieher wendet, soll dieser versuchen, von schädlichen Angst- und Schuldkomplexen zu befreien. Er soll auch nicht verheimlichen, daß es nur wenige gibt, die ganz widerstehen können. Der Ratsuchende fühlt sich dann nicht als Außenseiter. Andererseits muß er wissen, daß es für seine seelische Reifung nicht gleichgültig ist, wenn er sich an die ursprüngliche Ersatzbefriedigung suchtartig gewöhnt.

Die jugendlichen Sexualprobleme (insbesondere die der Onanie) sind wirkliche Liebes- und Kontaktprobleme; dies aber nicht in jenem vulgären Sinn, der unter »Liebe« nichts als Sexualbetätigung verstehen möchte, sondern in einem höheren Sinn: Ein Jugendlicher, der wirkliche Zuwendung, vertrauten Kontakt und rückhaltlose Liebe findet, braucht sich nicht in die Abkapselung der Sexualträume zu verlieren und wird mit den Onanieproblemen gewiß leichter fertig als einer, der sich im Stich gelassen fühlt. Die Konsequenzen für die Eltern und Erzieher sind damit die gleichen, wie sie bei anderen Verhaltensauffälligkeiten geschildert wurden. Jugendliche zu Beginn der Pubertät machen häufig eine »*homosexuelle* Phase« durch (s. S. 72), die in der Regel wieder abklingt. Bei den bedauerlichen Fällen, in denen Erzieher sich an ihnen anvertrauten Jugendlichen vergehen, sollte es der Heilpädagoge vermeiden, sich allzu sehr in die Brust zu werfen. Er schaffe klare Verhältnisse, beziehe eindeutig Stellung und bagatellisiere nichts, hüte sich aber vor falscher Pose.

Sadismus kann auch als sexuell gefärbte Lust, Grausamkeiten zu begehen, verstanden werden. Die extreme Äußerungsform ist der Lustmord, d. h. der Mord aus sexuellen Motiven, meist unter Mißbrauch des Opfers. Oft suchen Sadisten Berufe, in denen sie andere quälen können. Auch ist es nie ganz zu vermeiden, daß sich unter dem Personal von Gefängnissen, ja selbst von Jugendheimen, sadistisch angehauchte Personen befinden, die mehr oder weniger bewußt ihre Triebverfehlungen abreagieren, häufig unter dem Deckmantel von Zucht und Ordnung. Vornehmlich sind es zwei Triebkräfte, die sich im Sadismus äußern: Die Aggression und der Geschlechtstrieb. Die Aggressivität muß sich im Laufe der menschlichen Entwicklung Einschränkungen gefallen lassen und bricht dann unter Gegendruck leicht in sadistischer Form durch. Besonders Versagungen auf analem Gebiet scheinen den Sadismus zu fördern (Zusammenhang mit Schmutz, aber auch mit Reinigung). Außerdem spielt es sicherlich eine Rolle, ob die Einschränkungen selbst in sadistischer oder in ganz natürlicher Weise erfolgt sind. Immer enthält der Sadismus etwas von der Rache des kleinen Mannes. Vitale »Naturburschen« sind meist weniger sadistisch als unterdrückte Schwächlinge, bei denen die Sexualität oft das ganze Ventil ist, sich vom Druck einer aufgezwungenen Wohlerzogenheit zu befreien.

Das Gegenstück des Sadismus ist der *Masochismus,* eine sexuell gefärbte Lust am Leiden. Daß in ihm Selbstbestrafungstendenzen verborgen liegen können, leuchtet ein. Allerdings spielen hier noch kompliziertere Momente mit. Oft ist Masochismus eine »verfeinerte« Form des Sadismus. Der Masochist wälzt im Leiden und in der Unterwerfung Schuld und Verantwortung auf den Sadisten ab, an dessen »Frevel« er sich im vollen Eins-Sein beteiligt. Statt Hingabe ist für ihn die Geschlechtlichkeit *Selbstauslieferung.*

9. Vorwiegend psychosoziale Störungen

Bei den im folgenden darzustellenden Auffälligkeiten – *Ängstlichkeit, Aggressivität, Lügen, Stehlen, Davonlaufen/Streunen, Verwahrlosung* und *Kriminalität*- spielen psychische *und* soziale Faktoren eine besondere Rolle. Die Auffälligkeiten hängen eng mit der Biographie zusammen. Sie werden unter den *»psychosozialen Störungen«* zusammengefaßt.

9.1 Ängstlichkeit

Angst gehört zum Leben. Kein normaler Mensch kann von sich behaupten, er hätte niemals Angst. Nur ein gesteigerter Grad oder abnorme Formen davon liegen im heilpädagogischen Aufgabenfeld.

Viele unterscheiden zwischen Furcht und Angst. Erstere hat einen Gegenstand, vor dem man sich fürchtet (Furcht vor etwas), letzteres ist unbestimmt, gegenstandslos. Der allgemeine Sprachgebrauch kennt diese strenge Unterscheidung nicht. Es ist also nicht falsch »Angst vor etwas« zu sagen. Bei gegenstandsloser Angst ist meist anzunehmen, daß das Objekt der Angst (bzw. Furcht) verdrängt ist.

Über die Herkunft der normalen Angst herrscht keine Einigkeit. Bekannt wurde die Hypothese des Psychoanalytikers *Rank,* wonach das »Trauma der Geburt«, d. h. die Situation des Geborenwerdens, das erste angsterregende Ereignis sei, von dem sich später Angst ableite. Diese Ansicht wurde aber von dem Psychoanalytiker *Spitz* auf Grund sorgfältiger Beobachtungen von Neugeborenen widerlegt (240). Im Gegensatz zur Auffassung von der erlernten Angst glauben Verhaltensforscher an Angstinstinkte. Jedenfalls ist sicher, daß bereits Tiere Angst haben, um in gefährlichen Situationen zu fliehen, sich zu verstecken oder anzugreifen.

Wenn auch die grundsätzliche Angstbereitschaft zur ererbten Ausstattung des Menschen gehört, muß man sich doch fragen, woher eine übertriebene ängstliche Grundhaltung bis hin zur *Angstneurose* kommt. Ganz sicher gibt es nicht eine einheitliche Ursache. Inwieweit konstitutionelle Momente eine Rolle spielen, ist unbekannt. Umweltbedingte Ursprünge sind sicher weitestgehend in der frühen Kindheit zu suchen. Oft haben ängstliche Eltern wieder ängstliche Kinder. Dabei können wir an direkte Übernahme der Ängstlichkeit durch Identifizierung ebenso denken wie an Erziehungsfehler: Jedes Muttraining wird gescheut; die Welt muß dem Kind in unangemessener Weise als bedrohlich erscheinen, Ängste können hierbei konditioniert werden. Ebenso wie ängstliche, können auch autokratische, einengende

Eltern, vor denen sich die Kinder fürchten müssen, Angst erzeugen. Die Angst vor Objekten der Umwelt kann von der Mitwelt ausgehen oder auf diese besonders bezogen sein, in dem Sinne, daß Minderwertigkeitsgefühle als soziale Ängste aufgefaßt werden. Zugleich können Angstattacken ein unbewußter Appell an die Mitwelt sein, etwa mit dem Ziel stärkerer Beachtung. Psychoanalytischer Auffassung entspricht die Über-Ich-Angst, die sich vor allem gegen Triebansprüche oder verbotene aggressive Wünsche – die z. B. dem Vater gelten – richtet. Die Gründe der Über-Ich-Angst sind verdrängt. Ebenso verdrängt ist in psychoanalytischer Sicht die Kastrationsangst. Wenn die Gründe der Angst verdrängt sind, kann sie gegenstandslos werden, oder sich Ersatzobjekte suchen.

Als typische Angstursache in der Kindheit kann die Trennungsangst angesehen werden, die Angst vor dem Alleingelassenwerden oder besonders vor der Trennung von der Mutter. Sei es, daß das Kind überbehütet in einer Mutter-Kind-Symbiose (*Mahler:* 175) aufwächst, oder schädigende Trennungserlebnisse durchgemacht hat. Eine eigene Theorie der kindlichen Angst hat *Loosli-Usteri* entwickelt (170). Sie sieht in kindlicher Angst einen Zustand innerer Unruhe infolge einer Gleichgewichtsstörung der Kräfte des Werdens und deren des Beharrens. Ein behütetes Kind zu bleiben, würde Sicherheit gewähren, das Größerwerden mit zunehmenden Aufgaben und wachsender Verantwortung bringt Unsicherheit.

Ängstliche Kinder werden oft nicht als solche erkannt, denn sie fallen zunächst nicht auf, bereiten dem auf Ordnung und Unterordnung bedachten Erzieher keine merklichen Schwierigkeiten. Pädagogen, die etwas von kindlichen Schwierigkeiten verstehen, wissen aber, daß solche Kinder, die keine Schwierigkeiten machen, sehr unter Schwierigkeiten leiden können. Diese Kinder können still, schüchtern, abgesondert sein; Bildschirm, Computer und Bücher ersetzen manchmal die Gemeinschaft. Erzieher mit wenig psychologischer Einfühlung fallen erst Angstformen auf, die sich in Weinerlichkeit, Aufgeregtheit und Vermeidungsverhalten äußern. Ungeschickte Antworten des Erziehers wären dann autoritäre Unterdrückung der angeblichen Feigheit, Bereden vor der Gruppe in einer Art, die trotz guter Absicht als Bloßstellung erlebt wird und das Symptom fixieren kann, sowie eine Form des Mitleids, durch die sich das Kind minder wert fühlt. Das Kind erhält durch diese Erziehungsfehler die Berechtigung der Angst subjektiv bestätigt. Zugleich erfährt es, daß es nicht ängstlich sein »darf«, bekommt dadurch eine Erwartungsangst vor der Angst, wodurch alles nur schlimmer wird. Sollte unter den Erziehungsmaßnahmen das Symptom doch zurückgehen, ist zu befürchten, daß die Angst verdrängt oder fehlkompensiert wird, was im ganzen meist gravierender ist als die ursprüngliche Ängstlichkeit.

Angst muß nicht immer diffus sein; häufig ist sie auf bestimmte Gebiete oder Situationen konzentriert. Man kann u. a. Angst vor Verlust, Angst vor Strafe, Angst vor

Kränkung unterscheiden. In bestimmten Situationen treten ferner die *Phobien* auf, die sich von den »spezialisierten« Ängstlichkeiten dadurch unterscheiden, daß die Situationen fast wie Instinktauslöser wirken, die Ängste panikartig und unkontrollierbar sind und einen vernünftigen Zusammenhang nicht mehr erkennen lassen. Eine besonders bekannte Phobie ist die *Platzangst* oder *Agoraphobie*. Hier tritt der Angstanfall auf, wenn ein freier Platz überquert werden soll, was so weit gehen kann, daß das Überqueren ohne Begleitperson unmöglich wird. Platzangst wird oft verwechselt mit der *Klaustrophobie*, d. i. die Angst, in Räumen, besonders in engen und niedrigen Räumen eingeschlossen zu werden. Solche Phobien werden am besten von ihrem unbewußten Ausdrucks- und Aufforderungsgehalt her verstanden.

Schwerer zu begreifen sind die *Tierphobien*. Vor allem Mäuse, Schlangen oder Spinnen, seltener Käfer, Hunde oder Katzen lösen die Furchtreaktion aus. Tiefenpsychologen erblicken in dem unrealistisch gefürchteten Tier manchmal, je nach Schule, der sie angehören, ein Sexualsymbol oder etwas Archetypisches, während Verhaltenstherapeuten die Ängste jeweils für konditioniert halten.

Tierphobien können zum Teil kaum zu den Neurosen gerechnet werden. Denken wir an die Mäusephobie, von der fast nur Frauen und Mädchen befallen sind. Das Symptom kann sehr tief sitzen, ohne daß die Persönlichkeit im ganzen neurotische oder ängstliche Züge aufweisen müßte. Gegen eine »Normalität« im Sinne der Wirksamkeit von in der Gesamtmenschheit vorhandenen Archetypen spricht aber, daß vielen Frauen und Mädchen diese Phobie völlig fremd ist. Vielleicht erfolgt doch eine Weitergabe von Generation zu Generation entweder durch Identifizierung oder durch Konditionierung, womit aber weder die Häufigkeit noch der Ursprung in der Vorzeit erklärt wären. Wir sollten uns in solchen Fällen nicht scheuen, die Unbeweisbarkeit von Deutungsversuchen zuzugeben.

Aus pädagogischer Sicht wird man zuerst an *Ermutigung* denken. Sie ist aber ein allgemeines Prinzip, das für alle kindlichen Schwierigkeiten gilt. So ist zu fragen, auf welche Weise der Lebensmut eines ängstlichen Kindes gehoben werden kann. Es genügt nicht, ermunternd auf die Schulter zu klopfen und verbal Mut zu suggerieren. Die Angst verliert sich nur in der Geborgenheit des *Vertrauens*. In dieser Atmosphäre wächst die Zuversicht, daß nichts passiert; hier entwickelt sich das Selbstvertrauen. Der ebenso liebevolle, wie feste und konsequente Heilpädagoge kann diese Sicherheit gewähren. Das ist die Grundvoraussetzung. Besonders schwierig ist das Erwecken von Vertrauen bei Kindern, die statt mit Ur-Vertrauen mit Ur-Mißtrauen (s. S. 69 f.) in der Welt stehen, von denen schon *Adler* gesagt hat, sie kommen sich vor wie in Feindesland.

Auf der Basis des Vertrauens kann es gelingen, zu Erfolgserlebnissen zu kommen, gerade auf den Gebieten, die am meisten gefürchtet werden. Schrittweise wird dafür gesorgt, daß sich das Kind von der Mitwelt bestätigt fühlt, um so die soziale Angst abzubauen, die wohl bei jeder Ängstlichkeit im Spiel ist. Gegen die Über-Ich-Angst wird eine Entlastung von unangemessenem Gewissensdruck und eine Aufarbeitung von Schuld, sowie Befreiung von unbegründeten Schuldgefühlen angestrebt. Ein vorsichtiges Muttraining ermöglicht die Bewährung in schwierigen Situationen; man muß aber so behutsam vorgehen, daß Rückschläge so weit wie möglich vermieden werden. In diesem Rahmen kann auch ein »Spiel mit der Angst« helfen, entweder im direkten Spiel, oder in der Phantasie, wo sich das Kind z. B. mit einem Filmhelden identifiziert und mit ihm alle Gefahren besteht. Das »Spiel mit der Angst« muß besonders vorsichtig gelenkt werden, damit das Kind nicht lernt, die Angst lediglich zu »überspielen«.

Bei manchen Formen der Phobie zeigt die Verhaltenstherapie eindeutige Erfolge. Vielleicht verhält es sich in diesen Fällen wirklich so, daß die Verbindung der Angst mit einem ungewöhnlichen Objekt »gelernt« (konditioniert) und deshalb mit lernpsychologischen Methoden eine rasche Heilung möglich ist.

Lit.: 4, 6, 9, 24; 170, 175, 240.

9.2 Aggressivität

Die Herkunft der menschlichen Aggressivität ist umstritten. Vor allem werden drei Erklärungsmodelle diskutiert. (1) Die *Frustrations-Aggressions-Hypothese* faßt die Aggression als Reaktion auf erlittene Frustration auf. Frustration ist der psychische Zustand, der nach Unterbrechung einer Zielreaktion eintritt. Es ist ohne weiteres einleuchtend, daß wir aggressiv werden können, wenn wir uns etwas Angenehmes vorgenommen haben und dann etwas dazwischen kommt. Aber *jede* Aggression auf Frustration zurückzuführen, ist eine unbewiesene Verallgemeinerung und Einseitigkeit. (2) Die *lerntheoretische* Auffassung geht davon aus, daß Aggressivität durch »*Verstärkung*« (indem sie sich als »erfolgreich« erwiesen hat) oder durch Beobachtung nach dem »*Lernen am Modell*« (besonders wenn das »Modell« mit seinen Aggressionen »Erfolg« hat) gelernt wird. Auch diese Theorie ist sicher richtig, aber ebenfalls einseitig. (3) Die *Triebtheorie* endlich ist bereits in ihrer Grundposition so umstritten, daß wir uns ein wenig ausführlicher mit ihr beschäftigen müssen. *Freud* hat von einem Trieb gesprochen, den er Aggressions- oder Destruktionstrieb, vor allem aber *Todestrieb* nannte. Er dachte an eine selbstzerstörerische Tendenz, die sich nur sekundär aus Gründen der Selbsterhaltung nach außen, gegen fremde Objekte richtet.

In neuester Zeit hat die Triebtheorie die stärkste Stütze durch die Vergleichende Verhaltensforschung erhalten. *Lorenz* (171) konnte plausibel machen, daß die gegen

Artgenossen gerichtete Aggression gesellig lebender Tiere nützlich ist und somit wohl das Überleben der Art mitbedingt hat. Von den lebenswichtigen Funktionen dieser Aggression seien genannt: Herstellung einer Rangordnung, die sich durch gegenseitiges Hacken, Stoßen oder Beißen einpendelt; Schaffung der nötigen Individualdistanz als Voraussetzung dafür, daß jedes Tier genügend Nahrung bekommt. Die Rangordnung teilt den Tieren Rollen zu, z. B. beschützt das ranghöhere instinktiv das rangtiefere. Die Aggressionen sind in natürlicher Umwelt meist nicht tödlich, können es aber in einem engen Käfig werden, wenn die psychische Nähe die Aggressivität steigert und dem unterlegenen Tier nicht genug Fluchtdistanz bleibt.

Die menschliche Aggressivität läßt sich als Erbe vormenschlicher Stufen erklären. Mit der Instinktreduzierung hat sie leider nicht an Stärke, wohl aber an Sicherheit verloren. So funktioniert die sichere Tötungshemmung nicht mehr zuverlässig. Für die Ranghöhe gibt es keine eindeutigen Kriterien mehr, wodurch sich die Prestigekämpfe verschärfen. Geblieben ist die Steigerung der Aggressivität bei knapper räumlicher Distanz von Mensch zu Mensch, wenn sie zu anhaltend ist und zu wenig Möglichkeiten vorübergehender Absonderung bestehen. Dies ist einer der Gründe für gesteigerte Angriffslust bei engen Wohnungsverhältnissen. Auch in der Heimerziehung ist auf diesen Faktor zu achten.

Die erwähnten Theorien müssen sich gegenseitig nicht ausschließen. Es ist denkbar, daß Frustrationen im weitesten Sinn und Lernprozesse eine triebmäßig bereitliegende Aggressivität steigern können. Dies wird beim »aggressiv gehemmten Kind« (Schultz-Hencke) deutlich, das durch frühe unangemessene Erziehung in der Entfaltung seiner Entwicklungsmöglichkeiten gehemmt wurde.

Die Lehre vom Aggressionstrieb ist auf Gegnerschaft gestoßen. In der Tat muß sie noch weitgehend als unbewiesene Hypothese gelten. Zwar ist nicht zu leugnen, daß die von Lorenz beschriebenen Funktionen der innerartlichen Aggression existieren, aber wir wissen nicht, ob es sich hier um die Wirkung eines Triebes handelt, der auch ohne äußere Veranlassung durchbrechen muß.

Zurückhaltender ist die Annahme ererbter aggressiver Verhaltensprogramme, welche in definierbaren Situationen reaktiv in Aktion treten. Diese Annahme geht von einer nicht bestreitbaren biologischen Grundlage aus, legt sich aber nicht auf einen Trieb fest. Soweit die Aggression dem Rangplatz dient, führt sie von »unten« nach »oben«, der höhere Platz mit seinem Mehr an Prestige, an Macht und Geltung erscheint als erstrebenswert. Die individualpsychologische Sicht wird so von der Biologie weitgehend bestätigt, gleichzeitig aber auch eingeschränkt. Eingeschränkt insofern, als das Macht- und Geltungsstreben nicht ausschließlich eine Reaktion auf das Minderwertigkeitsgefühl darstellt, sondern bereits primär im Zusammenhang mit aggressiven Verhaltensprogrammen existiert. Wohl aber kann die Fehlkompensation eines Minderwertigkeitsgefühls dieses Streben in gefährlicher Weise verschärfen.

Die reine Triebtheorie der Aggressivität führt zu ziemlich pessimistischen pädagogischen Konsequenzen: Das wichtigste Mittel der Aggressionsbewältigung ist die Kanalisierung aggressiver Energie. In diesem Zusammenhang wird häufig der Sport genannt. Soweit aber Sport ein gegenseitiges Sichmessen in der Leistungsfähigkeit ist, wird er zur Kanalisierung nur bei den Leistungsfähigsten beitragen. Die dauernd Unterlegenen werden fortlaufend entmutigt und dann vielleicht auf anderen Gebieten aggressiv; auf jeden Fall verschärft sich ihr Minderwertigkeitsgefühl um so mehr, je mehr der Sport ideologisiert und die Diffamierung der sportlich Unbegabten gesellschaftlich legitimiert wird. Aggressiv ausgeübter Sport wird gar nichts nützen. Soweit jedoch die Sporterziehung mit Erfolg Ritualisierung und Fairneß pflegt, kann zum Kanalisierungseffekt noch Sublimierung hinzukommen. Weitere Mittel der Sublimierung werden auch gesehen in aktiver Arbeit, im tätigen Zupacken bei wert- und bedeutungsvollen Aufgaben.

Der pädagogische Pessimismus erübrigt sich aber, wenn man die Aggressivität nicht mit einem autonomen Trieb, sondern mit Verhaltensprogrammen in Zusammenhang bringt, deren Wirksamwerden von der Mitwelt, der Gemeinschaftsfähigkeit und der Einsicht abhängig ist. Die Aggressivität kann grundsätzlich bewältigt werden, was sich schon darin zeigt, daß sie bei vielen Menschen in durchaus erträglichen Grenzen bleibt.

Aus der *Frustrations-Aggressions-Hypothese* wurde früher voreilig geschlossen, man müßte den Kindern die Frustrationen ersparen. Das war Utopie. Unnötige Frustrationen wird man natürlich vermeiden. Was die unumgänglichen Frustrationen anbelangt, ist eine Erziehung zur »*Frustrationstoleranz*« anzustreben. Je liebevoller die Eltern-Kind-Beziehung ist, um so mehr wird das Kind bereit sein, Frustrationen zu ertragen.

Zu vermeiden ist jede Verstärkung der Aggressivität im Sinne der Lerntheorie. Solange in unserer Gesellschaft der rücksichtslos Erfolgreiche belohnt und bewundert wird, wird Aggressivität geradezu konditioniert. Unter dem Gesichtspunkt der Verstärkung wäre auch die Sportpädagogik neu zu durchdenken. Bekräftigt wird weiterhin nur die kleine Spitze der besonders Erfolgreichen, die übrigen werden eher frustriert. Auch die Spieltherapie der Aggressivität muß auf den Verstärkereffekt achten. Nur gestaute Aggressionen dürfen abreagiert werden; was an erlaubter Aggression über die *Katharsis* hinausgeht, wirkt als »Belohnung«, also als Verstärkung aggressiven Verhaltens. Rechtzeitig muß zu feineren Formen des Spiels übergegangen werden, wodurch die Möglichkeit einer Sublimierung angebahnt wird.

Der Aggressivität des Kindes mit erzieherischer Aggressivität entgegenzutreten, wäre verfehlt, es würden aggressive Vorbilder (»Modelle«) geschaffen und neue Frustrationen gesetzt, wodurch ein Teufelskreis entstünde.

Da Aggressivität als verfehltes Macht- und Prestigestreben durch ein uneingestandenes Gefühl der Unterlegenheit angestachelt wird, kommt der Hebung des Selbstwertgefühls besondere Bedeutung zu. So paradox es klingen mag: Aggressive bedürfen der Ermutigung, damit sie es nicht mehr nötig haben, kompensatorisch aggressiv zu sein. Was bei der Behandlung der Angst gesagt wurde, gilt größtenteils auch für die Aggressivität. Vergleichbar mit ängstlichen Hunden, die bissig sind, können Menschen mit uneingestandener Angst aggressiv sein.

Als Sonderform der Aggressivität ist noch der *Sadismus* zu erwähnen. Der Sadist findet Lust daran, anderen körperliche oder seelische Qualen zuzufügen und freut sich darüber hinaus an fremdem Leid, auch wenn er es nicht selbst verursacht hat. Wo sich dieser Hang in unverhüllter Brutalität austobt, ist das Böse daran kein lediglich »sogenanntes Böse« *(Lorenz)* mehr. Offenbar enthält der Sadismus etwas von der »Lust am Bösen schlechthin«. Wir tun manches Unrecht, *obgleich* es böse ist. Der Sadismus dagegen ist eine Lust, Böses zu tun, *weil* es böse ist.

Weit häufiger sind verstecktere und weitgehend unbewußte Formen des Sadismus, die rationalisiert z. B. in der Forderung drakonischer Strafen oder in überstrenger und angstverbreitender Erziehung zutage treten können.

Die mit »Sadismus« bezeichnete sexuelle Auffälligkeit wurde bereits dort angesprochen (s. S. 158). Daß es diese gibt und daß in nicht unmittelbar sexuell sadistischen Handlungen oft ein sexuelles Moment mitschwingt, hat dazu geführt, vielfach den Begriff des Sadismus nur im sexuellen Sinn zu gebrauchen. Dies entspricht aber weder den beobachtbaren Tatsachen, noch dem allgemeinen Sprachgebrauch. Die reine Quälsucht muß sich nicht immer aus der Sexualität ableiten.

In individualpsychologischer Sicht kostet der Sadist seine Überlegenheit über den Gequälten aus, wobei sein eigenes Gefühl der Unterlegenheit in der Genese eine Rolle spielt. Dies leuchtet ohne weiteres ein, aber das Böse an dem Verhalten wird dadurch nicht voll erklärt. Es gibt hier sicher einen Rest, der sich psychologischer Erklärbarkeit wohl entzieht.

Auch das Gegenstück des Sadismus, der *Masochismus,* ist als sexuelle Auffälligkeit bekannt (s. S. 158). Hier soll noch kurz eine nicht-sexuelle Art »Masochismus im Alltag« behandelt werden. Es gibt Menschen, die sich nicht wohl zu fühlen scheinen, wenn sie nicht ständig gekränkt und beleidigt sein können, wobei das Verlangen mitspielt, andere ins Unrecht zu setzen und damit das eigene Macht- und Selbstwertgefühl zu heben. Besonders für kleine Kinder kann es ein überwältigendes Ereignis sein, wenn sie zu Unrecht bestraft wurden und dafür von anderen oder gar vom Strafenden selbst unter Tränen der Rührung in die Arme geschlossen werden.

In wieder anderen Fällen können verdrängte Schuldgefühle oder ein aggressives Über-Ich die Selbstaggression als eine Art Selbstbestrafung diktieren. Auch daraus resultieren Verhaltensweisen, die im weitesten Sinn als masochistisch genannt werden können.

Die mehr oder weniger nichtsexuellen Äußerungsweisen des Masochismus werden für den Heilpädagogen oft viel häufiger zum Problem, als masochistische Handlungen im sexuellen Sinn.

Abschließend ist noch die *Autoaggression zu* erwähnen, die wir in ausgeprägter Form bei stark hirngeschädigten und psychotischen Kindern finden können. Die gegen den eigenen Körper gerichtete Schmerz- und Gewaltanwendung (z. B. die Hände wund beißen, den Kopf auf Gegenstände schlagen, Haarausreißen) kann auch in abgemilderter Form in starken Konfliktsituationen bei anderen Menschen auftreten. Gegen das ständige selbstverletzende Verhalten, insbesondere bei Kindern mit schweren kognitiven Beeinträchtigungen sind u. U. vorübergehende Maßnahmen, wie das Anlegen von Verbänden oder Manschetten erforderlich. Bei der Therapie sind auch verhaltensmodifikatorische Prinzipien und Methoden (s. S. 92 ff.) zu beachten.

Lit.: 4, 6, 29; 42, 102, 108, 170, 204, 215.

9.3 Lügen

Lügen ist besonders verpönt; das hat gute und schlechte Gründe. Bedenken wir, daß Vertrauen und Wahrheit zu den Grundlagen menschlichen Zusammenlebens gehören, so werden wir verstehen, daß vielen Menschen die Lüge ein Greuel ist. Wir hören daher auch immer wieder die Äußerung: »Mein Junge darf alles tun, er darf Fensterscheiben einschlagen, andere verprügeln, in der Schule faul sein. Das alles ist nicht schön, aber ich verzeihe es ihm. Eines allerdings würde ich ihm nie verzeihen: wenn er mich anlügen würde.« Mit solchen Äußerungen befinden wir uns freilich schon jenseits der Grenze dessen, was wir vernünftig nennen können. Häufig wird ein Kult mit der Wahrhaftigkeit getrieben, der den Verdacht der inneren Verlogenheit erwecken muß. Wie jeder Fanatismus beruht nämlich auch der Wahrheitsfanatismus auf einem Selbstbetrug und weist darauf hin, daß der Wahrheitsfanatiker nur deshalb so sehr an dieses Thema fixiert ist, weil er empfindet, daß bei ihm selbst hier ein wunder Punkt angerührt wird.

Diese Vorbemerkungen sind erforderlich, um gerade dem Kapitel der Lüge seine

Schärfe zu nehmen. Hier sind Eltern und Erzieher besonders schnell geneigt, mit schlimmsten Strafen zu antworten, vermeintlich, um ein drohendes Übel im Keime zu ersticken, in Wirklichkeit aber häufig nur aus eigener innerer Unsicherheit. Niemand läßt sich gerne belügen. Wem gäbe es nicht einen Stich, wenn er feststellen muß, daß etwa ein Jugendlicher, dem er sein besonderes Vertrauen geschenkt hat, den guten Glauben mit einer faustdicken Lüge belohnt.

Machen wir uns also von allen Vorurteilen frei, wenn wir uns nun fragen, wie Kinder zum Lügen kommen. Jedes Kind lügt da und dort einmal. Heilpädagogisch wichtig sind nur Kinder, die *gehäuft* lügen. Wir werden dabei zweckmäßigerweise zwischen *vordergründigen* und *hintergründigen* Motiven unterscheiden. Oft erklärt sich das meiste aus den vordergründigen Motiven. Das eine Kind lügt aus Angst, das andere um zu prahlen, das dritte sucht sich Vorteile zu verschaffen. Sehr leicht durchschaubar sind auch Lügen aus Geltungsbedürfnis oder zur Befestigung einer Machtstellung. Kinder, die häufig im Scherz oder halb im Ernst lügen, bringen damit Angriffs- und Rachegefühle zum Ausdruck.

Weniger vordergründig sind die Motive dann, wenn solche Lügen schon zur Gewohnheit geworden sind. Es entstehen bestimmte »Typen«, die von den Gleichaltrigen, leider aber auch vom Erzieher, oft mit wenig schmeichelhaften Bezeichnungen geschmückt werden, wie »verdruckt«, »Feigling« oder »verlogen«.

Wirklich erfolgreiche Lügner würden keinen Erfolg haben, wirkten sie nicht besonders vertrauenswürdig. Dies gilt in spezieller Weise für den *»weltoffenen Lügner«*, der in seiner Aufgeschlossenheit, Zutraulichkeit, charmanten Art, Hilfsbereitschaft, Dankbarkeit, Empfänglichkeit, Begeisterungsfähigkeit oder Herzlichkeit seine Mitmenschen immer wieder betört. In ihm sehen wir ein typisches Beispiel von Lügenhaftigkeit mit hintergründigen Motiven.

Sehr verschiedenartige Persönlichkeitszüge können zu Lügenhaftigkeit führen. Ebenso sind die Mitwelteinflüsse verschieden, die mehr oder weniger neurotisches Lügen zur Folge haben. Angefangen vom schlechten Beispiel der Erwachsenen über die verschiedensten speziell disponierenden Situationen (Geheimnisse, Zankapfelsituation u. a.) bis zu ganz neurosenspezifischen Versagungen, nicht zuletzt Projektionen eigener Schwächen, bei denen der Erwachsene harmlose Phantastereien des Kindes zu Skandalen aufbauscht, hat das Lügen verschiedenartige Gründe und Hintergründe, die im Einzelfall genauer Klärung bedürfen.

Das Verhalten des Heilpädagogen ist hier besonders wichtig und übrigens klar zu bestimmen im Sinne der pädagogischen Haltung (s. S. 100 ff.). Er sei nicht überempfindlich, vermeide Gegenprojektionen, zeige Verständnis und Vertrauen. Wahrhaftigkeit als innere Haltung soll er vorleben. Niemals zeige er Enttäuschungen, lasse sich aber auch nicht täuschen. In der Sache zeige er durchaus Klarblick und Tatsachensinn. Nur so merkt ein solches Kind langsam, daß mitmenschliche Liebe nicht darin besteht, sich jeden Bären aufbinden zu lassen.

Die Realitätsanpassung des Kleinkindes geht in einem Verhältnis vertrauensvoller Liebe vor sich. Hat sich ein größeres Kind dieses Vertrauen durch gewohnheitsmäßiges Lügen verscherzt, so fehlt ihm nun oft das Fluidum des Vertrauens, in dem eine Realitätsanpassung nachträglich vollzogen werden könnte. Dieses Fluidum muß der Heilpädagoge durch sein persönliches Vertrauen erst wieder schaffen.

Im übrigen hat das Verhalten des Heilpädagogen je nach Art und Umständen der Lüge zu variieren. Er zweifle nicht unnötig an Aussagen eines Kindes. Kleinkinder, die offensichtlich fabulieren, dürfen auf keinen Fall zu Lügnern gestempelt werden. Wohl aber kann man ihnen nebenbei den Unterschied zur Realität klar machen.

Eine pathologische Form gewohnheitsmäßigen Lügens ist die sogenannte *Pseudologia phantastica*. Ihre Entstehung ist durch neurotische Momente bestimmt. In ausgeprägtem Maße tritt sie gewöhnlich erst in der Vorpubertät zutage.

Ein umfangreiches Thema ist die Glaubwürdigkeit kindlicher und jugendlicher Zeugen, besonders nach Sittlichkeitsdelikten.

9.4 Stehlen

Es gibt wohl kein Kind, das nicht hin und wieder wenigstens eine Kleinigkeit wegnimmt. Das Wegnehmen aus fremden Kästen und Naschen an fremden Marmeladengläsern gehört so unmittelbar zur Erprobung und Abtastung der Grenzen zwischen Mein und Dein, daß es falsch wäre, hier schon von »Stehlen« zu sprechen. Damit aber wird es schwer, eine Grenze zu finden, von der an das Stehlen bedenkliche Formen annimmt. Daher ist es überhaupt schwierig, das Stehlen unter einem gemeinsamen Gesichtspunkt abzuhandeln, selbst da, wo es schwere Grade zeigt. Das eine Kind ist nur hochgradig naschhaft, das andere läßt mitgehen, was ihm unter die Finger kommt, das dritte beteiligt sich nur an gemeinsamen Diebeszügen, das vierte ist auf bestimmte Gegenstände spezialisiert (Fahrräder, Waffen oder Damenwäsche). Beim einen handelt es sich um Gelegenheitsdiebstähle, beim anderen werden ausführliche Vorbereitungen getroffen, wieder andere sind typische Einbrecher.

Wie beim Lügen, so können wir auch beim Stehlen zwischen mehr vordergründigen und mehr hintergründigen Motiven unterscheiden. Für beide ist übrigens oft die Verwendung des Gestohlenen aufschlußreich. Manche Kinder stehlen mehr um des Stehlens selbst willen (Motive meist hintergründig!), andere wollen mit gestohlenen Geldern groß tun oder sich beliebt machen, wieder andere suchen ihren Besitz zu vermehren. Nur scheinbar vordergründig sind oft die Motive gehäuften Eßdiebstahls. Hier hat die Nahrungsaufnahme meist ausgesprochen symbolischen Wert im Sinne des *Oral-kaptativen* (s. S. 69). Bei solchen Kindern ist also nach sehr frühzeitigen Versagungen, meist in Form des Liebesverlustes, zu fahnden.

Neben den Momenten des Nehmens spielt der im Besitzen sich ausdrückende Gewinn an Sicherheit und Macht keine geringe Rolle. Das heimliche Wegnehmen verschafft dem Kind Rache für Liebesentzug und gleichzeitig das Symbol der Liebe selbst, die damit freilich ihres eigentlichen Wertes – des Wertes der Gabe – beraubt ist.

In vielen Fällen liegen die Fehler der Eltern oder Erzieher klar zutage: Schlechtes Vorbild und allgemein schlechte Moral erhöhen die Gefährdung, ganz zu schweigen von Diebstählen, die auf elterliche Aufforderung hin erfolgen. Oft fehlt es auch an der Klärung zwischen Dein und Mein. Ein häufiger Fehler aber besteht offensichtlich wieder in verfehlten Projektionen. Bei harmlosen kindlichen Naschereien sieht ein Vater, der mit eigenen inneren Abgründen im Widerstreit liegt, Verbrechen und Schande über die Familie heraufziehen und hält sich daher für verpflichtet, die Keime dieses Verderbens sofort auszurotten. Das Kind wird als Dieb gebrandmarkt, die ganze Schwere eines Vergehens wird ihm künstlich aufgebürdet. Es nimmt diese Rolle an und empfindet doch, daß man ihm Unrecht tut; damit ist es auf Wegnehmen fixiert, sucht immer wieder im Wegnehmen eine Reaktion der Eigentlichkeit zu erzwingen, wo es stattdessen Eltern oder Erzieher immer tiefer in die Uneigentlichkeit hineintreibt.

Von *Kleptomanie* spricht man, wenn das Stehlen ganz abnorme Formen annimmt und mit keinerlei Zweck verbunden ist. Mitunter findet man bei Kleptomanen ganze Warenlager sinnlos gestohlener Gegenstände. Hier befinden wir uns schon im Bereich des Krankhaften. Oft läßt sich die Kleptomanie unter den erwähnten tiefenpsychologischen Gesichtspunkten deutlich als Neurose ausweisen, wobei aber auch sonstige Momente stets zu beachten sind, wie beispielsweise Hirnschädigungen oder Epilepsie.

Wenn in einer Einrichtung Diebstähle vorkommen, steht der Erzieher meist im Widerstreit zwischen kriminalistischen und heilpädagogischen Aspekten. Im Interesse der Allgemeinheit kann es unerläßlich sein, den Täter festzustellen und Wiederholungen nach Möglichkeit zu vermeiden. Haussuchungen und Durchsuchungen anderer Kinder erhöhen in deren Augen die Ungeheuerlichkeit des Geschehens. Ist der Täter dann entdeckt, gilt er für die anderen als verabscheuenswert, oder aber es umgibt ihn ein Nimbus des Abgründigen – eine erzieherisch fatale Situation.

Ist der Täter nicht festzustellen, so dürfen auf keinen Fall Kollektivstrafen verhängt werden. Auch ermuntere man die Kinder nicht, sich gegenseitig zu belauern und anzuzeigen. Höchstens bei den sachlich zu führenden Vernehmungen kann man, wenn es unbedingt sein muß, klare Antworten zur Rekonstruktion des Tatbestandes verlangen, wobei aber das Kind nach Möglichkeit nicht das Gefühl haben darf, andere anzuschwärzen.

Schwierig ist auch das Problem der richtigen Bestrafung und Behandlung des Täters. Anprangerungen als »Dieb« sind zu vermeiden (Gefahr der sich selbst erfüllenden Prophezeiung!). Den Kameraden mache man klar, daß jeder vor seiner eigenen Tür kehren möge. Die Strafe selbst soll möglichst eng im Zusammenhang mit der Wiedergutmachung stehen. Ist sie abgeleistet und der Schaden behoben, so empfiehlt es sich in manchen Fällen, die Tilgung des Makels ausdrücklich festzustellen (soweit nicht ohnehin die Spuren der Angelegenheit längst verwischt sind). Wie bei allen Fehlreaktionen und Fehlhaltungen ist auch bei schwerem oder wiederholtem Diebstahl sehr genau nach den Hintergründen zu fahnden.

Lit.: 277.

9.5 Davonlaufen, Streunen

Ein Hang in die Ferne liegt in jedem Menschen. Es gibt aber auch Kinder und Jugendliche, bei denen das *Davonlaufen* nach Häufigkeit, Dauer und Ausprägung abnorme Maße annimmt. Hier sind genaue nervenärztliche Untersuchungen angebracht. Besonders der Formenkreis der Epilepsie zeigt Drangzustände und periodische Veränderungen der allgemeinen Erregbarkeit.

Sind solche organischen Hintergründe einmal ausgeschlossen, so gilt es, die vielen Möglichkeiten zu durchforschen, die am Davonlaufen schuld sein können. Bedenken wir insbesondere, daß Neurose »Flucht« vor inneren Konflikten ist. Eine solche Flucht kann eben auch zur wirklichen Tatsache werden. Gewiß mag es daneben verhältnismäßig bindungslose Kinder geben – sofern diese Bindungslosigkeit nicht wiederum neurotischer oder gar psychotischer Natur ist –, bei denen das Fernweh einfach überwiegt. Oft aber ist dieses Fernweh im Grunde ein Suchen nach der fernen Heimat oder nach dem verlorenen Paradies. Auch dies gilt im wörtlichen wie im übertragenen Sinn; im wörtlichen besonders für Heimkinder, im übertragenen auch für Kinder, die es zu Hause einmal schöner, heimeliger hatten, vielleicht ehe der Stiefvater aufgetaucht war, oder ehe die Mutter einen Beruf übernahm. Auch Kinder, die immer mit falschen Erwartungen unter Druck gesetzt sind und nicht zuletzt schulisch überforderte Kinder weichen in die Fehlreaktionen des Streunens und Schwänzens aus. Oft fällt ihre depressive Grundstimmung auf, die sie allerdings häufig verbergen.

Schwierig ist für Eltern und Erzieher das Rückkehrerproblem, besonders wenn der Ausreißer freiwillig wieder erscheint. Soll er als verlorener Sohn freudig in die

Arme geschlossen oder soll vor den anderen ein Exempel statuiert werden? Hier bedarf es jedenfalls besonders intensiver Zuwendung, die der junge Mensch auch spüren muß. Das wiederholte Davonlaufen oder Streunen ist durchaus als ein Alarmsignal zu werten, das durchgreifende Änderungen des Familien- oder Heimlebens angezeigt erscheinen läßt.

9.6 Verwahrlosung

Unter dem Begriff der *Verwahrlosung* werden sehr verschiedenartige Bilder zusammengefaßt. Er deutet auf eine Vernachlässigung durch die Mitwelt hin, schließt aber auch ein, daß der Mensch sich selbst vernachlässigen oder daß es mit ihm eine Entwicklung nehmen kann, die trotz besten Bemühens der Mitwelt immer mehr eine bedenkliche Richtung einnimmt.

Sehen wir von Verwahrlosung infolge schleichender Abbaukrankheiten ab, so haben wir im wesentlichen zunächst zu unterscheiden zwischen einer *Kleinkinderverwahrlosung* und *einer Jugendverwahrlosung.*

Die Verwahrlosung des Kleinkindes beruht meist auf Vernachlässigung und ist, soweit nicht zusätzliche Fehlentwicklungen zugrundeliegen, einer der dankbarsten Bereiche heilpädagogischer Arbeit. Einige Monate Aufenthalt in einer kinderpsychiatrischen Klinik wirken hier oft Wunder. Danach aber sollten solche Kinder möglichst bald in gute Pflegefamilien oder zumindest in ein Heim kommen, in dem das Familienprinzip verwirklicht ist.

Eine Verwahrlosung im späteren Kindesalter braucht nicht eigens beschrieben zu werden, weil es sich hier immer um den Typ einer drohenden oder verfrühten Jugendverwahrlosung handelt. Besonders wenn das Dreigespann der Symptome Lügen, Stehlen und Streunen auftritt, spricht man von »*Verwahrlosungsgefahr«.*

Die Ursachen der Verwahrlosung sind vielfältig. Neben allgemeiner erzieherischer Vernachlässigung bzw. der ungünstigen Wirkung von Erziehungseinflüssen ist wieder besonders die *neurotische* Verwahrlosung hervorzuheben, welche nicht einem schwachen Über-Ich entspringt, sondern einem neurotischen Konflikt, der eine Auflehnung gegen die Umwelt bewirkt, wofür ein entscheidender Grund durchaus in der Umwelt liegen kann. Schwachsinn und leichtere Persönlichkeitsveränderungen krankhafter Art (Schizophrenie, Epilepsie oder Zustand nach Enzephalitis) erhöhen die Verwahrlosungsgefahr.

Verwahrlosung ist ihrer Entstehungs- und Erscheinungsweise nach häufig durch Neurose *gekennzeichnet* und in manchen Fällen wohl auch durch sie *bedingt.* Die prinzipielle Unterscheidung zwischen Neurose und Verwahrlosung ist ein brauchbares Denkmodell, soll aber nicht darüber hinwegtäuschen, daß sich in der Praxis Züge von Neurose und Verwahrlosung durchmischen. Die Chancen einer Psychotherapie sind um so besser, je stärker das neurotische Moment vorherrscht bzw. sonstige Momente zurücktreten; sie hängt außerdem von der Dauer und Tiefe der Fehlentwicklung ab. Ambulante Psychotherapie ist mit großen Enttäuschungen verbunden und verlangt oft mehr persönlichen Einsatz des Therapeuten, als er bieten kann.

Im allgemeinen wird man daher den Verwahrlosten in ein nach dem Familienprinzip gut organisiertes Heim geben, wobei besonderer Wert auf die Herstellung und Gestaltung guter persönlicher Beziehungen zu einer reiferen Persönlichkeit zu legen ist. In diesem Ordnungsrahmen kann er Geborgenheit und Sicherheit erfahren, sich »ausverwahrlosen« (*Mehringer:* 181) und in ordnende Strukturen hineinwachsen. Der bereits in einer Ausbildung stehende Jugendliche kann hier durch Arbeit in die soziale und berufliche Wirklichkeit hineinwachsen. Auf dieser Grundlage kann die heilpädagogische persönliche Begegnung auf dem Weg der Identifikation zu einer Festigung der inneren Gewissensinstanz und damit der gesamten Persönlichkeitsstruktur führen. Diese heilpädagogische Arbeit ist oft langwierig und zeitintensiv.

Lit.: 53, 95, 160, 174, 180, 181, 215, 230, 276.

9.7 Kriminalität

Zunächst ist ganz allgemein festzuhalten, daß der einzelne Mensch für sich allein nicht kriminell werden kann. Kriminalität kann als ein Verstoß gegen Normen definiert werden, ist also ein soziales Phänomen.

Hier kann nur kurz ein Einblick in das umfangreiche Gebiet der Jugendkriminalität gegeben werden. Es schließt teilweise an das an, was über Verwahrlosung gesagt wurde. Viele Straftaten haben aber mit Verwahrlosung nichts zu tun, sondern sind Ausdruck spezifischer Situationen oder augenblicklicher Krisen.

Dementsprechend gibt es auch zahlreiche Einteilungsversuche jugendlicher Straftaten, Tätertypen bzw. Kriminalitätsursachen. Bekannt ist die Einteilung (nach Tätertypen) in *Situationstäter, Entwicklungstäter* und *Neigungstäter.* Die Reihenfolge dieser Aufzählung entspricht der »Schwere« der Kriminalität. Was die Ursache betrifft, so ist deren Problematik besonders beim letztgenannten Typ derjenigen bei Verwahrlosung ähnlich. Bis zu einem gewissen Grade gilt dies auch noch für die Entwicklungstäter, bei denen die Fragen der altersspezifischen Mitwelteinflüsse und ihrer Verarbeitung im Vordergrund stehen, während wir beim Situationstäter annehmen, daß es nur der Aufforderungscharakter der aktuellen Situation war, der zur Straftat geführt hat.

Mögen also die speziellen Ursachen der einzelnen Jugenddelikte sehr verschieden sein, so fallen die allgemeinen Ursachen, soweit solche namhaft zu machen sind, doch weitgehend mit denen der Verwahrlosung zusammen. Auf sie sei an dieser Stelle unter ausdrücklicher Betonung ihrer Vielfalt hingewiesen.

Von besonderem Interesse für die Heilpädagogik sind nun aber die *Mitwelteinflüsse,* weil vor allem an ihnen die heilpädagogische Vorbeugung und Behandlung ansetzen kann. Auch in dieser Hinsicht gibt es viele Einteilungsversuche. Wiederum sei nur ganz grob und unter Hinweis auf alle Übergangsmöglichkeiten unterschieden zwischen den allgemeinen Fehlentwicklungen und den neurotischen Fehlentwicklungen. Bei den allgemeinen Fehlentwicklungen überwiegen schädliche Antriebe oder Neigungen gegenüber den Hemmungen, den Steuerungs- und Sublimierungsmöglichkeiten, dem Über-Ich, dem Gewissen; bei den neurotischen Fehlentwicklungen liegen spezielle Neuroseprobleme vor.

Neurosen können auf sehr verschiedene Weise zu strafbaren Handlungen führen, wobei die neurotischen Motive dem Täter meist unbewußt sind. Häufig handelt es sich z. B. um *Symbolhandlungen* der *Rache,* in anderen Fällen um *sonstige* Symbolhandlungen, etwa des Aneignens. Bekannt sind auch die *Straftaten aus Schuldgefühl,* die von Selbstbestrafungstendenzen herrühren und unbewußte Kundgebungen des Nicht-Dazugehörens darstellen. Schließlich können umfangreichere neurotische *Retardierungen* als ein Verharren in kindlicher Augenblicksbestimmtheit, Anspruchshaltung und Verführbarkeit zutagetreten und auf diesem Wege Straftaten nach sich ziehen. Die *Fixierung* an unausgereifte Bedürfnisse zeigt sich dabei oft in einer *Suchthaltung.* Meist spielen bei neurotischen Schwierigkeiten mehrere dieser Gründe zusammen.

Leichtere jugendliche Entgleisungen sind seltener auf Neurosen zurückzuführen, während bei schwereren Taten das allgemeine Verhalten und die tiefenpsychologischen Untersuchungsergebnisse häufiger für Neurosen oder zumindest für das Mitschwingen neurotischer Momente sprechen. Je weniger eine Tat motiviert erscheint, desto näher liegt der Verdacht auf neurotische Hintergründe (Ausschluß krankhafter Ursachen vorausgesetzt).

Aus dem Angelsächsischen stammt der Ausdruck »*moral insanity*«, was etwa besagt: »moralischer Schwachsinn«. Diese Bezeichnung kann zu unmenschlichen Folgerungen verleiten. Daher vermeiden wir sie.

Hinsichtlich der *Prognose* des Verbrechens gilt, daß sie für Situations- und Entwicklungstäter günstiger ist als für Neigungstäter. Fest steht, daß erwachsene Gewohnheitsverbrecher großenteils schon in ihrer Jugend kriminell waren. Man hüte sich vor dem umgekehrten Schluß, als müsse Jugendkriminalität zum Gewohnheitsverbrechertum führen! Was das heilpädagogische Bemühen bei jugendlichen Kriminellen betrifft, so gilt hier in weitem Maße das gleiche wie bei den Verwahrlosten. Wenn an anderer Stelle auf die Unzulänglichkeit unseres Strafvollzugs hingewiesen wurde, so dürfen darüber nicht die Fortschritte vergessen werden, die gesetzgeberisch und praktisch in den letzten Jahrzehnten erzielt worden sind. Besonders gilt dies für die Einrichtung der *Bewährungshilfe,* in der sich der heilpädagogisch ausschlaggebende Gedanke verwirklicht, daß der Jugendliche eine ebenso liebevolle wie energische Beziehungsperson benötigt, die ihm nicht nur beratend, sondern auch mit langem Arme helfend und doch auch kontrollierend zur Seite steht. Leider wird der Erfolg durch Überlastung der *Bewährungshelfer* in Frage gestellt.

Das deutsche *Jugendgerichtsgesetz (Brunner:* 83) gilt als eines der besten und modernsten der Welt. Wesentlich ist die starke Betonung des »Täterstrafrechts« gegenüber dem »Tatstrafrecht«, wie es weitgehend bei Erwachsenen Anwendung findet.

Dem Gericht stehen viele Wege zur Verfügung, die »aus Anlaß« zur »Ahndung« oder auch »Bestrafung« einer Tat beschritten werden können, wobei es nicht um Schwere der Tat und auch nicht in erster Linie um Schwere der Schuld, sondern ganz vornehmlich um die bestmöglichen Erziehungseinwirkungen geht. Sachverständigengutachten können hier hilfreich sein; die *forensische* (gerichtliche) Psychiatrie hat viele Faktoren zu beachten.

Allgemein ist zum Thema Jugendkriminalität zu bemerken, daß gerade dieses Gebiet eine sachliche und vorurteilsfreie Betrachtung erfordert. Das derzeitig große Interesse der Öffentlichkeit an solchen Fragen ist zwar erfreulich, in mancher Hinsicht aber auch gefährlich. Gewiß ist es bemerkenswert, daß z. B. die Notstandskriminalität mit wachsendem Abstand vom Kriege nachgelassen hat und mehr oder weniger von einer Wohlstandskriminalität abgelöst wurde. Falsch jedoch ist, die Alarmglocke zu schwingen, ohne über allgemeine Phrasen und Anschuldigungen von Sündenböcken hinauszukommen.

Am Ende dieses Kapitels noch eine kritische Bemerkung: Die *Kriminalpädagogik* krankt noch daran, daß es weder einen psychologischen noch pädagogischen brauchbaren Kriminalitätsbegriff gibt. Was kriminell ist, richtet sich für den Juristen nach dem Strafgesetzbuch. Viele Gemeinheiten sind strafrechtlich nicht erfaßt oder auch nicht erfaßbar, während bei manchen Tatbeständen darüber diskutiert wird, ob die Strafbarkeit aufrechterhalten werden soll. Was als kriminell gilt und was nicht, kann der Gesetzgeber ändern und ist auch von Staat zu Staat verschieden. Ferner neigt die öffentliche Meinung dazu, die Beurteilung des Kriminalitätsgrades abzulehnender Verhaltensweisen abhängig zu machen von deren Häufigkeit und der Identifizierung mit den Tätern. Rechtsprechung und Gesetzgebung sind von der öffentlichen Meinung beeinflußbar. Als Beispiel diene das Verkehrsstrafrecht. Solange es wenig Autofahrer gab, war »man« dafür, die Verkehrssünder wegen ihrer Gefährlichkeit hart zu bestrafen. Da wir inzwischen ein Volk von Autofahrern sind, mußte das Verkehrsstrafrecht »entkriminalisiert« werden. Es fehlt an Bemühungen, nach Kriterien der Unterscheidung zwischen momentanem menschlichen Versagen und echt »krimineller« Fahrweise überhaupt nur zu suchen. Diese wenigen Bemerkungen mögen klarmachen, daß wir für die Heilpädagogik einen psychologischen Kriminalitätsbegriff brauchen, der sich mit dem rechtspositivistischen nicht vollkommen deckt.

Lit.: 16, 27; 83, 210, 230, 243.

10. Psychosen und vorwiegend psychogen bedingte Störungen der Entwicklung und Persönlichkeit

10.1 Zum System der Erwachsenen-Psychiatrie

Die Kinder- und Jugendpsychiatrie übernahm anfangs teilweise recht unkritisch Modelle der Erwachsenen-Psychiatrie. Inzwischen entsteht eine eigenständige *Kinder- und Jugendpsychiatrie*, die u. a. Kongresse sogar über die »Psychiatrie des Säuglings- und frühen Kleinkindalters« veranstaltet.

Nach dem heutigen Erkenntnisstand der traditionellen deutschen Psychiatrie sind für das Entstehen einer *Psychose* (Geisteskrankheit) in der Regel mehrere verursachende Bedingungsfaktoren verantwortlich; *Tölle* (28) spricht von einer »multikonditionalen Ätiologie«. Die klassische Einteilung der Psychiatrie wird kritisch hinterfragt (*Dörner/Plog:* 4). Hier spielt die *Anti-Psychiatrie-Bewegung* eine Rolle.

Dennoch erfolgt nun – angelehnt an *Huber* (14) – eine grobe Skizze des weit verbreiteten psychiatrischen triadischen Formenkreis-Systems, weil sich die Kinder- und Jugendpsychiatrie im Grunde auch (noch) daran orientiert. Außerdem sind ja die Übergänge vom Jugendalter ins Erwachsenenalter fließend. Es werden also drei Formenkreise unterschieden:

(1) *Körperlich begründbare organische Psychosen:* Ursachen dieser exogenen (somatogenen) Psychosen können entzündliche Hirnerkrankungen, Hirnverletzungen oder degenerative Hirnprozesse sein. Bei den Patienten treten Störungen der Bewußtseinslage und Persönlichkeitsveränderungen auf. Sie erscheinen niedergedrückt, gefühlsgestört und labil, haben halluzinatorische Wahrnehmungen und Gedächtnisstörungen; ihr Denken ist verwirrt.

(2) *Körperlich noch nicht begründbare endogene Psychosen:* Unter diese Gruppe fallen insbesondere die verschiedenen Formen der *Schizophrenie* und der *manisch-depressiven Psychosen*. Bei diesen Erkrankungen kann kein überzeugender organischer Befund erhoben werden. Ihre Ätiologie ist noch weitgehend rätselhaft (vgl. auch *endogen/exogen – krytogen*, S. 39). Faktoren der Mitwelt und der lebensgeschichtliche Aspekt spielen hier eine wohl wesentliche Rolle. Darauf weist auch die

inzwischen stärkere soziale Orientierung der Psychiatrie hin. Damit ist die von dem Psychiater *Kraepelin* (1856–1926) erfolgte und hier übernommene Einteilung fragwürdig geworden.

(3) *Variationen normalen seelisch-geistigen Wesens:* Hierzu werden vor allem Kranke mit abnormen Verstandeslagen, Erlebnisreaktionen und sexuellen Trieblagen gerechnet.

Schließlich wird auch noch von neurotischen Erkrankungen, insbesondere von *Psychoneurosen* (Zwangsneurosen, depressive Neurosen, schizoide Neurosen, Angstneurosen, Phobien, neurotisches Depersonalisationssyndrom, hypochondrische Neurosen), von *Charakterneurosen,* von *psychosomatischen* bzw. *psychovegetativen Störungen* sowie von Gefährdungen durch unangemessene Entwicklungsbedingungen bei schizoider, depressiver, zwangsneurotischer oder hysterischer Persönlichkeitsstruktur gesprochen; hier werden wir an die *Kretschmerschen Konstitutionstypen* (s. S. 40) erinnert. Nach psychiatrischem Verständnis neigen Neurosen zur Chronifizierung und Somatisierung. In belastenden Situationen (Konfliktsituationen) können psychotische Symptome auftreten.

In den folgenden Kapiteln werden einige Formen der *schizophrenen Erkrankung,* das *autistische Syndrom,* die *manisch-depressiven Erkrankungen,* das *depressive Syndrom,* die *hysterischen Störungen* (früher »*Hysterie*« genannt) und die *psychogen bedingten Persönlichkeitsstörungen* sowie die *Zwänge* (beide Formen früher oft unter der Bezeichnung »*Psychopathie*« zusammengefaßt) beschrieben. Es handelt sich bei diesen Störungen um charakteristische Auffälligkeiten, die bei Kindern und Jugendlichen in unterschiedlichen Ausprägungsgraden auftreten können.

Lit.: 4, 14, 16, 17, 18, 23, 27, 28, 30, 32.

10.2 Schizophrene Erkrankungen

»Schizophreniefähig« ist grundsätzlich jeder Mensch. Die Weichen dafür, ob der Mensch später in seinen Reaktionen auf die Mitwelt entgleist, werden in der frühen Kindheit etwa bis zum 6. Lebensjahr gestellt. Auch erbliche Anlagen und aktuelle psychosoziale Faktoren können beim Auftreten der Schizophrenie eine Rolle spielen. Vieles spricht für die besondere Bedeutung der Mitwelt, so etwa die Berichte über Psychotherapie-Erfolge, die bei geduldiger Behandlung zu erreichen sind.

Bei der Schizophrenie ist das Denken im weitesten Sinne betroffen. Es handelt sich aber nicht etwa um einen Denkmangel, sondern um eine Denk*störung,* die sich gewöhnlich als eine wirkliche Persönlichkeitsstörung ausweist. Wörtlich heißt »*Schizophrenie*«*:* Seelische Spaltung. Damit sind die schizophrenen Vorgänge treffend charakterisiert. Die Einheit der Persönlichkeit scheint beim Schizophrenen oft zerrissen, er selbst hat häufig den Eindruck, nicht mehr Herr seiner Entschlüsse zu sein, sondern seine Gedanken und Handlungen »gemacht zu bekommen«. Damit hängen die verschiedenen Wahnerlebnisse zusammen (Hypnose-Erlebnisse, Vergiftungs-Erlebnisse, Beeinflussungs-Erlebnisse, Bestrahlungs-Erlebnisse), teilweise aber auch die Sinnestäuschungen (»Halluzinationen«), die sich meist auf akustischem Gebiet äußern (Stimmenhören). Auch formal ist das Denken häufig gestört. Es wirkt oft unproduktiv, unpräzise, widersprüchlich, bizarr. Manche Kranke klagen selbst über Gedankenabreißen, ja sogar über Gedankenentzug durch eine fremde Macht. Der Kontakt zum Mitmenschen und zur Wirklichkeit überhaupt ist gestört. Die Schizophrenie läßt sich also zusammenfassend als eine Denk-Beziehungstörung zur Mitwelt und Rückgang des sozialen Kontaktes charakterisieren.

Im allgemeinen unterscheidet man drei Sonderformen der Schizophrenie, die aber ineinander übergehen und in allen Mischungen vorkommen können: Die *Hebephrenie*, die *Katatonie* und die *paranoide Schizophrenie*.

Die *Hebephrenie* beginnt meist in jüngeren Jahren, etwa mit der Pubertät. Im Vordergrund steht die Persönlichkeitsveränderung, während Wahnphänomene und Sinnestäuschungen zurücktreten können. Hebephrene sind häufig läppisch, unzugänglich, manchmal auch »negativistisch« (ablehnend, oder gar spielerisch auf das Gegenteil dessen eingestellt, was man von ihnen wünscht). Die Prognose der Hebephrenie ist ungünstig, völlige Heilungen sind selten.

Die *Katatonie* verläuft schubweise in Form von Erregungszuständen oder Starrzuständen *(Stuporen)*. Die Prognose ist günstiger als die der Hebephrenie. Die einzelnen Schübe können wieder abklingen, oft bleiben aber, mit jedem Schub zunehmend, leichte Persönlichkeitsdefekte zurück.

Die *paranoide Schizophrenie* tritt in ihren reineren Formen erst nach dem 30. Lebensjahr auf. Hier steht der Wahn im Vordergrund; manchmal bleibt die Persönlichkeit im übrigen völlig erhalten. Paranoide Schizophrene sind oft trotz ihrer Krankheit berufs- und leistungsfähig.

Der Heilpädagoge wird es manchmal mit der Hebephrenie zu tun haben (seltener mit der *kindlichen Schizophrenie*). Die Angaben über ihre Häufigkeit schwanken. Sie ist schwierig zu erkennen, sowohl hinsichtlich der Abgrenzung gegenüber organischen Zuständen *(Postenzephalitis!)* als auch der Unterscheidung gegenüber seelisch bedingten Ausnahmezuständen, bei denen Kinder zuweilen Sinnestäuschungen und wahnähnlich gefärbte Erregungszustände zeigen können. Umgekehrt tragen schizophrene Ausnahmezustände oft ein ausgesprochen kindliches Gepräge – Märchenfiguren und die Mutter spielen eine große Rolle –, so daß die Unterscheidung nahezu unmöglich sein kann. Die Diagnose und Behandlung muß hier dem Psychiater überlassen werden. Er wird auch dem Heilpädagogen raten, wie er sich verhalten kann.

Die Prognose der Schizophrenie ist bei weitem nicht mehr so ungünstig wie früher. Verschiedene Formen der Psychotherapie, der Beschäftigungs- und Arbeitstherapie spielen neben der medikamentösen Therapie eine wichtige Rolle. Inzwischen ist die

Gruppenarbeit mit Angehörigen schizophren Erkrankter fester Bestandteil der Psychiatrie geworden. Durch diese fachliche Betreuung haben sogar chronisch erkrankte Patienten die Rehabilitationschance eines anstaltsfernen Lebens.

Lit.: 9, 16, 17, 18, 24, 26, 27, 32; 99, 104, 119, 139, 175, 191, 246.

10.3 Autistisches Syndrom

Die beiden Psychiater *Kanner* und *Asperger* beschrieben 1943 und 1944 völlig unabhängig voneinander eine Gruppe von Kindern mit schweren Kontaktstörungen zur menschlichen und dinglichen Umwelt. *Kanner* grenzte diese Kinder von der großen Gruppe der Kindheitsschizophrenien ab und bezeichnete sie *als früh-kindliche Autisten.* Er fand folgende leitende Symptome: Extreme Abkapselung und ein ängstlich-zwanghaftes Bedürfnis nach Gleicherhaltung der Umwelt. Im Zusammenhang mit diesen Grundstörungen der Selbstisolation und der Veränderungsangst stehen Beeinträchtigungen der Intelligenz- und Sprachentwicklung, stereotype Bewegungen und autoaggressive (selbstverletzende) Verhaltensweisen. *Asperger* beschrieb diese Kinder als *autistische Psychopathen;* er grenzte sie von den schizophrenen Psychosen und postenzephalitischen Krankheitsbildern ab. Auch er fand als entscheidende Grundstörung die eingeschränkte Beziehung zur Umwelt. Die Kinder können keinen andauernden Blickkontakt herstellen, ihre Blicke schweifen in die Ferne oder gehen nach innen. Sie zeigen häufig Bewegungsstereotypien, entwickeln Sonderinteressen und originelle Sprachschöpfungen. Beruflich können sie es zu hochbegabten Spezialisten bringen.

Seit *Kanner* und *Asperger* fasziniert der Autismus die Forschung. (Der Begriff »Autismus« geht auf das griechische Wort »autos« – selbst, selbstbezogen zurück.) Am Entstehen dieser rätselhaften Erkrankung dürften vor allem genetische, somatische, psychogene und psychosoziale Faktoren eine Rolle spielen. Zahlreiche Autoren heben hervor, daß dem frühkindlichen Autismus Hirnfunktionsstörungen zugrundeliegen. Es gibt auch Erkenntnisse, die besonders auf psychosoziale Ursachen hinweisen. Die gesellschaftliche Streßsituation der Mutter in der vor- und nachgeburtlichen Zeit kann eine autistische Störung zur Folge haben: Das Beziehungsverhältnis zwischen Mutter und Kind wird von Anfang an tiefgreifend gestört. Dadurch kann das Kind keine angemessene Beziehung zur Mitwelt aufbauen. Es fühlt sich von ihr bedroht, lebt in Angst, Furcht und Einsamkeit – und wird fortwährend enttäuscht. Der Verhaltensbiologe *Tinbergen* geht davon aus, daß ein autistisches Kind in einer »angstdominierenden emotionalen Gleichgewichtsstörung« lebt, die aufgrund eines Motivationskonflikts zwischen Aggressivität und Furcht entstanden ist (weil eben ein primärer Triebkonflikt zwischen einer abnorm starken Angst und einen durch diese Angst gehemmten sozialen Drang gegeben ist). Nach dem Psychoanalytiker Bruno *Bettelheim* (1903–1991) sind die ungünstigen frühen Mitweltbedingungen nicht die einzige Ursache für das Entstehen des autistischen Syndroms; den Ausschlag gibt letztlich das Kind selbst: Ist es bereit und fähig, in die Beziehung mit Menschen und Gegenständen einzutreten und eine geordnete und ordnende innere und äußere Welt aufzubauen? Oder gewinnt die »autistische Anlage« (*Bettelheim:* 70), die aufgrund früher Erfahrungen erworben wurde, die Oberhand?

Autismus, der etwa in den ersten drei Lebensjahren bei Kindern aller Intelligenzgrade in den verschiedenen Ausprägungen auftreten kann, ist nach wie vor ein Rätsel der Psychiatrie, Psychologie und Heilpädagogik. Liegen dem autistischen Verhalten Wahrnehmungsverarbeitungsstörungen oder stark gestörte Gefühlsbeziehungen zur Mitwelt zugrunde? Sind die Störungen der Kognition und Emotion in einem sich verstärkenden Wechselverhältnis zu sehen?

Der Heilpädagoge ermöglicht Kindern mit dem Autismus-Syndrom dann gute Entwicklungschancen, wenn er ihnen einfache, klare und eindeutige Interaktions- und Kommunikationsangebote macht, sie mit Geduld, empathischem Verstehen und wohlwollender Konquenz in die Situation des gemeinsamen Tuns und Lernens hineinnimmt, ihnen immer wieder neue Angebote macht und sie auch »haltend« hineinführt. So können beispielsweise Musik und Rhythmik das Kind in tieferen Dimensionen ansprechen und die »autistische Sperre« durchbrechen. Musik und Rhythmik dringen in präverbales akustisches Erleben ein und lösen sozialgerichtete ordnende Aktivitäten aus. Bei diesem entwicklungsfördernden Bemühen hat der Heilpädagoge dem Kind einen äußeren Halt zu geben: durch Sicherheit, Stetigkeit, Verläßlichkeit und Festigkeit. An seinem äußeren Halt kann der innere Halt des Kindes wachsen und es kann sich für diese Welt aufschließen, in ihr mitmachen, sofern es aus innerer Überzeugung bereit ist, die »leere Festung« *(Bettelheim)* zu verlassen. Gute und tragfähige Beziehungen können geknüpft und gefestigt werden. So kann der Heilpädagoge durch eine Pädagogik des anbietenden Haltes das Kind aus seinem Autismus zurückholen und für diese Welt gewinnen. Er wird darum bemüht sein, für das Kind einen überschaubaren, geordneten und strukturierten Lebensraum zu schaffen, in dem es Wohlwollen und Vertrauenswürdigkeit erfahren und erleben kann. Gerade Kinder mit dem Autismus-Syndrom fordern ihn in seiner empathischen Haltung und Einstellung, aber auch in seinem fachlichen Können heraus.

Die im Anschluß an *Tinbergen* praktizierte Therapie des Haltens *(holding)* hat zu heftigen Auseinandersetzungen über die »richtige« Behandlunsmethode geführt.

Lit.: 4, 9, 16, 23, 26, 27; 90, 103, 146, 175, 195, 219, 231, 257, 258, 265, 268, 275.

10.4 Manisch-depressive Erkrankungen

Früher sprach man bei dieser Erkrankung von einem »manisch-depressiven Irre-sein«; unter »*Irresein*« stellte man sich vorwiegend eine Denkstörung vor, die aber nicht im Vordergrund steht. Die Symptomatik ist hauptsächlich durch krankhafte Veränderungen des Gemütlebens gekennzeichnet. Typische Verlaufsformen der *manisch-depressiven Psychose* kommen eigentlich nur bei Erwachsenen vor.

Im wesentlichen kann die Krankheit in zwei gegensätzlichen Formen auftreten. In der »Depression« besteht tiefste Niedergeschlagenheit, Traurigkeit, ein quälendes Gefühl innerer Leere, Antriebslos- und Ziellosigkeit. In der »Manie« herrscht Antriebsüberschuß und meist eine übersprudelnde Heiterkeit. Beides, Depression und Manie, geht wieder zurück. Nur weiß man nicht, ob es wiederkommt. Man spricht von depressiver bzw. manischer »Phase«, weil mit dem vollkommenen Rückgang gerechnet wird, im Gegensatz zum schizophrenen »Schub«, wo man befürchten muß, daß nach dem Rückgang doch noch etwas »verschoben« bleibt. Manien und Depressionen können sich abwechseln, das muß aber nicht sein. Manche Kranke haben nur Manien, andere nur Depressionen, in anderen Fällen tritt beides auf. Depressionen sind häufiger als Manien.

Bei Kindern kommt die manisch-depressive Psychose in der ausgeprägten Form kaum vor. In der Präpubertät findet sie sich selten, in der Pubertät wird sie etwas häufiger. Die Symptome sind völlig atypisch. Wir finden depressive Verstimmungen auf der einen Seite, rast- und ruheloses sowie distanzloses oder sprunghaftes Handeln und zielloses Weglaufen auf der anderen Seite. Außerdem können extreme und rasche Stimmungsschwankungen auftreten. Es gibt aber auch Mischzustände, wo sich depressive und manische Symptome nebeneinander beobachten lassen, so z. B. beim *manischen Stupor* (gehobene Stimmung, aber Antriebs- oder Denkstörung), bei *gedankenarmer Manie* (ausgelassener Betriebsamkeit bei auffallender Ideenarmut) oder bei *ängstlicher Manie* (depressive Stimmung, jedoch gesteigerte Aktivität und Ideenflucht).

All diese Auffälligkeiten kennen wir aber auch beim gewöhnlichen Pubertätsverlauf; verdächtig ist erst eine Übersteigerung. In diesen Fällen kann man aber ebenso an eine *Hebephrenie* denken. Die Diagnose ist auch für den Psychiater sehr schwierig. Es genügt, wenn der Heilpädagoge einen Blick für Verdächtiges hat und für eine rechtzeitige fachärztliche Hilfe sorgt.

Eine direkte pädagogische Beeinflussung der manisch-depressiven Psychose ist im Zusammenhang mit einer medizinisch-therapeutischen Behandlung sinnvoll. Inwieweit der Kranke in der Erziehungssituation belastbar ist, muß nach sorgfältiger Beobachtung mit dem Arzt abgesprochen werden.

10.5 Depressive Syndrom

Man spricht heute von der *Depression* als Zeitkrankheit. (Depression kommt vom Lateinischen »deprimere« = herunterdrücken, unterdrücken.) Die Depression setzt sich in unterschiedlicher Stärke aus *psychischen, psychomotorischen* und *somatischen* Symptomen zusammen, ist also stets ein Syndrom.

Nach einer Schätzung der Weltgesundheitsorganisation waren 1975 3 % der Weltbevölkerung behandlungsbedürftig depressiv; heute werden mehr als 6 % diskutiert. Etwa 3 % der Patienten in der Kinder- und Jugendpsychiatrie werden wegen Depressionen behandelt. Sicher nehmen Depressionen auch deshalb zu, weil sie aufgrund der verbesserten Diagnostik immer häufiger als solche erkannt werden.

Folgende Fragen können eine Depression erkennen helfen *(Faust u. a.: 102, S. 15)*: »Kannst Du Dich noch freuen? Fällt es Dir schwer, Entscheidungen zu treffen? Hast Du Interesse an bestimmten Dingen verloren, die Dir früher viel bedeuteten? Neigst Du nun stärker zum Grübeln? Quält Dich das Gefühl, Dein Leben sei sinnlos geworden? Fühlst Du Dich müde, schwunglos, abgeschlagen – ohne entsprechende Belastungen? ...«

Das *depressive Syndrom* zeigt sich häufig in organbezogenen Beschwerden ohne eigentlichen Organbefund *(larvierte Depression)*. Es werden verschiedene Depressionsformen sowie Mischformen im Zusammenhang mit neurotischen oder psychotischen Erscheinungen unterschieden.

Eine Depression kann sich vor allem in folgenden *psychischen und sozialen Symptomen* äußern: traurige Verstimmung, unfähig zur Freude, energielos, entschlußunfähig, Gefühl der Hoffnungslosigkeit, mutlos, Angstzustände, innere Leere, Gedanken an Suizid; sehr empfindlich und reizbar, zähflüssiges Denken, »Leere im Kopf«, Neigung zum Grübeln, Schuldgefühle, Neigung zur Beziehungsstörung, Entfremdungserlebnisse wie »ich bin nicht mehr ich«, Probleme mit anderen Menschen, Abbruch alter Kontakte ... Sie kann sich auch in folgenden *psychomotorischen Symptomen* zeigen: Störung des Antriebes, entweder als motorische Unruhe und inneres Getriebensein oder als gehemmter Antrieb. Schließlich können auch *somatische Symptome* auftreten: Störungen des Vitalgefühls, leise und monotone Stimme, unruhiger Schlaf, Appetitstörungen, Kreislaufstörungen, Flimmern vor den Augen, Schwindelgefühl, muskuläre Verspannungen, Potenzstörungen u. a.

Das depressive Syndrom ist also vielschichtig. Depressiv erkrankte Menschen können ihr Leiden treffend charakterisieren. Selbstschilderungen, auch verstanden als Teil der *Kasuistik* (Einzelfalldarstellung), zeigen das ganze Spektrum der Ursachen und Bedingungen – wenigstens annähernd – auf, was dann eine fundiertere Syndrom-Diagnose ermöglicht. Auszüge aus einem Gedicht einer depressiv erkrankten und stationär behandelten Frau soll das veranschaulichen: »... Ich sehe ohne wahrzunehmen. Ich fühle ohne Empfindung und Gefühl ... Ich denke ohne Geist und Sinn und Phantasie und Kombinationsfähigkeit. Ich lache ohne Freude. Ich weine ohne Schmerzensstachel. Ich bewege mich ohne motorische Harmonie und Ausdrucksvermögen ...« *(Faust u. a.: 102, S. 128).*

In verschiedenen kinder- und jugendpsychiatrischen Publikationen wird der Begriff »Depression« nicht klar von »Trauer«, »Trennungsängsten« oder »depressiven Reaktionen« unterschieden; sie werden oft synonym gebraucht. Als Symptome einer Depression im Kindesalter werden aber herausgestellt: Antriebsschwäche, Energieschwäche, Todesbefürchtungen, Schlaf- und Appetitstörungen, Phobien, Reizbarkeit, Konzentrationsschwäche, Schulverweigerung, Schuldgefühle und Mutismus.

Lit. zu 10.4 und 10.5: 9, 16, 17, 19, 20, 26, 32; 65, 69, 102, 119, 167.

10.6 Hysterische Störungen

Einer speziellen Beschreibung bedürfen die *hysterischen* Zustände. Sie unterscheiden sich von den sonstigen Neurosen dadurch, daß ihre Symptome mehr auf die Mitwelt bezogen sind, daß der Patient sich mit ihrer Hilfe also an die Mitmenschen wendet und das Symptom mehr oder weniger demonstriert. Von diesem Demonstrieren bis zur Simulation (= bewußte Vortäuschung) gibt es fließende Übergänge. Die sonstigen Neurosen wirken nicht so demonstrativ. Sie können zwar auch den Appell an die Mitwelt enthalten, weshalb eine scharfe Abgrenzung gegen die Hysterie nicht möglich ist, aber überwiegend wird das Symptom in Kauf genommen, der Kranke leidet im allgemeinen mehr darunter. Die nicht-hysterische Neurose ist stärker introvertiert. Das meist peinliche oder quälende Symptom bringt höchstens einen Krankheitsgewinn mehr innerseelischer Art. Es ist eher unbewußt dafür geschaffen, vor sich selbst einen Vorwand zu haben, um ohne zusätzliche Einbuße an Selbstwertgefühl gefürchteten Situationen auszuweichen. Oder es ist – gleichsam als Nebenprodukt – Ausdruck von Ängsten oder Konflikten, zu deren Verständnis die Tiefenpsychologie beiträgt.

Als Beispiel für das neurotische Ausweichen sei die psychogene Potenzstörung des Mannes genannt. Meist wird sie (unnötigerweise) als äußerst beschämend erlebt. Trotzdem nimmt der Patient dieses »blamable« Symptom in Kauf, um einem unbewußten Konflikt ausweichen zu können. Ebenfalls nicht hysterischer Natur ist die *Hypochondrie* (ein nicht demonstrativ wirkender Typ der »eingebildeten Krankheit«). Sie steht hier als Beispiel für eine Folge neurotischer Ängste. Allerdings kann sie gleichzeitig unbewußt die Wirkung auf die Mitmenschen zum Ziel haben, womit die Grenze zur Hysterie überschritten werden kann.
Der Hysteriebegriff ist zwar alt, aber immer wieder noch Gegenstand wissenschaftlicher Dis-

kussionen. Vorerst können wir ihn nicht ganz entbehren. Inwieweit er durch die Bezeichnung »psychogen« ersetzt werden kann, bleibt abzuwarten (s. S. 40).

Die Äußerungsweisen der Hysterien sind sehr verschieden. Auf der einen Seite finden wir Zustände, die *körperliche Störungen* täuschend nachahmen, wie Lähmungen, Starrezustände, Schwindelzustände, Krampfanfälle (man sprach früher vom großen hysterischen Anfall im Unterschied zum großen epileptischen Anfall), Erbrechen, Versagen der Stimme und viele andere Symptome, die oft unter dem Stichwort »Flucht in die Krankheit« zusammengefaßt werden. Auf der anderen Seite bezeichnet man als hysterisch verschiedene Verhaltensauffälligkeiten wie beispielsweise ein theatralisches Wesen, Unbeständigkeit, Geltungsbedürfnis, Reizhunger oder Erlebnishunger. Hysterische Störungen äußern und manifestieren sich also im Somatischen oder Seelischen. Im allgemeinen ist es angebracht, zwischen *hysterischen Symptomen* und *hysterischer Persönlichkeit* zu unterscheiden. Zwar neigen hysterische Persönlichkeiten zur Produktion hysterischer Symptome; umgekehrt kann man oft aus deren Auftreten auf eine hysterische Persönlichkeit schließen. Gerade bei Jugendlichen erlebt man dabei aber die größten Überraschungen. Wir sehen schwer hysterische Zustände mit Erbrechen, Lähmung, Erblindung usw., bei denen alle Zeichen der hysterischen Persönlichkeit geboten werden, dann aber nach Abklingen der Symptome bzw. der zugrundeliegenden Krise sich ein völlig anderes Persönlichkeitsbild zeigt. Allerdings gibt es gerade auch als *Ausdruck* einer hysterischen Persönlichkeit solche Umschläge zwischen völlig verschiedenen Persönlichkeitsbildern, die sich in seltenen Extremfällen bis zum ausgesprochenen »Doppelleben« steigern können. Dies kann aber auch der Beginn einer Psychose (z. B. *Schizophrenie*) sein.

Hysterien gibt es bei Erwachsenen wie bei Kindern. Doch sollte die Diagnose einer hysterischen Persönlichkeitsstruktur bei Kindern nicht und bei Jugendlichen mit größter Vorsicht gestellt werden. Es ist daher besser, insbesondere bei Kindern von hysterischen (oder psychogen bedingten) Reaktionen, Störungen bzw. Zuständen zu sprechen.

Bei der heilpädagogischen Behandlung dieser Kinder ist wiederum zwischen den augenblicklich hervorstechenden Symptomen und der Fehlentwicklung der Gesamtpersönlichkeit zu unterscheiden. Der »symptomatische« Erfolg ist meist in wenigen Wochen oder sogar mit Hilfe irgendwelcher Überraschungsmaßnahmen zu erzielen. Die tiefgreifende Umwandlung der Persönlichkeit dagegen erfordert jahrelanges Bemühen.

Der Heilpädagoge merke sich folgendes: Haupt-»Symptom« der Hysterie ist stets der »*Wirbel*«, der in der *Umgebung* herrscht. Es gibt keinen Hysteriker, bei dem sich nicht die Mitmenschen in Widerstreit und Aufregung befänden. Man hat daher die Zankapfelsituation auch für die Hysterie verantwortlich gemacht, sicherlich nicht zu Unrecht, muß aber bedenken, daß das Kind auch selbst die Zankapfelsituation *schafft*. Gelingt es, diesen Wirbel in der Umgebung abzustellen, so ist die Chance der nachhaltigen Veränderung groß.

Läßt sich in einer Klinik oder Einrichtung dieser Wirbel vermeiden, so verschwindet die hysterische Symptomatik binnen weniger Wochen. Voraussetzung ist Geduld, Wartenkönnen und Vertrauen (s. S. 100 ff.). Tatsächlich braucht das Kind »endlich einen Menschen«, mit dem ein Vertrauensverhältnis entsteht. Diese Vertrauensperson muß aber etwas von ihrem Fach verstehen; sie muß eine feste, freie, Persönlichkeit sein, die sich nicht in die Wirbel hineinziehen läßt, sondern sehr wohl weiß, was sie dem Kind entgegenzubringen hat: Persönliche Achtung anstatt *Miß*achtung oder *Ver*achtung: auch persönliche Beachtung, aber ohne allzu große Beachtung der einzelnen hysterischen Symptome.

Die heilpädagogischen Grundsätze gelten diesen Kindern und Jugendlichen gegenüber immer, gleichgültig ob es sich nur um die hysterische Symptomatik handelt, oder ob man sich vorgenommen hat, auf die hysterische Persönlichkeit günstig einzuwirken.

10.7 *Psychogen bedingte Persönlichkeitsstörungen, Zwänge*

Früher bezeichnete man die hier gemeinten Menschen als *»psychopathische Persönlichkeiten«* oder *»Psychopathen«*. Sie leiden unter ihren seelischen Abartigkeiten oder bringen andere zum Leiden. Die auffallenden Persönlichkeitszüge sind auch bei anderen Menschen zu beobachten, doch hier sind sie akzentuiert. So wurden 10 Psychopathentypen wie beispielsweise der *Selbstunsichere* (er wird mit seinen Erlebnissen nicht fertig und neigt zu Skrupeln), der *Fanatiker* (darunter fallen der Querulant, Sektierer und »Weltbeglücker«) oder der *Explosible* (reizbare Natur mit Neigung zu impulsiven Gewaltakten und jähen Kurzschlußreaktionen) eingehend beschrieben. Man führte das abnorme Verhalten auf Erbanlagen zurück. Doch die Hospitalismusforschung, Verhaltensbiologie und Neuropsychologie zeigten auf, daß diese Persönlichkeitsstörungen insbesondere frühkindlich erworben und geprägt sein können, ohne jedoch ganz in die Modelle der Neurosentheorien zu passen. Neben diesen lebensgeschichtlich und erlebnisbedingten – also psychogen bedingten – Störungen, können auch leichte Hirnschäden zur gleichen oder ähnlichen Symptomatik führen.

Psychopathie ist also eine völlig unzureichende Bezeichnung, sie wird daher weitgehend durch (psychogen bedingte) Persönlichkeitsstörungen ersetzt.

Eigens erwähnt seien die *Zwänge.* Von einem Zwang sprechen wir, wenn ein Mensch bestimmten Antrieben folgen muß, obgleich er weiß, daß die Handlung, die er dabei ausführt, sinnlos ist. Am bekanntesten ist der Waschzwang. In ähnlicher Weise gibt es Zählzwang, Zwänge, bestimmte Wortfolgen zu denken oder auszusprechen oder bestimmte symbolische Handlungen zu verrichten. Die Übergänge zu gewöhnlichen Pedanterien sind fließend (Beispiel: mehrfache Kontrolle, ob Haustüre auch verschlossen, ob Gashahn abgedreht ist).

Teilweise sind Zwänge Ausdruck von Neurosen, teilweise treten sie als Symptome von Schizophrenie, Epilepsie, Defektzuständen nach Hirnentzündungen u. dgl. auf, teilweise wird ihr Auftreten als Ausdruck einer eigenen »Zwangskrankheit« betrachtet. Unabhängig davon zählen sie großenteils zu den »Persönlichkeitsstörungen«.

Lit.: 6, 16, 26, 28.

11. Drogenabhängigkeit

Was sind Drogen? Drogen sind Substanzen, die in die natürlichen Abläufe des Organismus eingreifen und Gefühle, Stimmungen und Wahrnehmungen beeinflussen.

In diesem Kapitel geht es um die Abhängigkeit von illegalen Drogen *(Haschisch, Halluzinogene, Kokain, Heroin).* Die Abhängigkeit von Alkohol, Medikamenten (Schmerzmittel, Schlaf- und Beruhigungsmittel, Weckmittel/ Aufputschmittel), Nikotin und Schnüffelstoffen (z. B. Einatmen von Lösungsmitteln, die Rauscherlebnisse erzeugen: *Thomasius:* 256) wird nicht im einzelnen besprochen. Das Drogenproblem ist ein Problem der Gesellschaft geworden. 16 % der Jugendlichen haben Drogenerfahren. Von 10 Betroffenen sind 4 Frauen.

Früher sprach man ausschließlich von *Drogensucht.* Da »Sucht« ein vieldeutiger, unscharfer und wissenschaftlich überholter Begriff ist, wurde er bereits 1964 von der Weltgesundheitsorganisation zugunsten des eindeutigeren Begriffs »Abhängigkeit« aufgegeben. Verschiedene Theorien und Erklärungsmodelle der Drogenabhängigkeit (psychologische, soziologische, physiologische, genetische, biochemische u. a.) werden diskutiert (*Lettieri:* 169). Inzwischen gibt man multifaktoriellen Modellen den Vorzug (*Steinhausen:* 27).

Die *Drogenabhängigkeit* gibt uns viele Rätsel auf. Findet hier eine soziale Störung ihren sichtbaren Ausdruck? Der Drogenabhängige leidet offenbar an sich, an seinen Lebensumständen und an gestörten zwischenmenschlichen Beziehungen. Hat er ein tiefes Bedürfnis nach Bindung, emotionaler Nähe und Wärme? Oder hungert er nach starken Erfahrungen und Erlebnissen?

Drogenabhängigkeit ist ein Zustand, bei dem ein Mensch psychisch oder psychisch *und* physisch von einer Substanz *(Droge)* abhängt. Diese Substanz wirkt auf den

Organismus, insbesondere auf das Zentralnervensystem (ZNS) ein. »Am Ende ist nur noch Verzweiflung« (*Kindermann:* 155, S. 46).

Eine *körperliche (physische) Abhängigkeit* ist dann gegeben, wenn die Droge ein Teil des Stoffwechselhaushaltes des Organismus geworden ist. Der Organismus ist auf die regelmäßige Zufuhr der Droge angewiesen. Wird die Droge – in der Regel unter stationären Bedingungen von 2 bis 3 Wochen Dauer – entzogen (Entgiftung), so kommt es zu schmerzhaften Entzugserscheinungen an Gliedern, Gelenken und Nerven, zu vegetativen Erscheinungen wie Zittern, Frieren und Schweißausbrüchen, zu Durchfall, Erbrechen, Übelkeit oder Schwindelgefühl.

Eine *seelische (psychische) Abhängigkeit* liegt vor, wenn das unbezwingbare Verlangen besteht, die Droge weiter einzunehmen und um jeden Preis zu beschaffen. Die Droge ist Dreh- und Angelpunkt des Fühlens, Denkens und Handelns. Der Abhängige braucht die Droge, um sein Leben überhaupt zu ertragen. Meist führt der Weg in die Kriminalität. Diese seelische Abhängigkeit und Verhaltensweisen werden vom Außenstehenden nicht oder kaum bemerkt. Weil Drogenabhängige oft seelisch abhängig bleiben, fallen sie immer wieder in alte Formen des Verhaltens zurück, mitunter erst nach Monaten oder Jahren. Es sind vor allem die seelischen Entzugserscheinungen (Unruhezustände, Ängste, depressive Verstimmungen), die Abhängige oft dazu bringen, weiterhin Drogen einzunehmen.

Bei einem Menschen können verschiedene Abhängigkeitsformen einander ablösen. So kann er beispielsweise von der *LSD-Abhängigkeit* in die *Alkoholabhängigkeit* wechseln. Häufig besteht eine Mehrfachabhängigkeit *(Polytoxikomanie)*: Alkohol-, Medikamenten- und Drogenabhängigkeit.

Erste Symptome, die auf Drogenmißbrauch hinweisen, können sein: blasses Aussehen, Schwitzen, Reizhusten, Appetitlosigkeit, Schmerz- und Lichtüberempfindlichkeit, neue Freunde, Vernachlässigung früherer Interessen.

Illegale Drogen sind Stoffe, deren Besitz oder Vertrieb nach dem Betäubungsmittelgesetz verboten sind und daher strafrechtlich verfolgt werden. Neben *Heroin* ist *Cannabis (Haschisch)* die am häufigsten mißbrauchte Droge. Der Konsum von *Kokain* nimmt zu. Seltener werden wohl *Halluzinogene (LSD, Meskalin, Psilocybin)* komsumiert. Eine spezielle Gefahr geht von der Illegalität dieser Stoffe aus. Wer sie konsumieren möchte, handelt zwangsläufig kriminell und kommt mit einem entsprechenden Milieu in Berührung.

Haschisch (Harz aus der Pflanze Cannabis indica = indischer Hanf) oder *Marihuana* (getrocknetes Kraut derselben Pflanze, wirkt schwächer als Haschisch) werden auch als Einstiegsdrogen bezeichnet. Im Haschischrausch kann die Stimmung gehoben sein und ein gesteigertes Kontaktbedürfnis auftreten. Aber auch Ruhelosigkeit, Antriebsverlust, veränderte Sinneswahrnehmungen und verändertes Zeit- und

Raumgefühl sind zu beobachten. Bei längerem Konsum läßt die Konzentrations-, Leistungs- und Merkfähigkeit nach, Sinnestäuschungen und Angstzustände nehmen zu; Depressionen und Verwirrungszustände gehen mit einem Persönlichkeitsabbau einher. Der Haschischrausch kann sogar psychotische Erkrankungen auslösen. – Die besondere Gefahr dieser Droge liegt vor allem in der Motivation, aus der heraus ihr Mißbrauch grassiert (»Feierabend-Joint«). Der Rausch lullt die jungen Menschen ein und hält sie in einer gesellschaftlichen Außenseiterrolle fest. Dem folgen oft härtere Drogen. Hinzu kommt, daß gewissenlose Händler dem Haschisch Heroin beimischen, um ihre Kunden von sich abhängig zu machen, wodurch die Umsätze steigen. Ein massiver Suchtkreislauf entsteht.

Der Konsum von *Halluzinogenen* erzeugt eine starke seelische Abhängigkeit. Halluzinogene heben das Zeitgefühl oft völlig auf, rufen starke Sinnestäuschungen und *Halluzinationen* (Trugwahrnehmungen) hervor, die zu unkontrollierter Risikobereitschaft und selbstzerstörerischen Fehlhandlungen führen können. Subjektiv wird der Zustand der Bewußtseinserweiterung erlebt. Der Realitätsverlust kann aber zu tödlichen Unfällen führen, z. B. dann, wenn der Abhängige meine, er könne wie ein Vogel fliegen und vom Balkon herunterspringt. In Einzelfällen kann durch die Einnahme von Halluzinogenen eine gesteigerte Wahnvorstellung zu einer Psychose führen.

Kokain (gewonnen aus den Blättern des südamerikanischen Kokastrauches, kann aber auch auf chemischem Weg hergestellt werden) wirkt stark aufputschend und übererregt das Zentralnervensystem. Es kommt zur Selbstüberschätzung und Sinnestäuschung, zu gesteigertem Rede- und Kontaktbedürfnis. Als Langzeitfolgen sind u. a. zu nennen: tiefe Depressionen, Halluzinationen, Verfolgungswahn, Leberschäden, Abbau der Persönlichkeit, Herzschwäche, Atemstörungen und körperlicher Verfall. Die seelische Abhängigkeit ist sehr stark.

Wohl die gefährlichste Droge sind die *Opiate,* d. h. Stoffe, die aus dem *Opium* isoliert werden.

Opium ist der eingetrocknete Milchsaft der unreifen Fruchtkapsel des Schlafmohns, dessen Hauptwirkstoff das *Morphium* ist.

Opium ist der Ausgangsstoff des *Heroin,* das auf das Zentralnervensystem massiv einwirkt: Angst- und Schmerzgefühle werden blockiert, eine euphorische Stimmung wird erzeugt (Abhängiger:»Das ist, als ob die Sonne durch den ganzen Körper flutet.«), das Selbstbewußtsein wird gesteigert und die Sinneswahrnehmungen verblassen. Bei längerem Konsum muß die Dosis gesteigert werden. Der Abhängige wird reizbar, aggressiv, egozentrisch. Da Heroin sehr stark körperlich und seelisch abhängig macht, bleiben Beschaffungskriminalität und Prostitution nicht aus. Später können Wahnideen auftreten. Persönlichkeitsabbau und Abmagerung bis zum völligen körperlichen Verfall können folgen.

Zur Genese der Drogenabhängigkeit ist vor allem festzuhalten, daß mancher psychisch Gesunde durch Rollenzwang mit hineingezogen werden kann. Um nicht verlacht zu werden und aus Neugierde probiert er halt einmal aus, wie so ein Rausch ist. Der in den Reifejahren natürliche Hang, das eigene Innenleben kennenzulernen, macht ein solches Experiment verständlich. Viele wollen es nur mal so probieren und wissen gar nicht, daß sie hier mit dem Feuer spielen.

Versteht man die Abhängigkeit als Sucht und betrachtet man sie als Neurose, so hat sie viele orale Züge. Genuß ohne Eigenleistungen wird angestrebt. Bei der Genese dieser Neurose kann die Mutter-Kind-Symbiose eine wichtige Rolle spielen, die der oralen Fixierung Vorschub leistet. Der Süchtige ist auf Konsum eingestellt und bietet insofern nur eine Variante des unersättlichen Konsumverlangens in unserer Gesellschaft. Der »Normale« verhält sich aktiv-hektisch in seiner Konsumgier, der Süchtige dagegen passiv. Irgendwie sind zwar beide süchtig, aber der Drogensüchtige ist in eine Sackgasse geraten, aus der er schwer wieder herauskommt. Ein weiteres neurotisches Moment der Drogensucht ist die Flucht aus der Abhängigkeit von der Realität, verbunden mit trotziger Opposition. Auch der Gesunde braucht mit der Realität nicht einverstanden zu sein, aber er kann ihr besser ins Auge sehen.

Die Gründe der Flucht in die Sucht sind mannigfaltig. Alle Erziehungsfehler und sonstigen neurotischen Momente könnten hier genannt werden. Besonders intensiv wird der Zustand der Gesellschaft angeschuldigt. Es ist modern, alles auf diese Leistungsgesellschaft zu schieben, um sich der persönlichen Verantwortung zu entziehen. Dies soll nicht heißen, daß in unserer Gesellschaft alles in Ordnung wäre. Neben der Konsumgier ist der leistungs- und erfolgsorientierte Ellenbogenmensch ein weiterer Faktor, der andere in die Flucht treibt. Schon das Kind im Kindergarten ist oft durch familiäres Leistungs- und Konkurrenzdenken geprägt. Dies setzt sich in den Folgeeinrichtungen fort. Hier können beim Kind und Jugendlichen tiefgreifende Probleme und Ängste entstehen, die nun die Droge löst. In Wirklichkeit aber werden sie mit der Droge nur zugedeckt, Spannungen mit Partnern, Freunden, Eltern oder Vorgesetzten werden nicht gemindert und der psychische Druck, der durch weitere Konflikte entsteht, führt noch tiefer in die Problematik hinein. Eine Entlastung ist nicht mehr in Sicht.

Die Droge deckt diese Probleme und Ängste kurzfristig zu. Dies führt zu erhöhtem Drogenkonsum und damit zu noch größeren Abhängigkeitsproblemen. Drogenabhängige Menschen sind also unfreie Menschen.

Fängt ein junger Mensch mit dem Konsum einer Droge an, so kann er mit diesem Ersatzmittel seine Probleme und Ängste nicht mehr direkt angehen. Bald wird der Konsum gesteigert und die Konflikte nehmen zu. Dieser fortschreitende Konsum führt dann soweit, daß den Abhängigen außerhalb der Abhängigkeit nichts mehr ernstlich interessiert. Gleichzeitig kämpft er innerlich darum, von dieser Abhängigkeit wieder frei zu kommen. Wenn er sich aber nicht aus eigener Kraft von dieser Abhängigkeit wirklich befreien will, schreitet der soziale Abstieg fort.

Aufgrund der Abhängigkeit kommt es zu sozialen Komplikationen. So werden alte Beziehungen und Freundschaften zerstört, soziale Normen und ethische Maßstäbe verlieren ihre Gültigkeit, strafrechtliche Verwicklungen folgen, die Arbeits- oder Ausbildungsstelle geht verloren.

Durch die Einengung der Aktivitäten auf die Droge verändert sich auch das Realitätserleben, die bisherigen Wahrnehmungs- und Erlebnisfelder schwinden. Damit grenzt sich der Abhängige aus der Normalität aus. Durch diese soziale Ausgliederung zerstört und »entkernt« er seine soziale Person. Die Droge beherrscht sein Leben, sein Denken, Fühlen, Handeln und Wollen. Er ist tiefgreifend gestört. Er lebt in einer existentiellen Sinnkrise; Probleme, tiefsitzende Ängste begleiten sein Leben.

Ein Drogen-Abhängiger hat große Angst ins Nichts, in die Sinnlosigkeit zu fallen, wenn er sich der Droge entziehen will. Außerdem müßte er ja die alten Einstellungen und Verhaltensweisen aufgeben, mit denen er sich in der Welt der Droge erfolgreich behaupten konnte. So wird es verständlich, daß er sich dem Helfer gegenüber zur Wehr setzt; er empfindet die Hilfe als Angriff gegen die eigene Person. Von diesen Kämpfen werden besonders die Angehörigen betroffen. Sie werden abhängig von der Drogenabhängigkeit ihres Kindes. Auf einige Formen und Möglichkeiten der Drogenhilfe ist nun kurz einzugehen.

Von besonderer Bedeutung ist, daß die Angehörigen eines Abhängigen rechtzeitig Rat und Hilfe suchen und erhalten (behördliche Beratungsstelle, Beratungsstelle in freier Trägerschaft und andere Hilfsgemeinschaften). Wenn sie das nicht tun, können sie in eine sehr tiefe Co-Abhängigkeit geraten, indem sie sich in das durch Drogen geprägte Denk-, Handlungs- und Wertsystem des Abhängigen verstricken.

Wie kann Hilfe erfolgen? Sie besteht im familiären Raum im Beschreiten eines konsequenten Weges, bei dem neue Einstellungen und Verhaltensweisen erworben werden. Dabei darf der Abhängige nicht als willensschwacher oder böser Mensch kritisiert werden. Das moralische Abqualifizieren vertieft die Kluft zwischen dem Abhängigen und seiner Mitwelt. Aus familientherapeutischer Sicht ist er in seiner Abhängigkeit zunächst zu akzeptieren. Dabei soll er Verantwortung für sein eigenes Leben und für seine Mitwelt nach gemeinsam vereinbarten Regeln nach und nach übernehmen lernen. So kann er in seine Verantwortung hineinwachsen und seinen Willen zur Genesung selbst finden. Ihm ist nur dann zu helfen, wenn er dies ausdrücklich will. Das dauert oft seine Zeit. Die Familientherapie geht u. a. davon aus, daß das Suchtverhalten ein sekundäres Problem sei; daher dürfen der Abhängige und das Problem nicht isoliert behandelt werden, sondern die Bedingungen, die dem Suchtverhalten vorausgehen und zugrundeliegen, sind aufzudecken und allen Beteiligten bewußt zu machen.

Will ein drogenabhängiger Mensch aus eigenem Entschluß seine seelische Abhängigkeit in einem Therapiezentrum stationär behandeln lassen, so findet er dort Aufnahme. Es gibt unterschiedliche Therapiekonzepte, so z. B. das Vierstufenmodell von *Petzold* (Aufnahme und Hineinwachsen in die therapeutische Gruppe; Mitverantwortung mit Teilaufgaben; Verselbständigung und Ablösung; Einbindung in die zukünftige Arbeits- und Ausbildungsstelle). Hier kann der Abhängige seine Sozialisationsdefizite in einer auch bis zu einem Jahr dauernden Therapie ausgleichen, sei es durch Einzel- und Gruppentherapie, Rollenspiel, Meditation, Werk- und Arbeitstherapie u. a. m. Er hat hier die Chance, eine an Situationen, Personen und Aufgaben gebundene Sinnfindung anzustreben und sich durch diese Bindung von der Drogen-»Bindung« zu befreien. Gleichzeitig erfolgt persönliche Nachreifung und eine Festigung des Willens für einen Verzicht auf eine (Drogen-)Ersatzwelt. Freilich kann das alles nicht verordnet werden.

Es gibt eine unübersehbare Zahl psycho- und sozialtherapeutischer Behandlungsansätze. Psychiater gewichten eine polyprofessionelle Therapie von verschiedenen vorgebildeten Therapeuten und (Heil-)Pädagogen (*Steinhausen:* 27).
Der Einbezug der Familie gewinnt an Bedeutung (systemische Familientherapie; *Stierlin:* 244); ebenso auch die Schreitherapie (*Casriel:* 85).
Erwähnenswert sind die therapeutischen Selbsthilfe-Gruppen wie z. B. *Synanon.* Diese Gemeinschaft geht von der Philosophie aus, daß sich die Kraft des Guten durch Tätigwerden in der Gruppe und für die Gruppe entfalten kann. In die Organisation einer neuen Lebensform findet sich der einzelne eingebunden. Er hat dabei strenge Regeln zu akzeptieren.
Neben Therapiezentren für Drogenabhängige gibt es zunehmend mehr Initiativen auf christlicher oder humanistischer Basis, die in kleinen stadtnahen Wohneinheiten, Arbeits- sowie Werkstätten organisiert sind.

Die schwierige Arbeit der »aufsuchenden Sozialarbeit« ist hervorzuheben, ebenso auch die Übergangseinrichtungen für (ehemalige) Abhängige (Nachsorge).

Heil- und Sozialpädagogik sind insbesondere auch zur Vorbeugung aufgerufen. Für die Suchtprävention sind pädagogische Konzepte zu entwickeln, die bereits im Vorfeld der Suchtgefährdung ansetzen (offene Jugendarbeit, Einüben von Konflikt- und Beziehungsfähigkeit). Hier gelten die allgemeinen heilpädagogischen Grundsätze, wobei wieder der akzeptierenden pädagogischen Haltung und der aufschließenden und ordnenden Kraft des Vertrauens größte Bedeutung zukommen. Eine gezielte Vorbeugung geht von der Aufklärung über Suchtgefahren aus. Für den Erfolg ist dabei wichtig, daß der Erzieher glaubwürdig wirkt und nicht abstoßend moralisiert. Da viele an sich nur geringfügig anfällig Jugendliche in das Unheil hineingezogen werden, muß überzeugend dargelegt werden, daß es kein Zeichen von Mut oder Kameradschaftlichkeit ist, alles mitzumachen. Ichstarke Persönlichkeiten können eher widerstehen.

Ein weiteres Problem ist die soziale Rehabilitation. Sie steht und fällt mit der vorurteilsfreien Aufgeschlossenheit der Mitwelt. Dabei ist auch zu sehen, daß die Kinder drogenabhängiger Eltern für die betroffenen Eltern und für die Mitwelt neue Probleme schaffen.

Schließlich ist u. a. aufgrund von Modellprojekten zu fragen: Befindet sich die Behandlung Drogenabhängiger in einer Umbruchsituation? Sind *Methadon-* und andere *Substitutionsprogramme* die Lösung oder tragen sie gar zur Fixierung der Sucht bei? Ein Patentrezept gegen Sucht oder Suchtgefährdung gibt es nicht (*Kindermann:* 155).

Abschließend ist hier auf das *Aids*-Problem hinzuweisen: Insbesondere Personen, die Drogen intravenös spritzen oder sich durch Prostitution Drogen beschaffen, können an *Aids* erkranken. Der *HIV-Virus* ist der wichtigste Auslöser für die *Aids*-Erkrankung, d.h. für die Störung des Immunsystems. Dieser Virus ist v.a. im Blut und Sperma in hoher Konzentration nachweisbar. Er ist sexuell übertragbar und auch die Vaginalflüssigkeit kann infektiös sein. – Bei Fixern erfolgt die Übertragung über gemeinsam benutztes Injektionsbesteck, bei homo- oder bisexuellen Männern und der Prostitution durch ungeschützten Geschlechtsverkehr.

Lit.: 4, 23, 27; 85, 91, 108, 152, 155, 169, 174, 203, 209, 225, 244, 245, 256, 273.

12. Suizidhandlungen

Suizid ist das Fachwort für *Selbsttötung.* Es gibt erheblich mehr Suizidversuche als endgültige Suizide; da sich der psychische Hintergrund von Suizid und Suizidversuch nicht unterscheiden muß, werden beide unter dem Begriff *Suizidhandlung* zusammengefaßt. Die Handlung erfolgt immer in einer seelischen Krankheitsverfassung, welche Verantwortlichkeit mehr oder weniger ausschließt.

Nach Erhebungen der Suizidforschung nimmt die Selbsttötung als Todesursache bei Jugendlichen zwischen 15 und 20 Jahren den 2. Platz, bei Kindern zwischen 10 und 14 Jahren den 4. Platz und bei Erwachsenen den 14. Platz ein. Die Dunkelziffer der Versuche ist außerordentlich hoch. Daher benötigen wir vor allem auch eine pädagogische Suizidprophylaxe.

Zur Verhütung von Suizidhandlungen ist es wichtig, Anzeichen einer Suizidgefährdung zu kennen. Die meisten Suizidanten haben ihre Absicht vorher irgendwie geäußert. Die verbreitete Meinung, wer darüber spreche, führe es nicht aus, ist falsch. Jede Andeutung in dieser Richtung, und sei sie noch so indirekt, ist ein Alarmzeichen. So sind beispielsweise immerwiederkehrende Äußerungen über die Aussichtslosigkeit des Lebens sehr ernst zu nehmen. Erst recht gilt dies für Suizidversuche, auch wenn sie den Eindruck erwecken, als wären sie nicht ernst gemeint gewesen. Es kommt zum suizidalen Handeln dann, wenn aus der Situation kein Ausweg mehr gefunden wird.

Ein bedeutsames Hilfsmittel, Selbsttötungsgefährdung zu erkennen, ist die Kenntnis des von *Ringel* (217) herausgearbeiteten *»präsuizidalen Syndroms«*. Seine entscheidenden Elemente sind: (1) *Einengung*. (Diese kann durch Situationen bewirkt sein wie beispielsweise schwere Krankheit, Todesfälle in der Familie oder vermeintlich ausweglose Lage, in die man sich häufig selber gebracht hat (z. B. Sucht, Straftat). Oder die Gefühle sind eingeengt, wie dies für Depressionen charakteristisch ist. Ebenso kann der Schwerpunkt der Einengung die zwischenmenschlichen Beziehungen, die Lebens-Sinnperspektive oder die Wertwelt betreffen, wobei viele Lebensgebiete entwertet werden und auch das Selbstwertgefühl betroffen ist). (2) *Gehemmte und gegen die eigene Person gerichtete Aggression.* (3) *Selbsttötungsphantasien.*

Häufig hat der Suizid »Appellfunktion«. Die Aufmerksamkeit der Mitwelt wird auf die eigene verzweifelte Situation gelenkt und die gemeinte Person oder Gruppe solle sich an der Selbsttötung schuldig fühlen. Tatsächlich macht sich ja die Umgebung eines Suizidanten meist große Vorwürfe, weil sie die Handlung nicht verhindert hat. Bei geretteten Suizidanten hat die Handlung oft durchaus die Wirkung, daß die Umgebung jetzt die Probleme des Betroffenen ernster nimmt.

Suizidales Verhalten kann auf ein Suchen nach Hilfe, eine Flucht aus unerträglichen Situationen, ambivalente Aggressionen u. a. hinweisen (*Biener:* 74).

Jugendliche, die mit dem Gedanken spielen, sich das Leben zu nehmen, sind entmutigt, innerlich vereinsamt (können dabei äußerlich gesellig wirken), oft verbittert, von Ängsten heimgesucht, werden durch Mißerfolgserlebnisse niedergedrückt. Zur Hilfe werden alle benötigt, nicht nur Fachleute. Jeder Gerettete und jeder Suizidgefährdete braucht Ermutigung im weitesten Sinn, braucht die Gewißheit, wirklich angenommen zu sein, ganz persönlich von einzelnen Menschen und Gruppen. Nie darf das Gefühl aufkommen, das Geliebtwerden sei von bestimmten Leistungen (z. B. guten Schulnoten) abhängig. Jede Erziehung zur Mitmenschlichkeit ist »antisuizidal«. Heilpädagogen sind darüber hinaus befähigt, fachkundig auf die spezielle individuelle Problematik zusammen mit anderen Fachkundigen einzugehen (*Krisenintervention*). Das entscheidende Behandlungsprinzip lautet: Menschliche Kontakte ermöglichen und sichern.

Angesichts der ansteigenden Suizide kommt der Prophylaxe besondere Bedeutung zu: Versagens- und Enttäuschungssituationen auffangen und bearbeiten, die suizidale Absicht zum Thema machen und den Plan mit allen Konsequenzen konkretisieren (*Asmus:* 55).

Lit.: 16, 27, 29, 32; 55, 74, 217, 218.

13. Sonstiges

Es gibt zahlreiche weitere Anlässe zu heilpädagogischen Maßnahmen. In einem kurzen Streifzug, der keinerlei Anspruch auf Vollständigkeit erhebt, sei dazu das Nötigste gesagt: Immer wieder gilt bei allem der Satz: *Nicht auf die äußere Erscheinung und den augenblicklichen Störfaktor starren, sondern versuchen, die Hintergründe zu ermitteln und das Übel wirklich an der Wurzel zu fassen.*

Zunächst ein Blick auf das *allergische Asthma,* an dem bis zu 1,5 % aller Kinder erkranken; in Industrie- und Großstädten sind es noch mehr. Einige Kinder sind so schwer krank, daß sie schwerbehindert (100 %) sind. – Asthma ist gekennzeichnet durch eine Verengung der Luftwege, Luftnot beim Ausatmen (Atemnot), pfeifende Atmung, quälenden Husten und zähflüssigem Auswurf. Es werden zwei Formen unterschieden: Das vorübergehende Asthma und das Langzeitasthma.

Als auslösende Ursachen kommen u. a. *Allergene* (ca. 75 % aller Ursachen) wie Pollen (besonders Gräser, aber auch Bäume, Sträucher und Blumen), Hausstaub, Tierhaare, Vogelfedern oder Nahrungsmittel (Milch, Ei, Fisch, Nüsse u. a.), Überempfindlichkeit der Bronchialschleimhaut, Infekte der oberen Luftwege, körperliche Belastungen, Umweltverschmutzung (Rauch, Abgase u. a.), psychische Faktoren und Einflüsse des vegetativen (unbewußten) Nervensystems in Betracht.

Der Anfall wird in der Regel durch mehrere Faktoren ausgelöst. Es entsteht Luftnot durch *Spasmus* (Verkrampfung) der Bronchialmuskulatur, *Ödem* (Gewebeschwellung) der Bronchialschleimhaut und Bildung eines zähen Sekrets. Die Kinder leiden insbesondere unter Erstickungsangst, die den Krampf der Bronchialmuskulatur verstärkt. Oft sind intensivmedizinische Maßnahmen unumgänglich.

Das Auftreten asthmatischer Beschwerden ist unberechenbar. Deshalb sind asthmatische Kinder besonders gefährdet. Als Sofortmaßnahmen sind zu beachten: Das Kind in eine erleichternde Atemposition setzen; auf das Kind ruhig und konzentriert eingehen; Eltern und Arzt bzw. Rettungswagen anrufen. Als weitere langfristige medizinische Maßnahmen kommen u. a. in Frage: Inhalation, Krankengymnastik, autogenes Training, Klimatherapie. Die heilpädagogische Hilfe umfaßt v. a.:

Das Kind annehmen und verstehen (es jedoch keinesfalls übertrieben fürsorglich betreuen) und sein Selbstbewußtsein stärken, es in die Gemeinschaft einbeziehen und ermutigen und nie in eine Außenseiterrolle bringen. Nun ein kurzer Blick auf das Gebiet der *Essensverweigerung, Appetitlosigkeit* bzw. *Magersucht (Anorexia nervosa).* Immer ist in solchen Fällen zunächst der Kinderarzt hinzuzuziehen, da verschiedenerlei schwere Krankheiten mit ähnlichen Symptomen beginnen können. Meist aber beruht Appetitlosigkeit des Kleinkindes auf einfachen Ernährungsfehlern, während weitergehende Essensverweigerung im Kleinkindalter mehr Ausdruck neurotischer Konflikte der Mutter ist. Manchmal haben sich dabei aber auch deutliche Versagungen eingestellt, so daß sich das Kind schon auf dem Wege einer eigenen seelischen Fehlentwicklung befindet. Oft gelingt es nicht, die Konfliktsituation der Mutter in mehreren beratenden Aussprachen zu bereinigen. Bei Aufnahme in eine Klinik mit heilpädagogisch geschultem Personal verschwindet das Symptom meist schnell. Daß damit viel, aber noch längst nicht alles gewonnen ist, wurde schon mehrfach erwähnt.

Die Magersucht der Jugendlichen *(Pubertätsmagersucht,* meist Mädchen) ist immer Sache des Nervenarztes. Manchmal steckt eine Schizophrenie dahinter, manchmal auch eine Störung des endokrinen Systems, nicht selten im Zusammenhang mit einer Hirnkrankheit. In der Mehrzahl der Fälle handelt es sich aber auch hier um schwere seelische Fehlentwicklungen. Gewöhnlich ist auch die Umgebung des Mädchens voller Konflikte.
Man verkenne nicht die Lebensgefahr, die bei jeder Magersucht gegeben ist (unbewußte und halbbewußte Selbstvernichtungstendenzen, oft bis zu Selbsttötungsversuchen), insbesondere wenn durch starkes und immerwährendes Erbrechen der gesamte Mineralhaushalt in Unordnung geraten ist. Die Mädchen verlieren oft jedes natürliche Hungergefühl und geraten in eine todeslüsterne Lethargie, verbunden mit Ekel gegenüber allein Speisen.
Da Magersucht Ausdruck unerträglicher psychosozialer Konflikte ist, bringt erst eine Langzeittherapie, insbesondere auch mit der Mutter und den anderen Familienangehörigen, den erwarteten Erfolg (150, 199).

Weniger dramatisch, aber häufiger, sind *Schlafstörungen.* Insbesondere ist hier das *nächtliche Aufschreien zu* erwähnen *(pavor nocturnus),* das oft aus unmittelbaren Krisen der kindlichen Entwicklung oder aus Problemen des Elternhauses bzw. der Schule entspringt. Nächtliches Aufschreien mit oft wirren Angstvorstellungen signalisiert eine tiefsitzende Angst. Ähnliches gilt für *Nachtwandeln* oder *Schlafwandeln,* das aber, besonders wo es sensationelle Formen annimmt, schon den hysterischen Ausnahmezuständen nähersteht. Bei Kindern (und Erwachsenen) mit leichten Hirnschäden oder Epilepsie ist die Regulierung der verschiedenen Bewußtseinsstufen bisweilen erschwert, so daß sie auch zu solchen Schlaftrunkenheitsphänomenen eher disponiert sind. In der Mehrzahl der Fälle handelt es sich aber um eine harmlose und vorübergehende Erscheinung.

Noch vielfältiger als bei den Schlafstörungen sind die ursächlichen Möglichkeiten bei der allgemeinen »nervösen Unruhe« eines Kindes, soweit sie über die natürlichen Spielarten der Lebhaftigkeit hinausgeht. Hier denke man übrigens auch immer an räumliche Enge oder an seelische Einengung durch allzu starre Verhaltensvorschriften, wie überhaupt an hintergründige psychische Konflikte. Daß die »Umtriebigkeit« eines Kindes auch auf organischen Schäden oder Krankheiten beruhen kann, sei nicht vergessen.

Ähnliches gilt für Nägelbeißen, Daumenlutschen, Schaukeln oder Haarereißen. Man denkt bei diesen Symptomen häufig an Zuwendungsmängel im ersten Lebensjahr. Beim Haarereißen, soweit es nicht die Stereotypie eines schwer intellektuell behinderten Kindes ist, wäre dabei schon an tiefgreifende Störungen der seelischen Kleinkind-Entwicklung zu denken. Symptomatisch hilft bei nägelkauenden Mädchen manchmal die Schenkung eines Manikürkästchens.

Schwierig bezüglich der Unterscheidung körperlicher Ursachen und seelischer Ursprünge ist die Beurteilung des Tic. Es handelt sich hier um plötzlich auftretende unwillkürliche Zuckungen oder gleichförmige Bewegungen bestimmter Muskelgruppen (Grimassieren, Blinzeln, Schulterzucken ...). Manche Tics tragen deutlich einen Ausdruckscharakter (etwa Sich-Abwenden, Sich-Verschließen, Wut, Sich-Säubern, Schnüffeln, Augenverschließen), so daß es sich empfiehlt, diese Äußerungen beim Studium der psychischen Problematik des Kindes zu berücksichtigen. Häufig liegen den Tics emotionale Spannungen zugrunde. Bockigkeit, Phlegma und Dickfelligkeit sind oft Schutzhaltungen, die sich die Kinder angeeignet haben, nicht selten unter dem ständigen Druck der Überforderung. Ähnliches gilt von vornehmlich depressiven, d. h. gedrückt wirkenden, mürrischen, zum Weinen neigenden Kindern, sofern hier nicht masochistische oder theatralische Momente mitspielen. Für die Lebensgrundstimmung eines Kindes kann die Grundstimmung entscheidend sein, die während seines ersten Lebensjahres in der Mutter-Kind-Beziehung bestanden hat.

Ähnlich der Lebensgrundstimmung sind auch Eigenschaften wie Übergefügigkeit, Weichheit, Durchsetzungsmangel und Unbeholfenheit dem Persönlichkeitskern zugehörig. Eine geschickte Erziehung kann dazu führen, daß der Mensch lernt, solche Verhaltensweisen gut auszugleichen und in mancher Hinsicht vielleicht sogar in Stärken zu verwandeln.

Nicht immer sind es Unbeholfenheit und Durchsetzungsmangel oder depressive Grundstimmung, die zum Einzelgängertum führen. Auch beim Einzelgänger muß man unterscheiden, was bei ihm einem inneren Bedürfnis entspringt und was Schutzhaltung ist. Es gibt nun einmal Persönlichkeiten, die wenig Anschluß- und Kontaktbedürfnis haben, sich dabei aber verhältnismäßig wohl zu fühlen scheinen, insbesondere wenn Spezialinteressen oder gar Spezialbegabungen vorliegen (Kunst, Technik, Sammeln usw.). Von hier gibt es alle Übergänge zu verschrobenen Sonderlingen. Andere Kinder aber geraten unfreiwillig in die Vereinzelung und in die Außenseiterrolle. Die Gruppe lehnt Kinder ab, die nicht in ihr aufgehen. *Das abgelehnte Kind* fühlt dies und versucht zunächst, den Anschluß wiederherzustellen, ist dabei aber nicht mehr ganz unbefangen, so daß es nur wiederum Ablehnung erntet. Nicht selten sind solche Annäherungsversuche unglücklicherweise aggressiv gefärbt. Für den Heilpädagogen liegt hier ein wichtiges und manchmal doch auch dankbares Betätigungsfeld vor. Er muß erfindungsreich genug sein, um einem Außenseiter aus seiner Vereinsamung herauszuhelfen.

Sehr wesentlich ist der Unterschied zwischen *Einsamkeit* und *Vereinsamung*. Einsamkeit braucht jeder Mensch zu seiner Selbstfindung, der eine mehr, der andere weniger. Das gilt auch für den Jugendlichen, ja schon für Kinder, die auch im Heim Gelegenheit finden müssen, einmal ganz für sich zu sein, zu träumen, zu spielen. In der Vereinsamung dagegen leidet der Mensch daran, daß er nicht zum anderen findet.

Ein weiteres sehr umfangreiches Kapitel ist das *Versagen* in *Schule* und *Beruf.* Sehr häufig ist es verknüpft mit sonstigen Schwierigkeiten wie Lügen, Stehlen, Streunen oder Bettnässen.

Was über die Vielfalt der Ursachen und Ursprünge dieser Störungen gesagt wurde, gilt auch für die Ursachen und Ursprünge des Schulversagens. Es bedarf genauer Ermittlungen über den Entwicklungsgang des Kindes und über alle sonstigen Störungsquellen, die in seiner Umgebung liegen, nicht zuletzt auch in der Schule bzw. der Lehrstelle selbst. Häufiger Wechsel der Schule bzw. der Lehrstelle gilt – wenn nicht höhere Gewalt dafür verantwortlich ist – als Zeichen dafür, daß es sich um ein »schwieriges Kind« handelt. Abgesehen davon, daß die Fehler häufig vorwiegend bei der Mitwelt zu suchen sind, wirke man einer solchen abwertenden Einstellung so weit als möglich entgegen.

Nicht selten liegt der Grund allen Übels einfach in der Überforderung. In solchen Fällen beheben sich manchmal schlagartig sämtliche sonstigen Schwierigkeiten, wenn die Überforderung abgestellt ist. Eltern und Kinder wollen dies aber meist nicht wahrhaben. Hier gilt es, allen Beteiligten zur Erkenntnis zu verhelfen, daß Schulleistungen oder gar Leistungen in einzelnen Schulfächern kein absoluter Wertmaßstab des Menschen sind.

Jeder Schüler und Jugendliche ist daher für seine individuelle Leistung so zu motivieren, daß er auch zu ihr steht. Hier motiviert dann das Tätigsein; die Aufgabe fesselt, der einzelne fühlt sich ihr gewachsen. Auf der Basis eines guten Verhältnisses zwischen Lehrer/Lehrherr und jungen Menschen wird die Freude an der Arbeit weiter entfaltet. Bei diesem Tätigsein werden auch Zuverlässigkeit, Pünktlichkeit, Ausdauer und Disziplin eingeübt.

Das Wort »*arbeitsscheu*« sollte nicht verwendet werden. Es wird oft ausgesprochen, als handle es sich dabei um eine ganz anrüchige Angelegenheit. Soweit sie ein Zeichen von Verwahrlosung ist, besteht freilich Anlaß zu Bedenken. Mancher Fall von »arbeitsscheu« aber ist Ausdruck neurotisch-regressiver Verantwortungs-Flucht, oder überhaupt nur Ausdruck einer Überforderung, falscher Berufswahl oder falscher Anleitung.

Nicht einfacher sind die Probleme, die uns aus *Frechheit, Oppositionsgeist, Aggressivität, Rauflust* oder *Unverträglichkeit* erwachsen. Man muß hier unterscheiden, ob solche Erscheinungen einem Überschuß gesunder Kräfte zuzuschreiben sind (erzieherisch kein Problem!), oder ob sich in ihnen innere Fehlhaltungen ausdrücken. Kinder der letztgenannten Art sind heilpädagogisch oft besonders schwer anzufassen, zumal sie häufig auf den leisesten Vorwurf hin in geradezu aufreizender Art mit der Pose gekränkter Unschuld und mit raffinierten Gegenvorwürfen reagieren. Steigerungs- bzw. Zerrformen der Aggressivität sind *Brutalität, Sadismus, Tierquälerei, Boshaftigkeit, Hinterhältigkeit, Schadenfreude, Zerstörungswut* u. a. Wir brauchen uns nicht mehr ausführlich damit zu befassen, da die dahinterstehenden Probleme schon in anderen Zusammenhängen angeschnitten wurden. Es ist hier oft schwer, die heilpädagogische Haltung zu bewahren, aber es ist auch besonders notwendig. Im übrigen werden, je nach Herkunft solcher Erscheinungen, ganz verschiedene Wege einzuschlagen sein. Bei kindlicher Tierquälerei forsche man sorgfältig nach, ob ein sadistischer Beigeschmack vorliegt, oder ob es sich nur um Unachtsamkeit handelt.

Ein besonderes Rätsel geben uns kindliche und jugendliche *Brandstifter* auf. Schon die Tatsache, daß fahrlässige und vorsätzliche Brandstiftung ein typisches Kinder- und Jugenddelikt ist, weist darauf hin, daß es hier um Probleme der Welteroberung und der Triebkräfte, ihre Einordnung oder ihres Mißbrauchs, ihrer wertvollen Anwendung oder ihrer zerstörerischen Macht geht. Das »Spiel mit dem Feuer« gleicht dem gefährlichen Spiel des Lebens selbst. Verdienst und Frevel liegen nahe beieinander. Vornehmlich sind es Geschlechtstrieb und Machtstreben, die im »Zündeln« symbolisch aufflackern und in der Brandstiftung ihre zerstörerische Elementarkraft erweisen.

Lit.: 2, 4, 9, 12, 18, 23, 27, 32.

14. Übergreifende Prinzipien

Herbart, der einflußreichste Pädagoge im frühen 19. Jahrhundert, hat eine Art von katalogartiger Zusammenstellung der kindlichen Verhaltensstörungen (»Kinderfehler« sagte man damals) versucht. Sein Schüler *Strümpell* hat dieses Werk fortgesetzt und einen Katalog von über 300 »Kinderfehlern« aufgestellt. Es hat sich aber dann gezeigt, daß sich solche Arbeit nicht lohnt, denn auch die umfangreichste Zusammenstellung der beobachteten Auffälligkeiten kann der Vielfalt des Lebens niemals gerecht werden. Ein solcher Katalog ist auch nicht nötig für den, der die *übergreifenden Prinzipien* erfaßt hat, wie sie großenteils aus den hier besprochenen Störungen und Beeinträchtigungen deutlich geworden sein dürften.

Bei allen seelischen Fehlhaltungen erkennen wir eine Flucht vor dem Daseinssinn. Um dies recht erfassen zu können, muß der Heilpädagoge unterscheiden können zwischen dem wirklich Daseinsgemäßen und der durchschnittlichen Verhaltensnorm. Letztere ist von zeitbedingten Irrtümern und kollektiven Fehlhaltungen mitbestimmt. Der Heilpädagoge ist aber selbst ein Kind seiner Zeit und somit dem Sog der allgemeinen Irrtümer ausgeliefert. Um der geforderten Unterscheidung nachkommen zu können, bedarf es der Verbindung fachlicher Kenntnisse mit den pädagogischen Haltungsmerkmalen »Abstand« und »kritische Aufgeschlossenheit«. Hinter jeder Flucht steht die *Angst* (siehe auch S. 159 ff.). Kinder und Jugendliche mit seelischen Fehlhaltungen haben nicht den Mut zu einer daseinsgemäßen Einstellung und Haltung. Es leuchtet ein, daß Kontaktmängel im frühen Kindesalter den Lebensmut beeinträchtigen können. Die Angst bezieht sich immer auf das Bestehenkönnen im mitmenschlichen Bereich. An dieser Stelle werden also Beziehungen zum Minderwertigkeitsgefühl deutlich. Die Gesamterfassung des Daseinssinns beschränkt sich aber nicht auf das Mitmenschliche, sondern schließt das Verhältnis des Menschen zu Leben und Welt und zur Transzendenz mit ein.

Die Fluchttendenz in der seelischen Fehlhaltung kann ohne weiteres deutlich sein, so etwa wenn die Angst unverhüllt hervortritt, oder wenn das Symptom einen Rückzug erkennen läßt, ein Ausweichen, ein Vermeiden der normalen Auseinandersetzung mit der Realität. Fixierung und Regression sind Zeichen der Flucht, ebenso wie in jeder Verdrängung und in allen anderen Abwehrmechanismen und Sicherungstendenzen eine Vermeidung der Auseinandersetzung mit Konflikten zu sehen ist. Es gibt auch eine Flucht nach vorne. Die Angst ist dann überspielt, bleibt mehr oder weniger unbewußt. Hierher gehören alle Verhaltensstörungen, die Zeichen der Aggression im weitesten Wortsinn aufweisen.

Wir können also – grob schematisierend – in den Verhaltensstörungen zweierlei Tendenzen erkennen: *Flucht* und *Aggression*. Letztere ist vom Daseinssinn her gesehen auch eine Flucht, aber eine Flucht nach vorne. Für das Verständnis einer Fehlhaltung und die pädagogischen Konsequenzen ist es nützlich, diese Tendenzen zu durchschauen. Wir werden dann aber sehr bald erkennen, daß sich nicht unbesehen ein Symptom einer dieser Tendenzen zuordnen läßt. Wir müssen hierzu das einzelne Kind sehr gut wahrnehmen, verstehen und seine Vorgeschichte genau kennen. Nur dann können wir entscheiden, ob z. B. ein Bettnässer in die Babyrolle zurückflüchtet, oder unbewußt das Symptom in aggressiver Weise benützt, um eine Opposition auszudrücken. Die Dinge liegen sogar oft noch komplizierter. Rückzug und aggressive Opposition können gleichzeitig vorliegen. Solche *ambivalente Tendenz* zeigt in klassischer Weise jedes »Herrschen durch Schwäche«. Man kann durch jedes nach Flucht aussehende Nicht-Mitmachen, z. B. durch psychogene Erkrankungen, seine Mitwelt tyrannisieren. Es ist in jedem Einzelfall eine schwierige Aufgabe festzustellen, welche der beiden Tendenzen vorherrscht, oder wie sich die Tendenzen durchmischen.

Wenn wir als allgemeinstes Kriterium der seelischen Fehlhaltungen die Flucht vor dem Daseinssinn erkannt haben, dann ergibt sich daraus als allgemeinster Grundsatz der Heilpädagogik die Stärkung des Lebensmutes, damit die Flucht nicht mehr notwendig ist. Mit der von der Individualpsychologie herausgestellten Ermutigung ist Ähnliches gemeint wie mit der von der modernen Psychoanalyse geforderten Stärkung des Ichs.

Lebensmut ist Mut zum Mitmachen in der Gemeinschaft. Er ist abhängig vom Selbstwertgefühl, dessen Festigung Angelegenheit des Erziehers und der Gemeinschaft sein soll. Herabgesetztes Selbstwertgefühl führt zur resignierten oder aggressiven Abwendung von den Zielen der Mitmenschlichkeit. Somit ist eine Ichbezogenheit Bestandteil der Neurosen und seelischen Fehlhaltungen. Diese Ichbezogenheit kennzeichnet ein geschwächtes Ich, während ein starkes Ich keine Scheu hat vor dem Du und dem Wir. Alle Methoden, die zu einer verbesserten Gemeinschaftsfähigkeit verhelfen, sind in der Heilpädagogik angebracht.

15. Anhang I: Anleitung zur Aufnahme der Vorgeschichte

Es lohnt sich immer, die Personalien sorgfältig aufzunehmen. Neben Namen, Vornamen, Geburtsdatum, Geburtsort, Konfession, Staatsangehörigkeit, Adresse usw. vermerken wir die Schule/Klasse, den Namen des Lehrers, der überweisenden Stelle, des Hausarztes, Kostenträgers und des Sorgerechtsträgers. Ähnlich notieren wir die Personalien des Vaters und der Mutter, Berufstätigkeit, evtl. Adresse des Vormundes, Adressen der Pflege- oder Adoptiveltern usw. War das Kind zuletzt in einem Heim, so gehören auch dessen Adresse, der Name des Leiters und Erziehers sowie die Dauer des Heimaufenthaltes auf die erste Seite des Vordrucks. Schließlich vermerken wir hier noch sämtliche Geschwister mit Alter, Schule/Klasse, bzw. Beruf.

Es ist ratsam, sich bei *Erfragung* der Vorgeschichte nicht allzu streng an das nachfolgende Schema zu halten. Dieses gilt nur als Gedächtnisstütze zur Steuerung des *freien Gesprächs*. Auf keinen Fall darf »ausgefragt« werden. Die *Aufzeichnung* sollte schon enger dem Schema angelehnt sein. Die *Fragebogenform* begünstigt zwar spätere Statistiken, erschwert es dem Leser aber, sich ins Bild zu setzen. Telegrammstil bei rein informativen Aufzeichnungen, sonst knappe, sachliche, aber lebendige Sprache – dies ist für Schreiber und Leser am zweckmäßigsten.

Vorgeschichte

nach Angaben des ...
Grund der Überweisung (in Stichworten)
Familie (Eltern, Geschwister, Großeltern)
Angaben über Gemütskrankheiten, Anstaltsunterbringungen, Verwirrtheitszustände, Anfallskrankheiten, abnorme Persönlichkeiten, Trunksucht, intellektuelle Beeinträchtigung, körperliche Behinderung, Störung beim Sprechen, starke Sehschwäche oder Blindheit, starke Hörschwäche oder Taubheit.

Kind
Nichteheliche Geburt? Voreheliche Geburt? Vorehelich empfangen? Sonstige Besonderheiten? Zwillinge (eineiig/zweieiig)? Gewollte Schwangerschaft? Wievielte Geburt? Alter der Mutter, des Vaters bei der Geburt.

Schwangerschaft
Röteln, Gelbsucht, Mumps, Grippe, Windpocken, Toxoplasmose, schwere Infekte, andere Infektionskrankheiten, schwere psychische Belastungen, schwere körperliche Arbeit, Medikamenteneinnahme, Vorsorgeuntersuchungen (regelmäßig?), Risikoschwangerschaft? Blutungen, Alkohol- und Nikotingenuß, schweres Erbrechen, Krämpfe etc. in welchem Monat?

Geburt
Lage des Kindes (Gesichtslage? Steißlage? Querlage? Beckenendlage?), Dauer der Geburt; Wo fand die Geburt statt? Erfolgte die Geburt rechtzeitig? Zangengeburt? Narkose? Kaiserschnitt? Atemschwäche (Maßnahmen)? Wie verlief die Geburt? Geburtsgewicht, Größe, Kopfumfang. Aufnahme in eine Klinik sofort nach der Entbindung?

Stillzeit und frühkindliche Entwicklung
Wie lange nur Muttermilch? Wie lange zugefüttert? Warum nicht gestillt? Verhalten der Mutter, des Kindes beim Stillen. Schwierigkeiten beim Saugen? Trinkschwäche? Ernährungsstörungen (»Speien«, Durchfälle, Gewichtsstürze etc.)? Wann gezahnt? dabei Krämpfe? in welcher Form? Ab wann gesessen? gestanden? gelaufen? Allgemeine Motorik (Bewegungsarmut? Bewegungsunruhe?).

Gesundheitliche Entwicklung
Kind im Brutkasten? (Warum? Wie lange?), Mit Sonde ernährt? Seitherige Krankheiten (frühere Krankenhäuser, behandelnde Ärzte, Behandlungsmethoden). Wann Gelbsucht, Masern, Diphtherie, Windpocken, Röteln, Scharlach, Keuchhusten, Mumps? Sonstige Krankheiten? Ansteckende Krankheiten in der Umgebung des Kindes? Impfungen? Serumspritzen? – Erlitt das Kind einen Unfall? (Wie alt? Was passierte? Was wurde unternommen?)
Körperliche Mißbildungen und Funktionsschwächen (Hoden, Skelett, Sinnesorgane etc.). Krankheitsdispositionen (Tuberkulose, Asthma, Bronchitis, Rachitis, Neigung zu Halsentzündung, Mittelohrentzündung etc.).
Hinweis auf Nervenkrankheiten (Ohnmachten, Krämpfe, epileptische Äquivalente, anfallsweise Bauchschmerzen, Wut, Zerstörungssucht, triebhafte Handlungen etc.).
Bei Anfällen: Erster Anfall, Anlaß, Aura, sonstige Vorzeichen, Anfallstyp, Wechsel des Typs, Häufigkeit, generalisierte oder herdförmige Anfälle; Petit mal (Form)? Absencen? Dauer der Anfälle, Ansprechbarkeit, Atmung; Gesichtsfarbe; Zungenbiß, Einnässen etc.? Erwachen, Zustand danach, Erinnerungen; letzter Anfall; Wesensänderung?
Körperliche Beschwerden und Allgemeinbefinden, Kopfschmerz? Übelkeit? Erbrechen? Schlaf, Appetit, Durst, Schwitzen, Stuhlgang. Nikotin? Alkohol? Drogen? Medikamente?

Lebensgeschichte
(Evtl. »*Umgebung*« vorwegnehmen bzw. einarbeiten, bes. bezügl. Heimen, Pflegestellen u. dgl.)
Als Säugling: lebhaft/ still? Eigenarten? Trink- und Eßschwierigkeiten? Häufiges Erbrechen? Ab wann gesprochen? Weitere Sprachentwicklung?
Reinlichkeitsgewöhnung (Urin und Stuhl, begonnen und beendet). Verhalten der Mutter, des Kindes bei der Reinlichkeitsgewöhnung.
Spielentwicklung (bevorzugte Gegenstände, Personen, Gruppen). Besondere Ängste. Verhalten zu anderen Menschen.
Trotzperiode. Reaktion der Umwelt. Verlauf.
Fragealter.
Besondere Erziehungsprobleme.
Auffällige Entwicklungsdefizite im Bereich der Emotionalität, des Sozialverhaltens, der Sprache, der Wahrnehmung und Kognition, der Bewegung/Motorik.

Kindergarten und Hort
Wann und wo? Verhalten zur Leiterin, zu den Spielgefährten.
Auffälligkeiten? Lieblingsbeschäftigung.

Schule
Wann eingeschult? Besucht jetzt die wievielte Klasse? Volksschule/Sonderschule? Höhere
Schule? Berufsschule? Mußte wiederholen? Klasse? Schulwechsel? Einstellung des Kindes und
der Eltern zur Schule. Verhältnis zum Lehrer; zu den Mitschülern. Beliebt? Schulische Leistungen, Lieblingsfächer. Wo versagt? Veränderung der Leistungen? Wann und warum? Klagen der Lehrer etc.

Lehre
Wievielte Lehrstelle? Verhältnis zum Meister, zu den Gesellen, Mitlehrlingen etc. Auffälligkeiten.

Freizeit
Überwiegend allein oder mit anderen? Lieblingsbeschäftigung. Verhalten im Haushalt (hilfs-
bereit etc.). Kinobesuch? Fernsehen? Sport? Musik (Singen, Radio, eigenes Instrument)?
Malen? Lesen (evtl. Bilderbücher)? Verhältnis zu Tieren (liebevoll? verspielt? pflegerisch?
Furcht? Quälereien?)

Freundschaften
Rolle in der Gemeinschaft, Verträglichkeit; feste Freundschaften, häufiger Wechsel etc.

Interessen und Berufswünsche

Geschlechtliche Entwicklung
Auffälligkeiten in Kindheit und Schulzeit? Aufgeklärt? In welcher Forrn? Reifungszeichen,
Bartwuchs, Stimmbruch, sonstige sekundäre Geschlechtsmerkmale. Bei Mädchen Periode
(Beginn; regelmäßig? Beschwerden? Seelische Reaktionen?). Pubertätserscheinungen (Ona-
nie? Sonstige sexuelle Auffälligkeiten).

Religiöse Entwicklung

Umgebung
(evtl. auch ganz oder teilweise *vor* Lebensgeschichte oder in sie hineinverarbeitet).
Beruf bzw. soziales Niveau, insbes. der Eltern und Großeltern. Wirtschaftliche Verhältnisse.
Schicksale der Familie. Mutter berufstätig?
Wohnverhältnisse (Stadt/Dorf? Eigenes Haus? Eigene Wohnung? Wieviele Zimmer? Wo
schläft das Kind? Eigenes Bett? Spielraum?)
Eheverhältnisse (frühere Ehen? Scheidungen? Schon einmal getrennt gelebt? Meinungsver-
schiedenheiten, insbesondere bezüglich der Erziehung des Kindes? Streitigkeiten vor dem
Kind?).
Wer lebt sonst noch in der Familie? Deren Einstellung und Haltung zum Kind.
War das Kind immer zu Hause oder in Heimen, Pflegestellen, Sanatorien usw.? Zeit, Ort.
Dauer.

Verhältnis des Kindes zur Mutter und umgekehrt.
Verhältnis des Kindes zum Vater und umgekehrt.
Verhältnis zu Geschwistern und umgekehrt (»Position« des Kindes in der Geschwisterreihe.
Welche bevorzugt es und welche lehnt es ab?). Zeitliche Änderungen in diesen Verhältnissen?
Allgemeine Einstellung der Umgebung zu Leistung (Ehrgeiz, Rivalität), Besitz (Taschengeld!),
Moral, eigener sozialer Stellung, Kindern und ihrer Erziehung. »Atmosphäre« (großzügig/
kleinlich? frei/gezwungen? u. dgl.). Geheimnisse? Verwöhnung? Inkonsequenz?

Spezielle Auffälligkeiten
(Nähere Beschreibung der Auffälligkeiten, die zur Überweisung führten).
Beginn (Zusammenhang mit der Umgebung, Entwicklungsphase, Ereignissen u. dgl.). Erste
Vorzeichen und erste Reaktionen der Umgebung.
Weiterer Verlauf. (Anlässe von Besserungen oder Verschlimmerungen, pädagogische, sozial-
pädagogische, psychologische oder medizinische Maßnahmen.)
Seitherige Beratungen, Behandlungen, erzieherische und heilpädagogische Maßnahmen.
Kurze Charakteristik der Begleitperson (erster Eindruck).
Zusammenfassung und Versuch einer vorläufigen Beurteilung.

16. Anhang II: Anregungen für die Erzieherberichte*

Methodisches: Möglichst ein Tagebuch über alle Kinder der Gruppe führen; auffällige Ereig-
nisse und deren Anlaß mit Datum notieren. Nicht warten, bis Kinder entlassen sind! Zur
Selbstkontrolle empfiehlt es sich, auch die eigenen Reaktionen (Tadeln, Übergehen, Strafen,
Ansporn, Ermutigung usw.) zu notieren.

1. Abschied von den Eltern – erste Anpassung – Heimweh.
2. Eigener Eindruck vom Aussehen des Kindes: Gesichtsausdruck, Bewegungsweise (Tem-
   po, Geschicklichkeit), Stimmungslage.
3. Verhalten beim Essen, beim Einschlafen und Aufstehen, beim Waschen. Verhältnis zur
   Körperpflege, zur Sauberkeit.
4. Kontakt zum Erzieher (zum Erwachsenen). Gemütsmäßige Ansprechbarkeit.
5. Kontakt zur Gruppe: zu Gleichaltrigen, zu Größeren und Kleineren. Wie setzt das Kind
   sich durch? Welche Rolle spielt es (Führer, Kasperl, Mitläufer usw.)?
6. Verhalten beim Spiel (Konzentration, Geschicklichkeit, Fähigkeit zu verlieren, Regeln
   anerkennen).
7. Verhältnis zur Leistung (Ausdauer, Antrieb, Gedächtnis).
8. Besondere Talente und Interessen (Bücher, Basteln, Musik, Theaterspielen, Tierliebe?).
9. Verhältnis zur Sexualität (geschlechtliche Spielereien, Aufklärung).
10. Verhältnis zur Religion (besonders bei Jugendlichen).

* Die Aufstellung ist in der Erziehergruppe der Heckscher-Klinik entstanden. Schriftliche
  Ausarbeitungen: Renate Jutz, Psychagogin. Sie wurde von F. Klein etwas verändert.

17. Anhang III: Ergänzungen zur Praxis heilpädagogischen Spielens*

In der heilpädagogischen Arbeit sollten Spiele nicht nur so angewandt werden wie sie dem Erzieher einfallen, sondern wie sie für die Gruppe heilpädagogisch gesehen am nutzbringendsten sind. Die Voraussetzung ist, daß der Erzieher über einen Vorrat erprobter Spiele verfügt. Von den Spielen gehen auf die Gruppe und auf das einzelne Kind verschiedene Wirkungen aus. Man unterscheidet Spiele für den Anfang, Spiele, die Atempausen erlauben, die den Höhepunkt oder den Abschluß bilden. Der Erzieher muß also den physischen, psychischen und gruppendynamischen Gehalt der Spiele kennen und sie in der richtigen Reihenfolge einfügen. Die Wirkung eines Spieles kann belebend, aufregend, beruhigend oder einbeziehend sein. So sollte z. B. ein Konzentrationsspiel durch ein einfaches Nachahmspiel, ein lebhaftes durch ein ruhiges Spiel abgelöst werden. Spiele, die einzelne in den Mittelpunkt stellen, sollten solche folgen, die alle Beteiligten zum Wettbewerb auffordern.

Bei Gemeinschaftsspielen ist auch zu überlegen, wie man den einzelnen fördern kann. Der Erzieher sollte z. B. einem gehemmten Kind Gelegenheit geben, seine Stärke in irgendeinem Spiel zu beweisen, oder er kann ein isoliertes Kind in den Mittelpunkt stellen, indem er mit ihm einen Trick ausmacht, den die anderen erraten sollen. Er kann im Wettkampf Widersacher zur guten Zusammenarbeit zwingen, andererseits zu enge Freunde durch das Spiel auffordern, einmal gegeneinander Stellung zu nehmen. Kindern, die Angst haben, sich vor der Gruppe zu exponieren, kann man einen Assistenten an die Hand geben.

Von Bedeutung für das Gelingen eines Spielnachmittags ist schließlich auch, daß die Spielregeln gut erklärt werden. Es ist dabei wichtig, daß man sich die Form sucht, die bei den Kindern anspricht, z. B. ein Spiel im Zeitlupentempo vorzuführen.

Zum Schluß noch ein Beispiel für den Aufbau einer Spielstunde.

1. *Spiele, die den Anfang bilden:* Polonaise, Schlüsselspiel, Obstkorb, Zipp-Zapp sind Spiele, die die Sitzordnung auflockern, Freundschaften etwas sprengen und alle aktivieren.

2. *Spiele, die nicht alle aktivieren:* a) eine Gruppe steht im Mittelpunkt, z. B. Mühle, Scharade mit mehreren Mitwirkenden, Fische fangen. b) Spiele, die Untergruppen bilden, z. B. alle Stafetten u. Wettkämpfe. c) Spiele, die einzelne in den Mittelpunkt stellen, alle Rate- und Suchspiele.

3. *Spiele, bei denen alle mittun,* könnten als nächstes folgen. Es sind die Spiele, die auch immer für den Anfang und den Abschluß geeignet sind, weil alle beteiligt werden. Am Anfang soll es auch immer sehr lebhaft zugehen, damit Begeisterung geweckt wird, z. B. mein Hut der hat drei Ecken.

4. *Spiele, bei denen man nicht weiß, ob man dran kommt:* z. B. Zeitung-schlagen, Eigenschaften raten. Bei diesen Spielen wird dem einzelnen die freie Entscheidung, ob er sich exponieren will, abgenommen; oft werden hierdurch günstige Brücken geschlagen, zumal nicht erst der Spielleiter die Kinder lange überreden wird. Bei diesen Spielen ist die Gefahr gegeben, daß Cliquen unter sich das Spiel abmachen und die anderen alle nur noch Zuschauer sind. Hier muß der Spielleiter behutsam eingreifen.

* Nach Schwalbacher Muster in der Erziehergruppe der Heckscher-Klinik niedergelegt; durch F. Klein geringfügig abgeändert.

5. *Spiele, die zum Abschluß führen:*
(Sie hängen sehr davon ab, was danach sein soll).
Vor dem Zubettgehen ruhiges Spiel, z. B. alle Ausscheidungsspiele wie »Funken«, Kehraustänze usw.
In der Regel sollte man mit einem Höhepunkt abschließen, bei dem sich alle beteiligen können.

Spiele, die wir möglichst vermeiden sollen:
Eine Reihe von Spielen können die Gruppe gefährden oder einen einzelnen bloßstellen. Meist sind es Blamierspiele, bei denen sich alle auf Kosten eines einzelnen amüsieren. Deshalb muß man mit Spielvorschlägen aus der Kindergruppe sehr vorsichtig sein, denn die Erfahrung zeigt, daß es sich meist um solche Spiele handelt. Diese Spiele sind z. B.: Pinguin und Storch (jedes Kind muß dabei ein Tier darstellen, das die anderen erraten sollen. Ein Kind bekommt die Aufgabe, einen Storch darzustellen. Der Spielleiter verrät dies den anderen Kindern, die dann alle möglichen Tiere raten, nur nicht den Storch, so daß das Kind im Kreis sehr lange zappeln muß). Ähnlich gewagt sind Spiele, bei denen Kinder überraschend mit Wasser überschüttet, angegossen oder mit einem Schlag versehen werden. Auch die unhygienischen Gesellschaftsspiele wie z. B. das Pfeifchen suchen (alle blasen in das gleiche Pfeifchen).
Falls die Gruppe dazu fähig ist, wäre es zweckmäßig, wenn der Erzieher nach einem Spielnachmittag die Gruppe einmal fragt, was ihnen am besten gefallen hat, welche Spiele sie ablehnt, welche langweilig sind usw. Er kann dadurch seine eigenen Erfahrungen mit den Forderungen der Kinder vergleichen und für die nächste Spielstunde für alle Beteiligten befriedigender gestalten.
Die im Abschnitt 18.4 angeführte *»Literatur für die heilpädagogische Spielpraxis und ihre Grundlegung«* (s. S. 209) bietet eine reiche Auswahl von Spielen, die besonders heilpädagogische und psychologische Gesichtspunkte sowohl in theoretischer wie praktischer Hinsicht beachten.
Darüber hinaus können noch folgende Informationen über Spielmaterialien und den Einsatz von Spielen bzw. Spielzeug (»Spielgaben«, *Fröbel*) hilfreich sein:

– *Gutes Spielzeug von A bis Z.* Ratgeber für Auswahl und Gebrauch. *»spiel gut«* Arbeitsausschuß Kinderspiel und Kinderspielzeug e.V. Ulm (Heimstraße 13, 7900 Ulm).
– *Spielberatungsstelle* des Fachbereichs Sozialpädagogik der Fachhochschule Fulda (Marquardstraße 35, 6400 Fulda).

18. Literaturverzeichnis und weitere Hinweise

Es wurden Werke ausgewählt, die einen möglichst breiten Überblick – unter Einschluß der Rand- und Nachbargebiete – geben. Einzelne Werke stehen zueinander im Widerspruch oder auch im Widerspruch zur Ansicht des Verfassers. Trotzdem wird empfohlen, sich mit ihnen auseinandersetzen.

Leser, die sich mit speziellen Fragen vertieft auseinandersetzen wollen – sei es im Rahmen des Studiums, der Fort- und Weiterbildung oder im Hinblick auf ein besonderes Erziehungsproblem in der heilpädagogischen Praxis – sollten sich auch in entsprechenden *Fachzeitschriften* (vgl. 18.2) oder *Hand- und Lehrbüchern* (vgl. 18.3) orientieren.

18.1 Anschriftenverzeichnisse (mit ergänzenden Hinweisen)

Gesamtverzeichnis der Einrichtungen auf dem Gebiet der Psychiatrie, Kinder- und Jugendpsychiatrie, Neurochirurgie, Psychotherapie, Psychosomatik, Psychohygiene, Heilpädagogik für psychisch und neurologisch Kranke, Geriatrie (C. Kulenkampff/E. Siebecke-Giese. Eigenverlag des deutschen Vereins für öffentliche und private Fürsorge, 6000 Frankfurt 55, Am Stockborn 1–3).

Verzeichnis der Erziehungsheime und Sondereinrichtungen in der Bundesrepublik Deutschland (Geschäftsstelle der Arbeitsgemeinschaft für Erziehungshilfe e.V. – AFET – in 3000 Hannover 72, Gandhistraße 2).

Verzeichnis der Erziehungsberatungsstellen in der Bundesrepublik Deutschland (Bundeskonferenz für Erziehungsberatung e.V., Amalienstraße 6, 8510 Fürth).

Der Dachverband der Behindertenverbände, die *Bundesarbeitsgemeinschaft Hilfe für Behinderte e.V.* in 4000 Düsseldorf 1, Kirchfeldstraße 149, gibt u.a. neben dem äußerst informativen *Jahresspiegel* (mit einem aktualisierten und umfassenden Anschriftenverzeichnis der Behindertenverbände der Bundesrepublik Deutschland) auch die Schriftenreihe *Kommunikation zwischen Partnern* (mit bisher 45 Schwerpunktthemen wie *Epilepsiekranke, Neurosen, frühkindlicher Autismus* oder *psychosomatische Krankheiten*) heraus, die kostenlos bezogen werden können.

Es ist inzwischen recht schwierig geworden, einen befriedigenden Überblick über rechtliche Fragen und adminstrative Zuständigkeiten im Sozial-, Rehabilitations- und heilpädagogischen Betreuungs- und Bildungsbereich zu bekommen. Verschiedene *Ratgeber* zeigen auf, wie man sich dennoch einigermaßen orientieren kann. – So geben Behindertenverbände aktualisierte Broschüren zu speziellen Fragen heraus. Beispiel: *Bundesvereinigung Lebenshilfe für geistig Behinderte e.V.* (Hg.): Finanzielle Hilfen für geistig behinderte Menschen und ihre Angehörigen. Marburg [8]1991 (Postfach 80, 3550 Marburg 7). – Ebenso ist auf den umfangreichen *Ratgeber für Behinderte* des Bundesministeriums für Arbeit und Sozialordnung (Postfach, 5300 Bonn 1) und die gut informierenden *Leitfäden der Hilfe für Behinderte* der einzelnen Landessozialministerien hinzuweisen. Die *Ratgeber* und *Leitfäden* können kostenlos bezogen werden.

18.2 Fachzeitschriften

Autismus. Hrsg.: *Bundesverband Hilfe für das autistische Kind e.V.* Hamburg.

Behinderte in Familie, Schule und Gesellschaft. Ztschr. zu Fragen der Prävention und Rehabilitation. Linz.

Beschäftigungstherapie und Rehabilitation. Bergen.

Blätter des Pestalozzi-Fröbel-Verbandes. Heidelberg.

Das behinderte Kind. Hrsg.: *Bundeszentrale für gesundheitliche Aufklärung.* Köln.

Das öffentliche Gesundheitswesen. Monatsschrift für Präventivmedizin und Rehabilitation, für Sozialhygiene und öffentlichen Gesundheitsdienst. Stuttgart/New York.

Deutsche Jugend. Ztschr. f. Jugendfragen u. Jugendarbeit. München.

Die Innere Mission. Berlin.

Die Rehabilitation. Stuttgart.

Frühförderung interdisziplinär. Ztschr. für Praxis und Theorie der frühen Hilfe für behinderte und entwicklungsauffällige Kinder. München/Basel.

Geistige Behinderung. Hrsg.: *Bundesvereinigung Lebenshilfe für geistige Behinderte. e.V.* Marburg.

Gruppenpsychotherapie und Gruppendynamik. Beiträge zur Sozialpsychologie und therapeutischen Praxis. Göttingen.

Heilpädagogische Forschung. Berlin.

Internationale Ztschr. für Rehabilitationsforschung. Heidelberg.

Jugendwohl. Hrsg.: *Caritasverband.* Freiburg i. Br.

Kindheit. Ztschr. zur Erforschung der psychischen Entwicklung. Frankfurt.

Krankengymnastik. Heidelberg.

Logotherapie. Ztschr. der deutschen Gesellschaft für Logotherapie und Existenzanalyse. Fürstenfeldbruck.

Pädagogische Rundbriefe. Hrsg. *Fachreferat f. kath. Heimerziehung* beim Landesverband kath. caritativer Erziehungsheime in Bayern. München.

Pädagogische Rundschau. Bonn.

Praxis der Kinderpsychologie und Kinderpsychiatrie. Göttingen/Zürich.

Psychologie und Praxis. München.

Psychologische Forschung. Heidelberg.

Psychologische Rundschau. Göttingen.

Psychosozial. Ztschr. für Analyse, Prävention und Therapie psychosozialer Konflikte und Krankheiten. Reinbek bei Hamburg.

Sonderpädagogik. Vierteljahresschrift über aktuelle Probleme der Behinderten in Schule und Gesellschaft. Berlin.

Sozialpädagogik. Ztschr. für Mitarbeiter. Gütersloh.

Spielmittel. Hrsg.: Spielmedia-Verlag. Schützenstraße 30, 8600 Bamberg.

Unsere Jugend. Die Zeitschrift für Studium und Praxis der Sozialpädagogik. München/Basel.

Vierteljahresschrift für Heilpädagogik und ihre Nachbargebiete. Hrsg.: Heilpädagogisches Institut der Universität Freiburg/Schweiz.

Zentralblatt f. Jugendrecht u. Jugendwohlfahrt. Köln/Berlin.

Ztschr. für Heilpädagogik. Hrsg.: *Verband deutscher Sonderschulen* e.V. Fachverband für Behindertenpädagogik. Nürnberg.

Ztschr. für Kinder- und Jugendpsychiatrie. Bern/Stuttgart/Wien.
Ztschr. für Psychosomatische Medizin und Psychoanalyse. Göttingen/Zürich.
Ztschr. für Sozialpsychologie. Bern/Stuttgart/Wien.
Zusammen. Menschen mit geistiger Behinderung und ihre Mitmenschen. Seelze.

18.3 Handbücher, Lehrbücher und Nachschlagewerke

1. Asanger, R./Wenninger, G. (Hg.): Handwörterbuch Psychologie. Weinheim 1991.
2. Biermann, G. (Hg.): Handbuch der Kinderpsychotherapie. Frankfurt 1988.
3. Diagnostisches und Statistisches Material psychischer Störungen. Weinheim/Basel [2]1989.
4. Dörner, K./Plog, U.: Irren ist menschlich. Lehrbuch der Psychiatrie/Psychotherapie. Bonn [5]1989.
5. Enzyklopädie der Sonderpädagogik, der Heilpädagogik und ihre Nachbargebiete. 1 Bd. (Hg.: Dupuis, G./Kerkhoff, W.). Berlin 1992.
6. Frankl, V.E./Gebsattel, V. von/Schultz, J. H. (Hg.): Handbuch der Neurosenlehre. München/Berlin 1957–1960.
7. Fröhlich, W. D.: Wörterbuch zur Psychologie. München [15]1987.
8. Heilpädagogen/Heilpädagogin. In: Bundesanstalt für Arbeit (Hg.): Blätter zur Berufskunde. Bd. 2. Nürnberg 1987.
9. Handbuch der Psychotherapie. 2 Bde. (Hg.: Corsini, J.). Weinheim/Basel [2]1987.
10. Handbuch der Sonderpädagogik. 12 Bde. (Hg.: Bach, H./Bleidick, U. u. a.). Berlin 1979–1991.
11. Handbuch der Sozialarbeit/Sozialpädagogik. (Hg.: Eyfert/Otto/Thiersch). Neuwied/Darmstadt 1984.
12. Hartmann, K.: Heilpädagogische Psychiatrie in Stichworten. Eine Einführung für Studierende der Sonder- und Sozialpädagogik. Stuttgart [2]1986.
13. Hornung, R./Lächler, J.: Psychologisches und soziologisches Grundwissen für Krankenpflegeberufe. Weinheim 1991.
14. Huber, G.: Psychiatrie. Systematische Lehrtexte für Studenten und Ärzte. Stuttgart/New York 1981.
15. Jaspers, K.: Allgemeine Psychopathologie. Berlin [8]1965.
16. Lehrbuch der speziellen Kinder- und Jugendpsychiatrie. (Hg.: Harbauer/Lempp/Nissen/Strunk). Berlin/Heidelberg/New York [4]1980.
17. Lutz, J.: Kinderpsychiatrie. Zürich/Stuttgart. [3]1968.
18. Nissen, G.: Psychische Störungen im Kindes- und Jugendalter. 2 Bde. Bern/Stuttgart/Wien [2]1982 und [3]1981.
19. Pädiatrische Diagnostik und Therapie. (Hg.: Lust/Pfaudler/Husler; Neubearbeitung Müller H.). München/Wien/Baltimore [27]1985.
20. Peters, U. H.: Wörterbuch der Psychiatrie und medizinischen Psychologie. München/Wien/Baltimore [3]1984.
21. Pschyrembel, W.: Klinisches Wörterbuch mit klinischen Syndromen. Berlin/New York [257]1990.
22. Pühl, H.: Handbuch der Supervision. Berlin [2]1991.
23. Remschmidt, H./Schmidt, M. H. (Hg.): Kinder- und Jugendpsychiatrie in Klinik und Praxis. 3 Bde. Stuttgart 1985.
24. Schultz-Hencke, H.: Lehrbuch der analytischen Psychotherapie. Stuttgart [2]1970.

25. Spiel, W. u. a.: Psychologie des 20. Jahrhunderts. 12 Bde. Zürich 1980.
26. Spiel, G. / Spiel, W.: Kompendium der Kinder- und Jugendpsychiatrie. München/Basel 1987.
27. Steinhausen, H-Chr.: Psychische Störungen bei Kindern und Jugendlichen. Lehrbuch der Kinder- und Jugendpsychiatrie. München/Wien/Baltimore 1988.
28. Tölle, R.: Psychiatrie. Berlin/Heidelberg/New York/Tokyo [7]1985.
29. Toman, W. / Egg, R. (Hg.): Psychotherapie – ein Handbuch. 2 Bde. Stuttgart 1985.
30. Weitbrecht, H. J. / Glatzel, J.: Psychiatrie im Grundriß. Berlin/Heidelberg/New York 1979.
31. Wirsing, K.: Psychologisches Grundwissen für Altenpflegeberufe. Weinheim [3]1991.
32. Zauner, J. / Biermann, G. (Hg.): Klinische Psychosomatik von Kindern und Jugendlichen. München/Basel 1986.

18.4 Literatur für die heilpädagogische Spielpraxis und ihre Grundlegung

33. Arbeitsausschuß Gutes Spielzeug (Hg.): Gutes Spielzeug von A bis Z. Kleines Handbuch für die richtige Auswahl. Otto Maier Verlag, Ravensburg [17]1985.
34. Arndt, Marga: Didaktische Spiele. Für Familie, Kindergarten und Hort, Schulkindergarten und Vorschulklasse. Ernst Klett Verlag, Stuttgart [7]1957.
35. Axline, Virginia: Kinder-Spieltherapie im nicht-direktiven Verfahren. Ernst Reinhardt Verlag, München/Basel 1972.
36. Daublebsky, Benita: Spielsituationen. Ernst Klett Verlag, Stuttgart 1975.
37. Einsiedler, W.: Das Spiel der Kinder. Klinkhardt Verlag, Bad Heilbrunn 1991.
38. Flitner, A.: Spielen-Lernen. Praxis und Deutung des Kinderspiels. Piper Verlag, München 1972.
39. Harding, Goesta: Spieldiagnostik. Das Spiel als diagnostisches Mittel in der Kinderpsychiatrie. Beltz Verlag, Weinheim/Basel 1972.
40. Hertzka, H./Binswanger, R.: Spielsachen. Auswahl und Bedeutung für das gesunde und behinderte Kind. Basel/Stuttgart [5]1990.
41. Kluge, Norbert: Spielen und Erfahren. Der Zusammenhang von Spielerlebnis und Lernprozeß. Klinkhardt Verlag, Bad Heilbrunn 1981.
42. Moor, Paul: Das Spiel in der Entwicklung des Kindes. Entfaltung des Unbewußten im Spielverhalten. Otto Maier Verlag, Ravensburg 1971.
43. Schröder, Brigitte: Kinderspiel und Spiele mit Kindern. Eine Dokumentation. Verlag Deutsches Jungendinstitut, München 1980.
44. Sinnhuber, Helga: Spielmaterial zur Entwicklungsförderung von der Geburt bis zur Schulreife. Verlag modernes lernen, Dortmund 1978.

18.5 Bücher

45. Adler, A.: Menschenkenntnis (Fischer Taschenbuch 6080). Frankfurt 1966 ([16]1981).
46. – Über den nervösen Charakter (Fischer Taschenbuch 6174). Frankfurt 1972 ([6]1980).
47. – Individualpsychologie in der Schule (Fischer Taschenbuch 6199). Frankfurt 1973 ([5]1981).
48. – Heilen und Bilden (Fischer Taschenbuch 6220). Frankfurt 1973.

49. – Kindererziehung (Fischer Taschenbuch 6311). Frankfurt 1976 (^{2}1980).
50. – Lebenskenntnis (Fischer Taschenbuch 6392). Frankfurt 1978 (^{3}1981).
51. – Das Leben gestalten. Vom Umgang mit Sorgenkindern (Fischer Taschenbuch 6393). Frankfurt 1979 (^{2}1981).
52. Affolter, F.: Wahrnehmung, Wirklichkeit und Sprache. Villingen-Schwenningen 1987.
53. Aichhorn, A.: Verwahrloste Jugend. Die Psychoanalyse in der Fürsorgeerziehung. Bern/ Stuttgart ^{9}1977.
54. Angermaier, M.: Legasthenie, pro und contra. Weinheim 1977.
55. Asmus, F.: Suizidprophylaxe bei psychischen Störungen. Leitlinien für den therapeutischen Alltag. Bonn 1989.
56. Asperger, H.: Heilpädagogik. Einführung in die Psychopathologie des Kindes für Ärzte, Lehrer, Psychologen, Richter und Fürsorgerinnen. Wien/New York ^{5}1968.
57. Asperger, H./Wurst, F.: Psychotherapie und Heilpädagogik bei Kindern. München 1982.
58. Ayres, A. J.: Bausteine der kindlichen Entwicklung. Die Bedeutung der Integration der Sinne für die Entwicklung des Kindes. Berlin/Heidelberg/New York/Tokyo 1984.
59. Axline, V. M.: Dibs. Die wunderbare Entfaltung eines menschlichen Wesens. Bern/München/Wien ^{14}1977.
60. Bach, H.: Sonderpädagogik im Grundriß. Berlin ^{9}1991
61. Bach, H. (Hg.): Pädagogik der Geistigbehinderten. Bd. 5 des Handbuches der Sonderpädagogik. Berlin ^{2}1987.
62. Bachmair, S. u. a.: Beraten will gelernt sein. Weinheim/Basel 1982.
63. Balzer, B./Rolli, S.: Sozialtherapie mit Eltern behinderter Kinder. Weinheim/Basel 1975.
64. Bandura, A.: Sozial-kognitive Lerntheorie. Stuttgart 1979.
65. Battegay, R.: Depression. Weinheim/Basel ^{2}1987.
66. Bateson, G.: Ökologie des Geistes. Anthropologische, psychologische, biologische und epistemologische Perspektiven. Frankfurt ^{2}1988.
67. Baudisch, W. u. a.: Hilfsschulpädagogik. Berlin-Ost 1987.
68. Beaumont, G. J.: Einführung in die Neuropsychologie. München/Weinheim 1987.
69. Beck, A. T. u. a.: Kognitive Therapie der Depression. Weinheim 1986.
70. Bettelheim, B.: Die Geburt des Selbst. München 1977.
71. – Liebe allein genügt nicht. Die Erziehung emotional gestörter Kinder. Stuttgart ^{5}1983.
72. – Themen meines Lebens. Suttg. 1990.
73. Biermann, G.: Autogenes Training mit Kindern und Jugendlichen. München/Basel ^{2}1978.
74. Biener, K.: Selbstmorde bei Kindern und Jugendlichen. Zürich 1985.
75. Biewer, G.: Montessori-Pädagogik mit geistig behinderten Schülern. Bad Heilbrunn 1992.
76. Bittner, G.: Psychoanalyse und soziale Erziehung. München ^{2}1970.
77. Bopp, L.: Allgemeine Heilpädagogik. Freiburg 1970.
78. Bowlby, J.: Mütterliche Zuwendung und geistige Gesundheit. München 1980.
79. Brack, U. B. (Hg.): Frühdiagnostik und Frühtherapie. Psychologische Behandlung von entwicklungs- und verhaltensgestörten Kindern. München/Weinheim 1986.
80. Bracken, H. von: Vorurteile gegen behinderte Kinder, ihre Familien und Schulen. Berlin ^{3}1970.
81. Brandl, G.: Sich miteinander verständigen lernen. München/Basel 1980.
82. Brandt, D.-M.: Epilepsie im Bild. Darstellungen der Fallsucht aus 6 Jahrhunderten. Wehr 1986.
83. Brunner, R.: Jugendgerichtsgesetz. Berlin/New York ^{7}1984.

84. Bundschuh, K.: Einführung in die sonderpädagogische Diagnostik. München/Basel ²1984.
85. Casriel, D.: Die Wiederentdeckung des Gefühls. Schreitherapie und Gruppendynamik. München 1977.
86. Cloerkes, G.: Einstellung und Verhalten gegenüber Behinderten. Eine kritische Bestandsaufnahme internationaler Forschung. Berlin ³1985.
87. Cohn, R.: Von der Psychoanalyse zur themenzentrierten Interaktion. Stuttgart ⁵1984.
88. – Es geht um Anteilnehmen. Freiburg 1989.
89. Daoud-Harms, M.: Blindheit. Zur psychischen Entwicklung körpergeschädigter Menschen. Frankfurt/New York 1986.
90. Delacato, C. H.: Der unheimliche Fremdling. Das autistische Kind. Freiburg 1975.
91. Deutsche Hauptstelle gegen Suchtgefahren (Hg.): Sinnfrage und Suchtprobleme. Menschenbild, Wertorientierung, Therapieziele. Hamm 1986 (Westring 2, 4700 Hamm 1).
92. Dietz, G.: Interaktive Früherziehung bei entwicklungsverzögerten und entwicklungsgefährdeten Kindern . Dortmund 1992.
93. Dittmann, W.: Intelligenz beim Down-Syndrom. Heidelberg 1982.
94. Dmitriev, V.: Frühförderung für ›mongoloide‹ Kinder. Das Down-Syndrom. Weinheim/Basel 1987.
95. Dolto, F.: Die ersten fünf Jahre. Alltagsprobleme mit Kindern. Weinheim/Basel ²1983.
96. Dreikurs, R.: Psychologie im Klassenzimmer. Stuttgart ⁶1973.
97. Dührssen, A.: Heimkinder und Pflegekinder in ihrer Entwicklung. Göttingen ⁶1977.
98. – Psychogene Erkrankungen bei Kindern und Jugendlichen. Eine Einführung in die allgemeine und spezielle Neurosenlehre. Göttingen ¹³1982.
99. – Psychotherapie bei Kindern und Jugendlichen. Göttingen ⁶1980.
100. Eggli, U.: Das Herz im Korsett. Tagebuch einer Behinderten. Bern ⁸1981.
101. Ernst, C./Luckner, N. von: Stellt die frühkindliche Entwicklung die Weichen? Stuttgart 1985.
102. Faust, V. u. a.: Der depressive Kranke in Klinik und Praxis. Ravensburg 1985.
103. Feuser, G.: Autistische Kinder. Solms/Oberbiel 1981.
104. Fiedler, P. u. a.: Gruppenarbeit mit Angehörigen schizophrener Patienten. Weinheim 1986.
105. Florin, I./Tunner, W.: Behandlung kindlicher Verhaltensstörungen. München. ²1972.
106. Frankl, V. E.: Das Leiden am sinnlosen Leben. Freiburg ⁸1984.
107. – Theroie und Therapie der Neurosen. Einführung in die Logotherapie und Existenzanalyse. München/Basel ⁶1985.
108. – Ärztliche Seelsorge. Grundlagen der Logotherapie und Existenzanalyse. Frankfurt ⁴1987.
109. Freud, A.: Psychoanalyse für Pädagogen. Bern/Stuttgart ⁵1971.
110. Freud, S.: Abriß der Psychoanalyse. Frankfurt ³1955.
111. – Darstellung der Psychoanalyse. Frankfurt 1956.
112. Friedrich-Barthel, M.: Rhythmik zwischen Pädagogik und Psychotherapie. Frankfurt ²1983.
113. Fröhlich, A. (Hg.): Pädagogik bei schwerster Behinderung. Bd. 12 des Handbuches der Sonderpädagogik. Berlin 1991.
114. Fromm, E.: Die Furcht vor der Freiheit. Zürich ¹¹1980.
115. Frostig, M.: Bewegungserziehung. Neue Wege der Heilpädagogik. München/Basel 1973.

116. Gaddes, W. H.: Lernstörungen und Hirnfunktion. Berlin 1991.
117. Geissler, E.E.: Erziehungsmittel. Bad Heilbrunn ⁶1982.
118. Georgens, J. D. / Deinhardt, H. M.: Die Heilpädagogik. Bd. 1 Leipzig 1861 (Neuauflage Gießen 1979).
119. Göllnitz, G.: Neuropsychiatrie des Kindes- und Jugendalters. Stuttgart ⁴1981.
120. Görres, S.: Leben mit einem behinderten Kind. Zürich/Köln 1974.
121. Görres, S. / Hansen, G.: Psychotherapie bei Menschen mit geistiger Behinderung. Bad Heilbrunn ²1992.
123. Goffman, E.: Stigma. Über Techniken der Bewältigung beschädigter Identität. Frankfurt ⁸1974.
124. Grissemann, H.: Hyperaktive Kinder. Bern/Stuttgart/Toronto 1986.
125. –/Weber, A.: Spezielle Rechenstörungen. Ursachen und Therapie. Bern/Stuttgart/Toronto 1986.
126. Grond, E.: Die Pflege verwirrter alter Menschen. Freiburg 1988.
127. Grosse, S.: Bettnässen. Diagnostik und Therapie. Weinheim ²1991.
128. Gröschke, D.: Psychologische Grundlagen der Heilpädagogik. Bad Heilbrunn 1992.
129. Haeberlin, U.: Allgemeine Heilpädagogik. Bern/Stuttgart ²1988.
130. – Das Menschenbild für die Heilpädagogik. Bern/Stuttgart ²1990.
131. Hansen, G. (Hg.): Sonderpädagogische Diagnostik. Pfaffenweiler 1992.
132. Hansen, G. / Hansberg-Schröder, D.: Analytische Gestalttherapie. Eine Einführung für Pädagogen, Sonder- und Heilpädagogen und Psychologen. Bad Heilbrunn 1990.
133. Häfliger, T.: Die grundlegenden Bedingungen erfolgreicher Einzelbeziehungen des Sozialpädagogen nach Carl R. Rogers. Bad Heilbrunn 1986.
134. Häusler, I.: Kein Kind zum Vorzeigen? Bericht über eine Behinderung. Reinbek 1979.
135. Hanselmann, H.: Einführung in die Heilpädagogik. Zürich ⁸1970.
136. Hassenstein, B.: Verhaltensbiologie des Kindes. München/Zürich ⁴1987.
137. Haupt, U. / Jansen, G. W. (Hg.): Pädagogik der Körperbehinderten. Bd. 8 des Handbuches der Sonderpädagogik. Berlin 1983.
138. Hegselmann, R. / Merkel, R.: Zur Debatte über Euthanasie. Frankfurt 1991.
139. Hellerich, G.: Die Lebenswelt Wahnsinniger. Freiburg 1990.
140. Herzka, H. S.: Kinderpsychopathologie. Basel 1981.
141. Höllering, A.: Zur Theorie und Praxis der rhythmischen Erziehung. Berlin ⁴1990.
142. Horst, W. ter: Einführung in die Orthopädagogik. Stuttgart 1983.
143. Höss, H. / Goll, H.: Wege nach draußen. Heidelberg 1986.
144. Hünnekens, H. / Kiphard, E.: Bewegung heilt! Gütersloh ²1963.
145. Hunt, N.: Die Welt des Nigel Hunt. Tagebuch eines mongoloiden Jungen. München/Basel 1974.
146. Innerhofer, P. / Klicpera, Chr.: Die Welt des frühkindlichen Autismus. Befunde, Analysen, Anstöße. München/Basel 1988.
147. Jung, G. G.: Psychologie und Erziehung. Zürich 1950.
148. – Dern Mensch und seine Symbole. Freiburg ¹²1980.
149. Kanter, G. O. / Speck, O. (Hg.): Pädagogik der Lernbehinderten. Bd. 4 des Handbuches der Sonderpädagogik. Berlin ²1980.
150. Karren, U.: Psychologie der Magersucht. Stuttgart 1986.
151. Katschnig, H. (Hg.): Sozialer Streß und psychische Erkrankung. München/Berlin/Baltimore 1980.

152. Kaufmann, E. und P. (Hg.): Familientherapie bei Alkohol- und Drogenabhängigkeit. Freiburg 1984.
153. Kautter, Hj. u. a. (Hg.): Das Kind als Akteur seiner Entwicklung. Heidelberg 1988.
154. Kemper, W.: Bettnässer-Leiden (Enuresis). München/Basel ²1978.
155. Kindermann, W.: Drogen. Abhängigkeit, Mißbrauch, Therapie. München 1991.
156. Klemm, M. u. a. (Hg.): Tränen im Regenbogen. ³1989.
157. Knappen, B. u. a.: Alkoholschäden bei Kindern. Freiburg 1987.
158. Kobi, E. E.: Heilpädagogik im Abriß. Liestal ⁴1982.
159. – Grundfragen der Heilpädagogik. Eine Einführung in heilpädagogisches Denken. Bern/Stuttgart ⁴1983.
160. Korczak, J.: Wie man ein Kind lieben soll. Göttingen ⁴1984.
161. Kreie, G.: Integrative Kooperation. Weinheim/Basel 1985.
162. Kretschmer, E.: Körperbau und Charakter. Berlin ²⁶1977.
163. Krisch, K.: Enkopresis. Ursachen und Behandlung des Einkotens. Bern/Stuttgart/Toronto 1985.
164. Kübler-Ross, E.: Kinder und Tod. Zürich 1984.
165. Längle, A. (Hg.): Wege zum Sinn. Logotherapie als Orientierungshilfe. München/Zürich 1985.
166. Lehr, U.: Die Rolle der Mutter in der Sozialistation des Kindes. Darmstadt 1974.
167. Lempp, R.: Frühkindliche Hirnschädigung und Neurose. Bern/Stuttgart/Wien ³1978.
168. – Teilleistungsstörungen im Kindesalter. Bern/Stuttgart/Wien 1979.
169. Lettieri, D./Welz, R. (Hg.): Drogenabhängigkeit. Ursachen und Verlaufsformen. Weinheim/Basel 1983.
170. Loosli-Usteri, M.: Die Angst des Kindes. Bern/Stuttgart 1948.
171. Lorenz, K.: Das sogenannte Böse. Wien ⁷1965.
172. Lotzmann, G. (Hg.): Sprechangst und ihre Beziehung zu Kommunikationsstörungen. Berlin 1986.
173. Lukas, E.: Von der Trotzmacht des Geistes. Freiburg 1986.
174. – Geist und Sinn. Logotherapie – die dritte Wiener Schule der Psychotherapie. München 1990.
175. Mahler, M.: Symbiose und Individuation. Stuttgart ³1983.
176. Majewski, F. (Hg.): Die Alkohol-Embryopathie. Frankfurt 1987.
177. Mann, I.: Aus der Behinderung ins Leben. Reinbek 1981.
178. Matthes, A.: Epilepsie. Stuttgart 1975.
179. Maturana, H. R./Varela, F.: Der Baum der Erkenntnis. Bern/München/Wien 1987.
180. Mehringer, A.: Heimkinder. Gesammelte Aufsätze zur Geschichte und zur Gegenwart der Heimerziehung. München/Basel ³1982.
181. – Eine kleine Heilpädagogik. Vom Umgang mit schwierigen Kindern. München/Basel ⁷1983.
182. Miller, A.: Abbruch der Schweigemauer. Hamburg 1990.
183. Milz, I./Steil, H. (Hg.): Teilleistungsschwäche bei Kindern und Jugendlichen. Frankfurt 1982.
184. Mitscherlich, A.: Auf dem Weg zur vaterlosen Gesellschaft. München 1963.
185. Möckel, A.: Geschichte der Heilpädagogik. Stuttgart 1988.
186. Moor, P.: Kinderfehler – Erzieherfehler. Bern 1969.
187. – Selbsterziehung. Notwendigkeiten und Gefährdungen des Reifens. Bern 1971.

188. – Heilpädagogik. Ein pädagogisches Lehrbuch. Bern/Stuttgart/Wien ³1974.
189. Moreno, J. L.: Gruppenpsychotherapie und Psychodrama. Stuttgart 1959.
190. Mühl, H.: Einführung in die Geistigbehindertenpädagogik. Stuttgart/Berlin/Köln/Mainz ²1991.
191. Müller, U.: Schizophrenie. Bern 1990.
192. Mürner, Chr. (Hg.): Ethik – Genetik – Behinderung. Luzern 1991.
193. Neikes, J. L.: Scheiblauer-Rhythmik. Orthagogische Rhythmik. Wuppertal/Ratingen/Düsseldorf 1969.
194. Neuhäuser, G.: Genetische Aspekte der Behinderung. Eine Einführung für pädagogische, medizinische und verwandte Berufe. Berlin 1982.
195. Neuhäuser, G./Steinhausen, H-Chr.: Geistige Behinderung. Grundlagen, klinische Syndrome, Behandlung und Rehabilitation. Stuttgart/Berlin/Köln 1990.
196. Nickel, H.: Entwicklungspsychologie des Kindes- und Jugendalters. Bd. 1 Bern/Stuttgart/Wien ⁴1982. Bd. 2 Bern/Stuttgart/Wien ³1981.
197. Oaklander, V.: Gestalttherapie mit Kindern und Jugendlichen. Stuttgart ²1984.
198. Oerter, R./Montada, L.: Entwicklungspsychologie. München 1982.
199. Palazzoli, M. S.: Magersucht. Stuttgart ²1984.
200. Pechstein, J.: Umweltabhängigkeit der frühkindlichen zentralnervösen Entwicklung. Stuttgart 1974.
201. Perls, F.: Gestalt-Therapie in Aktion. Stuttgart ⁴1986.
202. Perls, F.: Leben an der Grenze. Köln 1989.
203. Petzold, H.: Drogentherapie. Modelle, Methoden, Erfahrungen. Frankfurt ³1981.
204. Petzold, H.: Integrative Bewegungstherapie. Ein ganzheitlicher Weg leibbezogener Psychotherapie. 2 Bde. Paderborn 1988.
205. Pfeffer, W.: Förderung schwer geistig Behinderter. Eine Grundlegung. Würzburg 1988.
206. Piaget, J.: Gesammelte Werke: Bde. 1–10. Stuttgart 1975.
207. Püschel, S. M. u. a.: Kinder mit Down-Syndrom. Wachsen und Lernen. Marburg 1987.
208. Rambert, M. L.: Das Puppenspiel in der Kinderpsychotherapie. München/Basel 1969.
209. Ramström, J.: Drogenabhängigkeit. Psychosoziale Ursachen, Verlauf, Therapie. Köln 1984.
210. Rasch, W.: Forensische Psychiatrie. Berlin/Köln/Mainz 1986.
211. Reif, M.: Frühe Pränataldiagnostik und genetische Beratung. Stuttgart 1989.
212. Reisberg, B.: Hirnleistungsstörungen: Alzheimersche Krankheit und Demenz. Weinheim/München 1986.
213. Rett, A./Weber, G.: Down-Syndrom im Erwachsenalter. Bern 1991.
214. Richter, H.-E.: Eltern, Kind und Neurose. Die Rolle des Kindes in der Familie. Reinbek ⁵1971.
215. – Die Chance des Gewissens. Erinnerungen und Assoziationen. Hamburg 1986.
216. – Leben statt Machen. München 1990.
217. Ringel, E.: Selbstmord – Appell an die anderen. München 1974.
218. – (Hg.): Selbstmordverhütung. Bern/Stuttgart/Wien 1969.
219. Rödler, P.: Diagnose: Autismus. Ein Problem der Sonderpädagogik. Frankfurt 1983.
220. Rogers, C. R.: Der neue Mensch. Stuttgart ²1983.
221. – Die Kraft des Guten. München. ²1983.
222. – Entwicklung der Persönlichkeit. Stuttgart ⁵1985.
223. Rosenthal, R. / Jacobson, L.: Pygmalion im Unterricht. Weinheim 1971.

224. Rüedi, J.: Die Bedeutung Alfred Adlers für die Pädagogik. Bern/Stuttgart 1988.
225. Sayer, P.: Klientenprobleme nicht gefragt! Sozialarbeit in der Drogenberatung. Frankfurt 1986.
226. Schenk-Danziger, L.: Legasthenie. Zerebralfunktionelle Intergration, Diagnose und Therapie. München/Basel 1984.
227. Schottländer, F.: Die Mutter als Schicksal. Stuttgart ⁶1966.
228. Schraml, W. J.: Einführung in die moderne Entwicklungspsychologie für Pädagogen und Sozialpädagogen. Stuttgart ⁶1983.
229. Schroeder-Kurth, T.: Stand und zukünftige Entwicklungen der pränatalen Diagnostik. In. Fuchs, Ch. (Hg.): Möglichkeiten und Grenzen der Forschung an Embryonen. Stuttgart/New York 1990, 35–48.
230. Schultz, J. H.: Die seelische Krankenbehandlung (Psychotherapie). Stuttgart ⁸1963.
231. Schweizer, Chr./Prekop, J.: Was unsere Kinder unruhig macht ... Stuttgart 1991.
232. Sesterhenn, H.: Chronische Krankheit im Kindesalter im Kontext der Familie. Heidelberg 1991.
233. Seligman, M. E. P.: Erlernte Hilflosigkeit. Weinheim ³1986.
234. Simon, W.: Befund: Legasthenie. Neue Ergebnisse für die Praxis. Düsseldorf 1981.
235. Smale, G. G.: Die sich selbst erfüllende Prophezeiung. Freiburg ²1983.
236. Speck, O.: Menschen mit geistiger Behinderung und ihre Erziehung. München/Basel ⁶1990.
237. – System Heilpädagogik. Eine ökologisch reflexive Grundlegung. München/Basel ²1991.
238. Speck, O./Peterander, F./Innerhofer, P. (Hg.): Kindertherapie. Interdisziplinäre Beiträge aus Forschung und Praxis. München/Basel 1987.
239. Spitz, R. A.: Vom Dialog. Studien über den Ursprung der menschlichen Kommunikation und ihre Rolle in der Persönlichkeitsbildung. Stuttgart 1976.
240. – Vom Säugling zum Kleinkind. Naturgeschichte der Mutter-Kind-Beziehungen im ersten Lebensjahr. Stuttgart ⁸1983.
241. Staabs, G. von: Der Sceno-Test. Bern/Stuttgart/Wien ⁴1971.
242. Stern, E.: Tiefenpsychologie und Erziehung. München/Basel ³1969.
243. Stettbacher, J. K.: Wenn Leiden einen Sinn haben soll. Die heilende Begegnung mit der eigenen Geschichte. Hamburg ²1990.
244. Stierlin, H.: Das Tun des Einen ist das Tun des Anderen. Frankfurt ³1986.
245. Stübing, G.: Drogenmißbrauch und Drogenabhängigkeit. Köln ⁴1984.
246. Süllwold, L./Herrlich, J.: Psychologische Behandlung schizophren Erkrankter. Stuttgart/Berlin/Köln 1990.
247. Tausch, R.: Gesprächspsychotherapie. Göttingen ⁸1981.
248. Tausch, R. u. A.: Kinderpsychotherapie im nicht-direktiven Verfahren. Göttingen 1956.
249. – Erziehungspsychologie. Göttingen ¹⁰1984.
250. – Wege zu uns. Reinbek ⁴1985.
251. Theunissen, G.: Wege aus der Hospitalisierung. Bonn 1989.
252. – Heilpädagogik im Umbruch. Freiburg 1991.
253. Thimm, W. u. a.: Ein Leben so normal wie möglich führen ... Marburg 1985.
254. Thomae, H.: Beobachtung und Beurteilung von Kindern und Jugendlichen. Basel/München/Paris/London/New York/Sydney ¹³1980.
255. Thomas, D.: Sozialpsychologie des behinderten Kindes. München/Basel 1980.
256. Thomasius, R.: Lösungsmittelmißbrauch bei Kindern und Jugendlichen. Freiburg 1988.

257. Tinbergen, E. A. u. N.: Autismus bei Kindern. Fortschritte im Verständnis und neue Heilbehandlungen lassen hoffen. Berlin/Hamburg 1984.
258. Tustin, F.: Autistische Zustände bei Kindern. Stuttgart 1989.
259. Unthan, C. H.: Das Pediscript. Berlin 1970.
260. Vester, F.: Denken, Lernen, Vergessen. Stuttgart 1975.
261. – Neuland des Denkens. Stuttgart 1980.
262. Weber, E.: Erziehungsstile. Donauwörth [6]1984.
263. Weber, W.: Wege zum helfenden Gespräch. München 1974.
264. Weiß, H.: Familie und Frühförderung. München/Basel 1989.
265. Wendeler, J.: Autistische Jugendliche und Erwachsene. Gespräche mit Eltern. Weinheim/Basel 1984.
266. Wendt, G. G.: Praxis der Vorsorge. Marburg 1984.
267. Westrich, E.: Der Stotterer, Psychologie und Therapie. Bonn-Bad Godesberg [4]1981.
268. Williams, D.: Ich könnte verschwinden, wenn du mich berührst. Erinnerungen an eine autistische Kindheit. Hamburg 1992.
269. Winnicott, D. W.: Familie und individuelle Entwicklung. Frankfurt 1984.
270. – Reifungsprozesse und fördernde Umwelt. Frankfurt 1984.
271. Wolters, W. H.: Psychosoziale Betreuung im Krankenhaus. Stuttgart 1986.
272. Wunderlich, Chr.: Das mongoloide Kind. Stuttgart 1970.
273. Yablonsky, L.: Synanon. Selbsthilfe der Süchtigen und Kriminellen. Stuttgart 1975.
274. – Psychodrama. Die Lösung emotionaler Probleme durch das Rollenspiel. Stuttgart [4]1986.
275. Zöller, D.: Wenn ich mit euch reden könnte … Ein autistischer Junge beschreibt sein Leben aus seiner Sicht. Bern/München/Wien 1989.
276. Zulliger, H.: Schwierige Kinder. Bern/Stuttgart/Wien [6]1970.
277. – Helfen statt Strafen auch bei jugendlichen Dieben. Stuttgart [3]1967.
278. – Heilende Kräfte im kindlichen Spiel. Stuttgart [5]1967.
279. – Die deutungsfreie psychoanalytische Kinderpsychotherapie. In: Biermann, G. (Hg.): Handbuch der Kinderpsychotherapie. Frankfurt 1988, 110–118.

Namenverzeichnis

Sachverzeichnis